U0074100

個人理財之
井字分析

劉純生————著

自序

　　寫這本書並非一時興起，實構思多年，只是始終未能真正下筆。至少有十年時間，書寫的內容不斷改變，那是無法控制的變化，好像這套體系有自己的生命，緩慢但從未停止成長，隨著授課、或實際碰到的個案而變動；而且每次想寫下某個觀念，就發現這個觀念與其他不少觀念相互糾結，難以切開，更糟糕的是今天好不容易寫好的東西，明天再看竟變得漏洞百出，常常整篇刪除重寫，然後不斷重複這個過程。這是因為自己沒有徹底掌握內容吧，與其說是我創作了這本書，還不如說是這本書重新教育了我，在寫作的過程中，我對個人理財的知識體系更加理解，許多舊觀念的釐清，新觀念的產生，都來自這本書對我說話。

　　為什麼會發展這套系統？其實是為了自己當年的疑惑，想尋找一個解答。剛踏入保險業時，正好碰到台灣開放國外保險公司進到台灣市場的年代，在外商保險公司，講究專業訓練，不管是安泰人壽、喬治亞人壽、大都會人壽（我都待過），都強調顧問式、需求導向的銷售。但有個問題：業務員如何規劃保險，以及如果客戶買的保險一輩子沒用到，對他會有何影響？這看似簡單的問題，各家外商保險公司，其實沒有答案，花了好幾年時間摸索，我也才有辦法回答。後

來知道，這問題的答案，不完全在保險的領域裡，必須對整體財務有所了解才能回答這些問題。等到這套體系更成熟，又發現保險只是財務管理的一環，要解答以上的提問，固然需要掌握超出保險範圍的資訊與知識，反過來說，掌握客戶整體財務資訊卻未必只能用在保險規劃，而是能夠全面提升客戶財務福祉。

這套系統對增加保險業務員的銷售額，可能沒太多的幫助。因為收集與分析客戶的資料，並提出相關報告，頗花時間，客戶極少有耐心陪著業務員慢慢探索自己的財務狀況；而資料收集涉及更多的隱私，也增加溝通的難度，所以從開始闡述本系統以來，總是曲高和寡，市場反應冷淡。但仍有少數學員堅持為客戶進行財務的分析與規劃，令人感動。直到寫完這本書，才更確定這套系統不是專屬於保險業務員的專業範疇，它的目的在於提升客戶財務生活，而非單純賣出保單，或增加客戶保障。如果客戶的目的只是想買保險，自然對此不感興趣，除非他意識到這麼做，對他的好處遠勝過買保險的單一決策。

我讀的是中文系，沒有商學院的背景。當時喬治亞人壽的副總黃元凱先生，有天竟然要所有業務員都得學「貨幣時間價值」，因為公司從國外引進一套分析客戶需求的方法，需要懂得這最基礎的財務知識。他親自授課，一次課程上兩天，我一共上了三次。因為沒有基礎，不容易聽懂那些計算，許多同仁也是叫苦連天，但當時我卻感到無比震驚與興奮，看到我想要的答案，就藏在這堪稱基礎的知識中。國外引入的那套需求分析系統，實際使用的時間不長，後來只剩下紙本作業，電腦則擱置不用，但這門課開啟我的視野，讓我找到困擾多年問題的答案。那答案慢慢發展成為這本書的架構、方法與操作

基礎，涵蓋的範圍也不再限於那原始的問題。對元凱副總的感謝，他並不知道，因為公司後來與安泰合併，他也離開公司，慢慢的疏遠彼此的聯繫，利用這本書的付梓，特地表達對他當初堅持教導我們這群門外漢的感激，他一定沒想到，那門課直接影響我往後多年的系統發展，身為保險公司市場部的副總，卻親身授課，而且還上了好幾梯次，沒有交代給訓練部去做，更要求所有人員都得參加課程，我想這肯定是前無古人了。

二十多年來，我透過實際運用，發展系統。而有十年，我以教授此系統為業。安泰人壽曾想把這系統標準化，寫出系統的軟體，並曾聘我為訓練部的顧問，協助公司教育訓練，但後來還是沒有推廣成功，甚為遺憾。那套系統目前據我所知，還在富邦人壽的電腦裡(安泰後來與富邦人壽合併)。

安泰人壽當時的訓練部副總黃岳華先生，與我素昧平生，喬治亞人壽與安泰合併後隔年，我就從第一線的銷售工作（處經理）轉為以教育訓練為主的顧問，系統還沒完備，就去拜訪岳華副總，竟獲得他的支持，才有機會在安泰實驗「財務分析」的系統，雖然後來結果不如預期，但那段經歷，獲得安泰訓練部門諸多主管的協助，大大改進系統的實用性，這份恩情也永遠不敢或忘。如果當年能如今日一般，體會到財務顧問與保險業務員之間的角色定位，並非前者包含了後者，而是兩種專業的交集，或許整個發展將比後來系統的無疾而終好很多很多。往事已矣，多言何益？

系統發展過程中有幾位學員給了我最大的幫助，寫作此書，一併致謝。安泰在新竹的業務員溫曉君，有次上課後，過來跟我說，Excel計算表使用的函數，若改用NPV會比原本用PV簡單許多；安泰在高雄

的業務員洪景祺教我使用Excel計算表的「目標搜尋」功能，提升了系統的推演能力。這兩個意見，對我運用Excel計算表發展系統，有超乎想像的影響，如果沒有這兩個意見，我想這套系統將還停留在理論的闡述，無法進展到實用的地步。她們可能也沒想過，她們對我的幫助有多大吧。

而在推廣過程中，也有兩位夥伴給我許多的協助，兩位都是我初期課程的助教：何金龍與王貞。他們一路走來，始終對於這系統充滿信心，即便碰到市場接受度問題無法立即解決，他們也從未覺得那是不能克服的難題，仍持續實際運用系統，尋找市場機會。停止授課之後，他們回到保險銷售市場，更不斷以實務經驗，回饋於我，讓我知道問題之所在。當然除了他們兩位，許多上過課程的學員也不憚其煩，常反應問題，助我修正課程，對整個系統的發展都有莫大的助益，這種從實務經驗中誕生的知識體系，絕不可能是一個人閉門造車的結果，說是某人的創作，不如說是集體經驗的結晶，我只是整理的人。

原本幾度放棄這本書的寫作，因為一方面覺得整個思考還沒有定型，改了又改，嘗試多年，始終無法下筆；二方面也覺得本書的讀者很難定位，除了真正深入研究這方面的專家讀者，其他人恐怕難以卒讀，而個人理財的產業環境都還沒有真正形成氣候，濫觴階段，要找到真能討論的對象，實在困難。這次若非王貞異常堅定，主動提供從一開始到今日的課堂筆記，幫我整理重點、回顧以往的授課內容，成為本書的最初底稿，沒有她的堅持與贊助，大概就不會有這本書了。

這套系統依賴微軟的Excel，使用它強大的計算能力，才使得本書的財務管理能夠運行。它好比會計的損益表、資產負債表，是一切分

析與規劃的基礎。它的外貌看起來很像圍棋的棋盤，也像地表的經緯線，簡化之後像中文的『井』字，因此這套個人財務的分析與規劃方式，就叫做**井字分析法**。

這幾年不務正業，全賴家人的縱容。這書若有絲毫價值，僅獻給吾妻——彭素貞，我的摯愛。她讓我沒有後顧之憂，不賣保險，專心研究，發展課程，而她一肩扛起家裡生活重擔，超過廿年，即使課程始終乏人問津，她還是認為只是時候未到；常在工作得精疲力盡之餘，打起精神聽我說書，這份支持，豈是感謝兩字所能道盡。

這麼一本簡單的書，卻耗盡我多年的精力，回首前塵，感慨係之。

2020年10月1日

劉純生　高雄

目次

前言

　　坊間已有不少關於個人理財、財務管理的書籍，為什麼還要再寫一本？因為很多現在被大家視為理所當然的做法，若仔細推敲都會令人產生疑問，這麼做的根據到底是什麼、又有何價值？

　　保險業務員多半曾在他服務的公司學過「需求分析」或「財務安全規劃」的技術，這是崇高的理想，矢志為客戶的利益把關，但三十年來，絕大部分的業務員實際上卻還是以商品銷售為主，很少為客戶的需求或財務安全，做好規劃。造成此一現象的原因，固然有市場、產業本身的因素，例如：客戶缺乏耐心與業務員互動、保險公司考核及獎勵制度的設計，過於業績掛帥。但不可否認地，大多數業務員其實不懂得如何規劃，他們收集了客戶資料，卻沒有運用這些資料的能力，即便是外商保險公司訓練出來的業務員，也同樣面臨這種問題。

　　收集資料耗時又耗力，客戶多半不願意提供個人隱密的財務訊息，需要更高深的對話技巧才能順利取得所需的資訊，若拿到資料卻沒有為客戶產生價值，也無法提升成交的比率，那麼為何多此一舉？

　　如何讓資料產生價值？這是保險業務員最大的困難之一。大多數業務員其實只學會情境分析，也就是針對客戶所處的環境，透過邏輯性的推論，得出客戶需要做什麼的建議。這樣的資料運用能力，過於

簡單、粗糙，無法為客戶創造真正的利益，反倒成了客戶提供業務員說服自己買保險的材料，難怪客戶只想直接看商品，拒絕業務員介入他的購買決策，寧願自行判斷商品是否符合需要，自己是否能夠繳納這樣的保費。業務員也乾脆省下收集資料的時間，把商品透徹瞭解，以商品熟稔程度標榜自己的專業，談起商品的內容頭頭是道，卻完全不牽扯客戶的難題。業務員經常這樣想：我可以告訴你，保險能夠保障你、甚至哪種商品最划算，至於你需要不需要這種保障、需要多少額度、這是否應該第一優先處理，就是你的問題了。客戶掌握需求，業務員提供解決方案，雙方楚河漢界似的涇渭分明，如此一來，保險銷售變成商品展示，純粹以商品本身的優劣條件決定成敗。

市場上有許多人對此現象深感憂心。他們知道，客戶本身其實很難真正掌握自己的需求，就好像病患需要醫生的檢查，才能夠知道身體出了什麼問題，而知道問題才能對症下藥。商品導向的銷售模式，快速又簡單明瞭，但對於保險這樣的商品來說，不但無法產生業務員該有的附加價值，甚至還有傷害。買保險如果變成像買日用品這樣的交易，業務員的存在，就跟店員一樣了，網路總有一天會大幅度侵蝕業務員生存的根基。

保險公司其實沒有辦法提供深度的訓練，所以市場上有許多訓練機構，標榜提供此類課程，可以解決問題。這類課程多半以財務規劃為名，甚至舉辦財務規劃的競賽，刺激從業人員對於財務問題的重視。上網搜尋，也可以找到許多規劃的案例，常見洋洋灑灑數十頁的分析報告與企劃書。問題是這些案例，大多只是為客戶整理現有的資料，讓散亂的訊息有個簡明的系統（例如編製資產負債表、損益表），方便瞭解，卻沒有做出「判斷」，也沒有尋找財務上的契機與

危機，只是根據客戶想要完成的「夢想」，設計方案，然後就進入執行的階段，建議客戶採取具體的行動。這種做法比一般業務員的銷售，並未創造更高的價值，只是包裝得更精緻而已，有些顧問已經嘗試向客戶收取顧問費用，想擺脫業務員依賴銷售商品生存的宿命，但到目前為止，還只能說篳路藍縷，未能蔚為風潮，對整體產業的影響還很有限。

　　這正是本書寫作的理由：

　　讓財務規劃真正為買賣雙方創造利益，獲得雙贏。

財務規劃的基礎：財務分析

　　本書首先要談的內容非常基本，是以觀念與計算組織起來的知識體系，想為「財務規劃」找一個穩固的基礎，這個基礎我稱之為「財務分析」，也就是**判斷**個人財務狀況的能力。本書並不準備詳述個人財務活動的實務，例如：如何查詢退休帳戶金額、申報遺產稅、開設證券戶、買賣股票、購屋等等的手續流程。因此，讀者或可將本書這個部分，視為其他個人理財書籍的基礎篇章，以與其他書籍整合成為更完備的個人財務管理專書。

　　關於「財務分析」，我的思考不是「取代」，而是「補充」。想為「個人財管」建立著手規劃之前遂行「判斷」的方法，讓有志於此的人，得有依循。這一切，都從個人數十年工作實務中產生的諸多疑惑（例如：如何決定客戶的保額？）慢慢探索其解答、嘗試各種錯誤方法，鍥而不捨，又有幸獲得許多學員與客戶的寶貴回饋，修正而來。是對是錯，得由讀者判斷，但不論贊成或反對，相信本書要處理

的問題，是確實存在的，也許有更簡易的方式可以做得比我更好，但無論如何，想做個人財務管理工作，就難以規避目前實務上缺乏「判斷」的問題。

因為基礎判斷的不同，接續的「財務規劃」，在這本書中的做法，就跟時下大部分書籍中的方式，有著很大的差異。這差異來自於對「財務分析」的運用，所造成的基本觀念、規劃程序與財務範疇的分類等等差別，而自創一格。分析與規劃是孿生兄弟，兩者相互為用；但規劃所需的判斷來自於分析，因此本書最核心的討論無疑乃是「財務分析」（但規劃佔有最大的篇幅）。

對於理財師、財務顧問、財富管理師等諸多名稱，讀來常感混淆，本書中都以「財務顧問」（或顧問）稱之；財務指的是工作的範圍，顧問則是彰顯其「參謀」的角色，因為客戶本身才是主帥，能夠下決定。本書也不擬專章探討「財務顧問」此一角色的重要性，因為那本是無庸置疑。但即便如此，這個領域的顧問，目前仍無法真正獨立，也是不爭的事實，雖有各種國內外證照加持，更有汗牛充棟的理財書籍，然而消費大眾普遍上仍缺乏對顧問價值的認知，顧問的素質亦良莠不齊。個人的財務顧問，在台灣目前環境下，很難佔有真正的職位，或許也還構不成一種行業，只能是一種專業。大部分顧問沒有辦法以此謀生，只能用來增加自己原有專業工作的「差異化」價值。現實處境，對所謂「無庸置疑」的重要性，還真是相當諷刺。

財務顧問的工作，常需要與其他領域的機構或專家合作，不僅是與客戶的互動而已。所有與「財務顧問」角色有關的各種專業人士中，保險業務員是最密切的一員。因為兩者都著眼於長期之規劃、都以風險管理為主要關注範圍。事實上，保險業務員（特別是壽險），

往往同時具有財務顧問的身分與專業素養。網路銷售保單恐怕是未來趨勢，這將是對保險業務員的職業生涯最大的衝擊之一。若想深耕客戶，除了人際關係之外，成為稱職的財務顧問，帶給客戶更多網路難以取代的價值，會是不錯的選擇。

財務顧問講究「整合」，與保險業務員的「專精」，有所差別，因此兩者方能互補。「整合」並不就是所謂「全方位」，事實上金融服務業高喊「全方位」理財已有數十年（與倡導需求分析一樣久遠），但效果從來不彰。專業與全方位在概念上本即矛盾衝突，整合乃是另外一種專業，卻非「萬事通」似的什麼都要「會」。人的時間與精力有限，不可能同時兼顧所有領域，實無庸贅言。財務顧問不要變成百科全書式的資料彙整者，要固守自己的專業範疇，完成獨有的「目標與使命」。

除了家庭醫學科，沒有一個科別的專科醫生，會跨過自己獨擅領域，越俎代庖其他科別的醫療，不是嗎？

這立場或許跟多數金融機構、金控公司的想法很不一樣。因為許多機構，包括保險公司在內，並不把自己培訓的業務員看成獨立的顧問，而是視為公司延伸而出的微血管，負責傳遞公司想要輸送的訊息與商品到市場的各個角落。這種短視近利的做法，長遠來看不但傷害了業務員的職涯發展，也會損害公司的信譽與利益，以及市場素質的提升。

本書首重於財務的「分析」，並提供一個簡單的架構，協助財務顧問進行財務的診斷工作。「財務分析」是對環境變化的高感度應變系統，也是對個人財務狀況的掌控工具。

　　「財務分析」的計算，把財務生命壓縮成「現值」、延展成「未來值」，再把財務生活拆解成各種「財務範疇」，範疇中有各種財務活動與事件。每個活動與事件都有其價格，都對整體財務產生影響，需要掌握的是整體現金流量變動的時機、結果。

　　理想中這是「財務規劃」的基礎。

　　另外，本書特別著眼於「投資」與「保險」的探討，特列專章。此二者有其共通之處，就是都需要處理「風險」。財務管理工作的價值，在於協助客戶避開財務危險，發揮其財務潛能，達到個人財務生活的最高福祉。保險與投資實為財務之雙翼，也是財務顧問的基本工具。但此書中並不多加討論具體商品，而是深入風險性概念，運用於財務「分析」與「規劃」的核心。投資與保險之間的關係，可看成財務「整體性」的縮影，相互影響與涉入，錯綜複雜，因此書中對這部分會有較詳細的討論。

　　其次是財務的「規劃」。本書的分節方式，與其他專門著作有很大的不同，我沒有按照人生階段或財務需求來寫規劃的篇章，只挑選退休規劃、保險規劃下手，來呈現「財務規劃」的具體方式，附帶整合其他相關規劃，例如：投資、稅務、傳承規劃等，而不是每種規劃，各列一專章來討論。而規劃的程序，也與其他主流的做法有異，我認為規劃必有目的與目標，目標是目的的具體化，也是配置資源、引導產生策略的砝碼；目標與策略，如影隨形。而先配置資源，再談專項的規劃，則是程序上的特色；也因為透過資源配置，才把所有的規劃整合為一體。

　　本書另一特點，是借用其他同類書籍中的例子來說明本書強調的概念。透過重新計算與評論其他書本中提及的實例，讓讀者了解「財

務分析」與「財務規劃」。這部分有專章探討。

最後，絕大部分個人財富管理或財務規劃的書籍，偏重於規劃，少著墨於分析，而規劃又多以執行面為主要講述內容；以子女教育、購屋、退休、保險、投資、稅務等項目實際執行的方法、程序與步驟、具體細節、現實商品等為主要的書寫重點，其主要目的似乎是教導讀者，如何執行自身的財務活動，給予操作的參考。例如：鉅細靡遺地列出從小學到大學的學費；有的甚至告訴讀者，保險的純保費與附加保費的差異與計算；有的還會指導讀者如何申報所得稅、申購股票。我想這些作者是把財務管理或個人理財看成指導客戶財務生活的使用手冊，而不是闡述財務管理的獨特價值與發展獨有的知識體系。

本書不是從使用手冊的角度出發，而是希望讀者知道該如何「判斷」，以及根據此判斷，可以如何改善未來的財務生活，因此側重於分析與規劃的搭配運用。或許正因為寫作的目的不同，反能互補。據此本書對於其他學者專家，多有提及或論述的「項目規劃」實務，盡量不再重複，但會深入「財務管理」的本質，詳述完整的分析與規劃的做法與價值。

個人的財務管理不只是一項程序、一些外部資訊的堆疊，它應該具備本身特有的知識體系。本書將致力探索屬於個人財管的知識系統，因而書中會有較多的概念鋪陳。即使如此，仍盡量透過實際案例，呈現理論的實用性。拋磚引玉，希望對於有心研究個人財務者，提出新的角度與挑戰，也期待個人財務的管理，將來能成為不可或缺且獨立的專業領域，同時成為真正的產業。

個人理財之井字分析

第1章
財務管理概論

財務管理包括四大領域：企業、政府機關、非營利事業機構、個人。見圖1-1所示：

圖1-1　財務管理四大領域

這四大領域中，最常被忽略與誤解的是個人的財務管理。這也是本書的主題，一般稱之為「個人理財」。

四大領域可大概歸類為法人與自然人，前三者大致是以法人為主體，個人（家庭）是以自然人為主體。個人有限的生命，不可能永

遠存活，但一般公司行號、政府機構、慈善團體往往都以永續經營為預設。這最根本的不同，造成分析與規劃上的最大差異，因為沒有終點，無從整體計算；再者，適用的法律與規範也不同，使用的報表也有差異，種種差別造成無法直接把其他領域的「財會模式」套用於個人。

本書的「財務分析」，基本上不使用一般會計的資產負債表、損益表，也不使用財會領域上常見的財務比例：如資產負債比、清償比例、儲蓄比例等。使用「現金收付制」，不按「權責發生制」進行分析。這些實務上的差別，與標準財會原則與慣例迥然不同，也讓財務顧問的分析報告，難以統一。不同的顧問可能產生不同的報表，不同的描述語言。這樣的結果，也是個人「財務管理」這一行業的困難，因為顧問必須自創一套體系來發展與表述其個人的分析與規劃，更遑論這樣各行其是，對客戶所造成的混亂，相信這也是財務管理難以普及到個人領域的原因之一。但本書並非無視財會原則，只是與企業使用的方式，有所區隔罷了。

多數人感覺不到個人需要財務管理，大都憑藉本能，直覺地處理自身的財務問題；即便金融或財務方面的學者專家，雖研究投資、風險管理、金融行為、節稅等，也多半不太關注個人理財領域。那些研究，雖然都屬於個人財務的某一部分，但很少涵蓋整體的個人財務管理。

個人的財務管理似乎還沒有發展成為學院裡的一個分支，至少可以說絕大多數的財經與金融方面的學者，很少注重這方面的理論建構，實務探討就更是鳳毛麟角，難得一見了。也許個人財務管理的每一個範疇，都有專門的著作或專家，但把所有的部分加總卻不一定等

於整體，整體有它自己的內涵，需要我們深入探索。

　　個人財務是最直接影響人生幸福與否的關鍵，不該因為牽涉的金額大小、影響社會層面多寡，而忽略其重要性。再說，社會本由眾多個人與家庭所構成，若大部分個人都能妥善照顧自己，也必能增進社會福祉，減輕社會的負擔。因此，不論個人或者專家學者，實應多加關心個人財務管理的領域。

　　一般人常聽到投資理財、財富管理、個人理財等，好像個人的財務管理並不陌生。但詳究其實，到底什麼是理財？大部分人都感到難以描述，以為投資就是理財，或者以為稅務規劃、保險規劃是理財，再不然把這些統統加起來，就是理財，其實並非如此（但反過來說投資、稅務、保險等等的規劃不是理財，當然也是錯誤的）。

1-1 何謂財務管理

　　一般書本中的定義：「個人理財，又稱個人理財規劃或者家庭理財規劃等，其含意是：根據個人（或家庭）所確定的特定人生階段的財務目標，同時考慮該個人（或家庭）的收入和消費水平、預期目標、風險承受能力等情況，形成一套以收益（或效用）最大化為原則的個人財務安排。」[1]

　　另有財富管理書中則說：「所謂『財富管理』是指規劃現有及未來的財務資源，加以妥善支配與管理，使其能滿足人生各不同階段之需求、達成人生各階段之目標；簡言之，財富管理係一種經歷規劃、執行與管理財務資源、進而達成人生目標的過程。」[2]

　　另外一本書中，提到美國「國際認證高級理財規劃顧問」（Certified Financial Planner, CFP）的主要職責是：「根據客戶的資產狀況和風險偏好，從客戶的需求和理財目標出發，採取整套規範的工作模式，為客戶提供全方位的專業理財建議，找到一個為客戶量身訂做的理財方案，以幫助客戶實現不同人生階段的理財目標。」[3]

　　這些說法，清楚而周延，大約就是個人財務管理的定義。

　　在本書中財務管理的定義，跟其他理財的書籍，並沒有本質的

---

[1]　桂詠評、胡邦亞（2017）。個人理財（第二版）。上海：格致出版。
[2]　林容竹、屈立楷、林澍典、梁亦鴻（2015）。財富管理：基礎入門與案例實作。臺北：新陸書局。
[3]　陳玉罡（2012）。個人理財：理論、實務與案例（第一版）。北京：北京大學出版社。

不同，只是本書更偏向「財務分析」，所以會以「財務分析」為基礎來定義財務管理。因為「財務分析」不同於財務規劃與執行，但又「涵蓋」財務的規劃與執行（因為財務規劃與執行仍是財務的一環，而「財務分析」乃以整體財務為範圍，因而規劃與執行也是分析的對象；若反過來說，規劃涵蓋分析也行，只是意義不同：那是把分析視為規劃的眼睛），書中有時會以分析當作整體財務管理的代稱，實質上兩者還是有所區別。而對財務管理，我還想要一個**操作**的定義，這樣可以簡化財務管理的概念，又能表述實務上怎麼做的問題。

1-2 財務範疇

談「財務分析」的定義之前，我們先來看看什麼是「財務範疇」（圖1-2）：

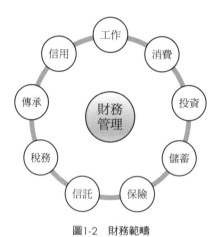

圖1-2　財務範疇

圖中，外圍所列出的圓圈，都代表某一範疇。範疇是財務的重要切面，即個人財務生活的組成環節。處於核心的「財務管理範疇」，則是虛擬的範疇，在自然情況下，並不存在。這些外圍的範疇基本上是按照個人財務活動的性質，予以分類，這八個範疇[4]也可稱為八種領域、八類組合，名稱並非絕對，只要能表現出財務生活中，八種常見的活動類型就可以了。但中間的財務管理範疇，其實並不是真正的

---

[4]　在本書的論述終將儲蓄與投資兩項合併說明，故行文中以八個範疇而非圖片的九個範疇描述。

範疇，它是由管理活動而產生的抽象範疇，所以我稱之為「虛擬」。

八大財務範疇

　　這外圍的八個範疇，並不是按照個人的生命進程或人生階段分類，也非個人的財務需求，它們只是某種類型的財務活動群聚。我盡可能讓每個範疇有其獨具的特性，但財務活動本質上，就很難涇渭分明到彼此完全獨立，從將來的運用中，讀者就可以看出來。底下分別簡單條列各範疇中常見的內容與問題：

一、工作

　　廣義的工作，實包含經營事業：工作收入多寡、退休年齡的規劃、工作的穩定性、工作福利的價值、要不要跳槽、最低待遇不能低於多少、自行創業好還是選擇穩定性高的工作、甚至事業的交棒接班安排等。對大部分人來說，工作收入是一生主要的收入來源。

　　若有人以投資為業，那麼投資即其工作，即使如此，這樣的人並不一定所有的投資都是自行處理，他還是有其他投資活動，不在其工作範圍內，只是他的投資與工作有很大的重疊部分。也有人是企業主，他並非依賴工資生活。廣義而言，不論是薪水階級、專業人士、企業主、投資專家、公務員、軍人、開店的老闆、打零工的人、甚至無業遊民，都有工作這一範疇，只是內容極不相同而已。因此工作範疇，所指的不完全是薪水問題。

　　對於工作的規劃，每個人都有自己的想法或現實，這些都會反應在「財務分析」報表中。《富爸爸，窮爸爸》一書中所談到的收入來

源四個象限的分類，也是這個範疇中的思考重點之一。

二、消費

　　包含目前所有的生活費、花費可以刪減的部分、每月最高生活支出限度、是否購車、買房比較好或是租屋就好、怎麼買划算、旅遊可以花費多少、孩子要不要助學貸款、手邊保持多少現金、養老生活水準、夫妻兩人是否分開記帳？

　　但需特別說明的是，消費並不等於支出，例如：繳稅是支出，但不是消費；保險費、投資款項等也可能只是支出，而非消費。支出有的是暫時性的，也有些並不確定。消費籠統地說，指的是食衣住行育樂等，個人生活必須的開銷。

　　當然，消費一定是種支出，但支出並不見得就是消費，支出的範圍，要遠大於消費。出國旅遊列在消費範疇，出國考察卻是工作的一部分，但兩者都有支出。

　　消費是人生財務的主要需求所在，也是考慮競爭性支出時的重點，這類支出，一般而言缺乏強制性，所以常會受到排擠，因此計算出底線與上限非常重要。

三、投資／儲蓄

　　儲蓄好還是投資好、比例如何、儲蓄的管道、投資什麼標的、何時投資、投資何處、能承受多少投資損失、最少需要多少報酬率、通膨影響多少、資產配置比重如何、有多少錢可以配置、有多少時間可以投資……

　　若把投資跟儲蓄放在同一財務範疇，重點其實就是強調資產配

置；實際上兩者有本質的差別，應該分別處理。儲蓄與投資的配置比例，構成個人的「機會成本」。

在這個系統中，機會成本是非常重要的概念，但這裡所謂的機會成本與經濟學上的有些不同；本書中的機會成本，是客戶配置資本的能力，並以此為標準，度量他所有的收支活動。詳細情形，在後面討論機會成本時會加以詳述。本書並非將投資與儲蓄視為完全相等的活動，但就其都是把錢存下來這樣的共同特質，合併在同一範疇。

四、保險／風險

是否需要保險、每一種險都需要還是只需要特定保險、如何分辨輕重緩急、還本好或是不還本比較好、萬一保險買了沒用到的最大損失是多少、保費會不會影響我的退休、該先買自己的保險還是家人的、若不買保險我是否可以承擔這項風險、針對特定保單解約好或是繼續繳費划算、保單如何評價、同類保險中哪一張保單最好、保險的功能中有哪一項能為客戶創造最大的利益？……

風險的概念大於保險，但習慣上財務顧問會聚焦於保險，因為其他風險難以掌控，也缺乏具體商品可以處理。例如：流動性、利率飆升或驟降、地緣政治、景氣循環等，風險無所不在，但保險能轉嫁的只有一部分。有時得合併社會福利制度，或只特殊安排以預防、規避、減輕可能的損害。保險能轉嫁的，也不是照單全收，還有成本的考量。這個範疇中的事項，涉及的就是客戶的財務安全問題，稱之為安全範疇也未嘗不可。

五、信託

　　客戶需要信託規劃嗎？信託大概可以專書討論，在此書中，難以詳述。簡言之：信託是財產的持有方式之一，法律對信託有諸多規範，也為信託創造無可取代的價值，有些問題若不使用信託，恐怕難以解決。信託與保險商品結合，使保險如虎添翼，這類信託比較單純，所以本書會討論保險金信託、金錢（保險）信託。至於其他更複雜的信託，就有待其他專家了。

六、稅務規劃

　　有沒有遺產稅或贈與稅的問題、贈與還是繼承好、如何籌措繳稅資金、如何合法降低稅額、不同選項的成本如何計算、所得稅如何減免、企業如何節稅、全球查稅風潮下，如何規劃？……在現代社會，稅負是無法躲避的負擔，稅務領域，繁簡之間差別頗巨。客戶的稅務問題可能極為簡單，但也可能複雜無比；例如需要跨國的稅務處理。這範疇並非一般財務顧問能夠規劃處理的，需要仰賴該領域的專家團隊。

七、信用管理

　　分成負債與赤字預算兩部分。負債是已經發生的，赤字預算是預計產生的負債。負債與赤字預算又分：向外借款與向未來借款。前者稱為貸款，例如：房貸、學貸、信貸；後者稱為挪用。兩者都需要支付資金成本，前者以利息計算；後者以報酬率計算。挪用又分為挪用自己未來的資源與子女（或他人）的資源。

　　如果貸款或挪用不需任何成本，即可視為餽贈。我該不該借款、可以借入多少資金、可承擔多少利息、現有債務要馬上還清還是繼續分期、是否應該透支、要不要編列赤字預算？（赤字預算：例如當客戶財務不足以退休養老時，該不該投保？赤字預算也許是讓自己透支本身未來的收入，不一定是對外舉債，可能只是動用超過今日可以動用的額度。當然也可能真的向外借款。）

　　若論及舉債能力，就包括能借到多少錢，還包括借款的利率高低；也就是借款的可能性、額度、條件、速度、還款期限等。現代人的信用度，影響生活甚巨，不是常聽說謹慎理財、信用無價嗎？使用金融卡、信用卡消費，往往在不知不覺中透支信用。

八、資產傳承

　　會有多少資產可以傳給子女、什麼時候贈與、以什麼財富型態給予、如何分配、繼承人都是我希望給予的人嗎、承接還是不承接上一代的財富（負債）、是否公平、贈與還是繼承？……傳承與節稅不同，傳承未必會有稅負的考量，一般民眾即便沒有遺產稅問題，還是有可能得思考財產的分配問題。

　　從上面的說明可知，財務範疇是個人財務生活的諸多面向，讀者可看到我盡量以問題的形式表述。這些面向不一定所有人都完全具備，有些人有稅務問題，有些人其實並沒有需要特別考量的稅務，但從邏輯上看，這八個向度，是生活中與財務有關的幾個領域，即便個人並沒有這個範疇的實際活動，還是不妨礙範疇的存在。

其他財務範疇的分類方式

財務範疇的分類，因不同的分類標準，會得到不同的結果。例如傑夫‧馬杜拉（Jeff Madura）在《個人理財》書中，強調「個人消費決策會給預算帶來影響，而預算又會影響到個人理財計畫的各個組成部分」。[5]

在他的這本經典著作中，多次強調消費決策的巨大影響。他的財務規劃從現金流的預算開始到流動性、融資、保護個人財富、投資、退休計畫與遺產規劃，共有六個組合部分。又如陳玉罡《個人理財：理論、實務與案例》書中，論及理財規劃的步驟時，分成八節：現金規劃、保險規劃、子女教育規劃、養老規劃、房產規劃、投資規劃、稅收規劃、遺產規劃。[6]

一般理財書籍會把整體財務分成六到十個組合結構。這大致上是根據人生階段或需求的種類而分。但是，對於如何整合這些組合或各種項目的規劃，許多書中並未明確說明，這些未說明的整合之道，卻正是財務管理的核心。例如：保險規劃與子女教育規劃，彼此之間有什麼關係？

財務範疇互相影響與涉入

如何分類範疇並無固定的標準，但非常重要，因為如何分類代表

[5]　傑夫‧馬杜拉（2015）。個人理財（第五版）。北京：中國人民大學出版社。
[6]　陳玉罡（2012）。個人理財：理論、實務與案例。北京：北京大學出版社。

顧問如何看待客戶的整體財務。這些範疇本身與各個範疇之間關係的掌握，其實就是財務分析與規劃的主要內涵，也就是說如何劃分範疇或組合，影響後續的分析與規劃。當然人生畢竟是整體的，本書所列出的範疇，彼此互相影響與涉入，構成完整的財務人生。

以杰夫・馬杜拉的觀念為例，他把書中的六個範疇統合的方式是：

理財規劃的組合部分。理財規劃包括預算（第一部分）、流動性管理計畫（第二部分）、貸款計畫（第三部分）、保險計畫（第四部分）、投資計畫（第五部分）、以及退休計畫與遺產規劃（第六部分）。預算決定了你應如何消費或投資。流動性管理計畫能確保你擁有充足的流動性應付各種意外支出。貸款計畫主要是為購買大件商品獲得貸款支持。貸款計畫還要涉及貸款利率以及貸款期限等決策。個人資產與收入的保險計畫涉及購買哪種類型的保險以及購買多大的保額等決策。投資計畫決定了你投入多少錢做投資以及在各種投資產品之間如何分配資金。退休計畫與遺產規劃決定了你定期向退休帳戶存入多少錢以及如何向繼承人分配遺產。

各個組成部分之間的關係。理財規劃的各個組成部分彼此之間相互依賴。預算規劃要依賴理財規劃的其他組成部分。預算規劃每個組成部分的可用資金額要取決於有多少錢可用於流動性儲備、償還貸款（貸款決策）、做投資、買保險或向退休帳戶繳款。每個月你向理財計畫的某一組成部分投入的資金額越

多，則用於其他組成部分的資金額就會越少。因此，理財規劃的關鍵在於必須要判斷一下理財計畫的哪些組成部分優先順序排名靠前，因為在考慮這些組成部分時所下的決策會對理財計畫的其他組成部分造成影響。

理財計畫案例。斯蒂芬妮·斯普拉特個人理財計畫的案例分析說明了如何將理財計畫分割出六個組成部分。這個案例還能說明理財計畫各個組成部分是如何整合到一起的，以至於在考慮其中任意一個組成部分而做決定時都要先考慮到對其他組成部分的影響。隨著時間慢慢過去，個人的財務狀況也發生了變化，因此你應當時不時地重新評估一下自己的理財計畫並及時調整更新。[7]

歷時性、同時性、整體性

從這段引文中可以看到杰夫·馬杜拉的思考，基本上以預算統合各個組成部分，具備「歷時性」，但缺乏「同時性」概念。所以理財者並不能預見財務決策的可能後果，也無法知道除了資金的排擠效應之外的遞延效應。

斯蒂芬妮（其書中假設的客戶）可以清楚知道她每個月可以分配的資金多寡，也知道分配到某個組合部分較多，會減少分配到其他組合的額度。但是她如何知道她的決定，是否正確？若投資虧損，對其

---

[7] 杰夫·馬杜拉（2015）。個人理財（第五版）。北京：中國人民大學出版社。P480-481

整體財務會有何影響？她能承受多少虧損？房貸利率飆漲的話，她能承受的最高房貸利率是多少？還有許多問題，她都沒有答案，這樣她即使步步為營，也不一定能創造最大效益。

在此書中斯蒂芬妮的財務狀況，從一開始出現到書末，呈現陸續發展的變化，包括調薪、購屋、投資、保險等，這就是從「歷時性」的角度，看待個案發展的實例。但所謂「財務分析」，必須在這些具體的發展之前，就知道如果發生這些財務事件，會有何結果。等到發生才因應調整，很可能感嘆時不我予。

所謂「歷時性」就是依照財務事件發生的先後順序，線性關照各種變化的過程與整體結果。

在我所參考的個人理財書籍中，陳玉罡《個人理財：理論、實務與案例》一書的第四章148-149頁，談到現金流量表時，有討論到終身的現金流量起伏變動，作者以現金流量與財務目標的匹配觀點，檢視現金流量可能出現的缺口。本書後面也有專章討論。這種做法可以進一步發展「同時性」的概念，但作者在這方面並未著墨，停留在「歷時性」的框架裡，因而沒有觸及整體性。[8]

整體性雖然包括「歷時性」與「同時性」，但主要是透過「同時性」表現的財務特質，也就是所謂的「現值」。

陳玉罡書中，現金流量表的編表，只用來預測資金與目標匹配的缺口，並未深入探索現金流量表的深層意義，沒有用來做更廣泛的分析，例如風險承受能力，或用以計算所需保險額度；他對於保險的額度還是使用雙十原則，或簡單的總需求法計算保額。這種計算，優點

---

[8] 關於以上兩書的實際案例，請看本書第三章〈案例述評〉。

是簡易，缺點是無法與其他財務策略綜合考量。

　　若要計算總需求來確定壽險保額，只能使用現值，無法使用未來值。即使假設投資報酬率與通膨率相等也不行，因為一方面不符合現實狀況，二方面收支的期限長短也未必相等。

　　所謂「同時性」，就是整體財務經過折現計算，壓縮時間成為今天的現值，整體財務不管實際各個範疇或組合部分內容如何，僅以「增」、「減」兩種向度看待。如此，任何財務波動都會是整體財務的增減變化，雖然實際變化可能出現在各個不同的範疇中，因而具有相當不同的意義，但對財務淨現值的變動方向來說，只有上與下而已，不是增加就是減少。這數值是財務顧問評估客戶財務狀況的依據。

　　使用現值與未來值同時編製現金流量表，比單純只使用未來值來編列具有更大的用處。因為同一項目的現值只有一個數值，未來值可有很多個數字，同一時間的數字才能相互加減與比較。若使用未來值，每個收支項目的終點未必相同，無法切齊，就無法用來分析研判；而現值因為只有一個當下的數字，可以避免時間無法對齊的困難。再說人們對當下的貨幣數值也比較能理解其價值──你知道今天100萬代表的大概價值，但你知道20年後的100萬代表的價值嗎？

　　使用未來值描述資金可能的缺口，好處是能告訴客戶，缺口發生在哪一年度；若使用現值，因為壓縮了時間因素，所以看到的只是正或負的數值，無法說出哪一段時間資金不足。

　　現值、終值並用就沒這問題。

　　歷時性與同時性是現金流量的樣貌；財務範疇是橫切面，表現現金流量的內涵。現金流量本身只有正負兩個向度，並沒有項目與內

容。兩者合一才是完整的「整體性」概念。如果客戶的現金流量淨值為負數，必須看項目與內容，才知道是什麼原因所造成。若不知其原因，也就沒有調整改善的可能，因而兩者是相輔相成的概念工具。陳玉罡書中已經使用未來值編出現金流量表，如果未來值可以看出資金何時有缺口，現值也就能夠用來做財務的各種判斷。

「同時性」的思考邏輯很簡單。陳玉罡書中的第73頁談到投資決策的淨現值法（NPV），這是衡量投資是否可能獲利的一種方式。把一項投資計畫的所有收入與支出項都換算成現值，然後加起來，看是正數還是負數——如果要值得投資，至少必須是正數才好。

我們將客戶一生之收支項目，全部折現成現值，再加總起來，也會得出一個或正或負的數字，這數字代表客戶一輩子的財務結果。若把人生看成單筆投資預測，評估是否值得投資，就會簡化財務的複雜度。人生這筆投資，我們無法選擇「要不要投資」，而只能思考「該如何配置資源」。配置資源，就是財務規劃的核心議題，跟預算編列意義大概相等，但範圍更加廣泛。

若假設客戶的財務狀況，所有收支項目都折現後相加，正負相抵剛好等於零，也就是說客戶一生之財務正好平衡。那麼只要刪除薪資收入，必然就會破壞平衡，產生負數的淨現值，那個數字是負多少，就代表客戶的薪資保障需要多少。這是總供給法計算的保額；若把這數字，扣除客戶本身的開銷，就會得到淨貢獻度法計算的保額。因為都已折現為現值，直接加減計算即可。這是很方便的運用，計算也非常容易，後面討論保額的時候，會運用這種計算方式。

不管是計算單筆的投資還是客戶一生的淨現值，都面臨準確與否的懷疑。財務顧問並非算命師，也沒有神通，自然不會知道真實的未

來，但他知道他根據哪些假設做出這樣的判斷與預測，因此他可以觀察實際發生的數據與當初假設的參數之間的誤差，掌控客戶的現金流波動是否在預期的範圍之內。他需要四個邊界才能圈出這個範圍，四個邊界是：收入、支出、報酬率、通膨率。

舉例說明：張三的收入每年為10000元、支出為7500元、報酬率設定為1.5%、通膨率為3%。這四個數字圈出張三的財務範圍。如果張三在這種假設條件下是可以終老無虞的話，顧問就會不時核對參數，收入要是減少、支出要是增加、通膨率上漲、報酬率下降，不管發生任何一項都將使張三的財務變得更差，反之則會更好。當然世事難料，變化也無端，有時其中一項變好、一項不動、兩項變差，那對客戶的整體財務是好是壞？這就得重新進行分析了。

財務範疇之間的「影響」與「涉入」

本書強調財務的「整體性」，整體性是各個範疇之間的關係與現金流量變化的總稱，是財務世界的特徵。財務範疇之間的關係，有「影響」與「涉入」兩種不同的相互作用；同一範疇內的財務事件與活動也可能會有這兩種特性，這裡先以範疇之間的作用來說明。

「影響」是指某一範疇的變化會連帶使得另一範疇也跟著變化。例如：資產配置策略改變（投資／儲蓄比例改變），風險的承受力也會隨之改變，風險承受力改變，保險的規劃就會不同，保險規劃不同可能改變消費能力，若消費能力增加，又可能影響退休時程提前（反之則使退休時程延宕）。

這可能是連鎖的影響，也可能只是兩個範疇之間的作用。

　　事實上，資產配置策略改變，也可能直接影響稅負、直接影響消費。影響不一定是從某一個範疇開始，受影響的範疇也不是固定的哪一個範疇，更不見得有一定的途徑。比較常見的是，各個範疇隨時都變化著，也接受其他範疇傳來的影響，難分先後；也有的是相互影響，形成纏繞的狀態。財務分析或規劃，從整體來鳥瞰這些變化，除非為了解決某項特定問題，否則並不細究影響的路徑。

　　「涉入」則是某一個範疇與另一範疇內涵的交集，例如保險與儲蓄範疇，保險可能含有儲蓄的成分，但並非完全等於儲蓄，保險還有風險管理、投資、稅務等問題。反過來說，儲蓄也不一定就是保險，銀行存款也是儲蓄。這樣的例子很多，例如買房子到底是消費還是投資？可能兩者都有。但客戶主觀上的認知，往往與實際財務效用不完全一致。有時候迫於現實，改變初衷者也所在多有。

　　範疇是財務生活的內容分類，不僅僅範疇與範疇之間的關係是整體性的影響與涉入，即便範疇內的財務事件與活動，彼此也是密切相關的整體之一環。例如買保險，屬於保險範疇，但客戶需要的險種可能不只一種，險種與險種之間的關係，也會呈現整體性的波動關聯。

財務範疇之間的資源競爭

　　競爭資源也是各個範疇之間相互影響的一種型態。資源有限，配置於投資較多，可以配置其他範疇的資金就會減少。誠如杰夫・馬杜拉書中所示，預算分配是個人理財的核心作業。預算影響範疇，範疇相互影響，然後回饋預算編列。如果只考慮預算編列，不計各組合範疇的回饋，就無法真正協助客戶決策。因為，以杰夫・馬杜拉的定時

檢視與調整之說，必須等到真實狀況發生時，方能調整預算編列，有些財務決策的後果要數十年後才見分曉，到時候也來不及調整了。這就是財務決策可能產生的遞延效應問題。

預算是針對已經決定的計畫方案編列經費，以完成此方案；在分析階段，還未擬定策略與計畫，要如何編出預算？所以，這時應該思考的是資金的排擠效應與遞延效應。這是財務決策的重點：資產配置。

資產配置是財務執行時的基礎動作，在此之前必須有「財務分析」先行。否則盲人瞎馬，雖然看起來步步為營、如履薄冰，但只看當下的收支報表，想要與各項長短期的財務目標（或需求）匹配無間，是很難做到的。

雖然範疇或組合如何分類並不會影響財務管理的本質，但還是有些許不同的想法。例如：預算規劃算不算範疇？杰夫‧馬杜拉的做法，依我看來比較像是財管動作（如同本書中的虛擬範疇），但偏向於執行部分，而且與其他組合並列。既然是並列，就是視為財務組合，這與本書的做法不同。

又如退休與遺產組合或規劃，我的做法是把範疇盡量純粹化。退休實際上是綜合多種規劃的規劃，跨越多種範疇的範疇，把這種綜合性範疇獨立成為財務組合，過於龐雜，實際規劃時會碰到困難。若還加上遺產組合，更是加倍複雜，遺產組合無法涵蓋贈與，生前贈與不能與身後繼承同樣規劃，因此不該合併。

為了包含生前身後，所以我使用「傳承範疇」。傳是給予者、承是獲得者，不管何時只要涉及財產移轉，不外「傳」與「承」，因此稱之為傳承範疇。至於退休規劃，其實最終得聚焦在退休金之上，以

退休金為焦點來規劃，約束其原本的複雜度（退休當然不只是退休金的有無問題，也包括退休後的風險、尊嚴等考量，但只要能轉換為金額的，都可併入退休金底下，或相關項來計算，不能數字化的項目基本上可能就不列入財務領域的規範）。

再如子女教育、旅遊、自住型購屋等，基本上跟消費範疇難以完全區隔，強加分類，徒增分析的困擾。所以，本書並未將這些視為獨立的範疇或組合，而是消費範疇的組成分子，彼此間的關係主要是競逐資源。

各家使用名稱也沒有統一的規範，例如杰夫‧馬杜拉書中的流動性規劃，與陳玉罡書中的現金規劃，內容相近。

然而，因為範疇之間常有「涉入」現象，要找到百分之百純粹的範疇也幾乎是不可能的，只是盡量依照財務領域的本質，加以區分。像旅遊、子女教育、生活費，它們的特質就是支出，而且是支出中的消費，所以歸併於消費範疇。

人生過程雖然有其先後順序，但財務管理並不是非得遵照此先後順序加以分析不可，也不是非得照時間先後順序規劃不可。例如：退休規劃越早開始越好，但退休生活卻是人生的後段。所以本書的範疇分類，乃以財務活動與事件的特質區分，不跟隨人生的階段起舞。

生活雖然是「歷時性」的過程，但財務生命其實是「同時性」的整體。今日的財務決策，會影響數十年後的財務狀況。以退休而言，年輕時的財務決定，已經直接影響退休生活的質量，並非等到退休後的財務作為才會影響退休生活。財務系統本身，是「歷時性」的，又是「同時性」的。因為是「歷時性」的，所以不可逆轉，才有所謂的遞延效應；因為也是「同時性」的，所以牽一髮而動全身，也因此財

務顧問才能做出判斷。

本書財務計算表中的「現值」表現**同時性**,「未來值」表現**歷時性**,整體財務報表,則包含這兩者,形成「鳥瞰式」的視野。透過「財務分析」的觀看,這些財務的範疇,表現出「影響」與「涉入」的相互作用;透過現金流量整合為一體,這就是**整體性**。

財務顧問的工作範疇

舉凡個人的所有金錢活動都是財務管理的範圍。以上所有範疇的事件或活動都造成現金流量的起伏波動,財務顧問的工作,就是了解各種波動變化的原因及後果,以提供最好的建議。因此財務顧問有一個自己獨特的工作範疇,即上文提到的「財務管理範疇」。

現金流有「可控制」與「不可控制」的不同變化。不可控制的波動即不確定性波動,也就是財務顧問首要處理的「風險問題」。財務顧問的核心工作之一,就是協助客戶面對不確定的波動,選擇承擔「風險」的種類與程度。

人生隨時隨地都面對著風險,有些風險由保險顧問來處理,有些由投資專家或其他專業人士來處理。財務顧問則整合所有不確定性,但不限於保險與投資風險,透過自身的獨特策略與規劃,協助客戶、也協助其他領域的專家,處理整體的風險問題。而風險的範圍超過保險,就好像支出的範圍超過消費一樣(繳稅是種支出,但很少有人認為那是種消費),財務安全規劃是財務顧問的核心作為。

在圖1-2的圖形中,把「財務管理範疇」放在所有範疇的中心,只是代表其核心地位,事實上這個範疇並不具體存在,人們並不在其

中生活。外圍的這些範疇才是構成客戶財務生活的實在領域，範疇中發生的財務事件與活動，與人生緊密相連。

　　所謂財務事件，例如你車子放在路邊，不知道被哪個冒失鬼撞壞了，但肇事者已逃逸無蹤；或者股市忽然大跌，台股摜破萬點以下，這是整體財經局勢波動。財務事件是已發生，卻與你的個人作為沒有直接關係，然而還是會影響到你的財務狀況。所謂財務活動，則是你的決策、計畫或無意間的作為，對自己的財務造成影響。

　　虛擬的「財務管理範疇」，即使在財務管理中，既不等於其它範疇的任何一項，也不是這些範疇的加總，但又脫離不了任何一項範疇。

　　「財務管理範疇」雖牽涉其它一切範疇，但卻不能完全涵蓋這些範疇中任何一個範疇，所以「整體性」並不是把所有範疇加總起來。「整體性」主要描述的是範疇之間的互動關係，以及各個範疇內部的財務活動或事件的彼此的關連。

財務顧問的角色與限制

　　財務管理之所以虛擬為「財務管理範疇」，是為了讓人把財務顧問的工作範圍看成獨立的場域，而非依附於其它範疇。這個場域雖然是虛擬的存在，與其它範疇有明確具體的財務活動不同，但它以現金流量的變化為基礎，監控其它各種範疇的各自變化與互動關係。對財務顧問而言，這虛擬範疇，可是再真實不過了。

　　除了虛擬的財務管理範疇可以放在中心之外，其他範疇沒有所謂的中心，但每個範疇都以它自己為中心。例如許多保險業務員眼中，

除了保險之外沒有更重要的事情；有些投資專家認為投資是最重要的活動。這種本位主義，可以理解，卻不能贊同。客戶的財務是整體性的，所有範疇都必須統合協調，以創造整體財務的最大效益。

這些外圍範疇都各有其具體的財務內涵，若要進行「項目規劃」，也各有其精深的專業知識或使用的商品。精通財務管理的財務顧問，未必能深入這些個別的範疇。「萬能式」的財務顧問概念，與專業分工背道而馳。財務顧問對這些範疇的了解自有其特殊的視角，與各個範疇中的專家，看法不會完全一致，有時衝突、有時互補。而且，財務管理本身作為獨立的學門，自有其存在的價值，也應與其它專業有別。

例如：財務顧問看待保險與保險專家就可能有歧異。保險業務員看待保險多半在乎其保障或累積資產的作用，財務顧問可能更在意保險的規劃作用（詳見書中關於保險功能的討論）。

再者，保險業務員可能會在乎保險的保障效益，但絕少能同時注意到保險費對客戶整體財務狀況的衝擊，財務顧問對此則是責無旁貸，必須關注任何財務活動造成整體財務的波動。而這思考已涉及保險評價的議題，保險業務員於此一般而言缺乏認識，也不感興趣。

另外，除非財務顧問本身也從事保險業，否則對保險商品的了解，就很難與保險業務員一樣熟稔，光是「醫療險」，台灣可能就有數百張不同的保單。財務顧問的價值，不在於商品的精確建議，而在於掌握客戶整體財務狀況，尋找可能改善財務生活的機會。這種鳥瞰能力，可以引導客戶個別的財務計畫，包括保險的規劃與採購，但未必能具體地告訴客戶該買哪張保單。

再如：金融投資的商品，品項之繁雜、變化之快速，圈外人很難

了解得透徹，即使圈內人也只能各有所長，難以兼備；懂得股票未必懂債券、了解債券未必熟悉期權。稅務或其它領域又何嘗不是如此？或許還更加複雜。

　　沒有任何專家能同時精通所有領域，但財務顧問可以「整合」所有財務範疇，對各領域的專業顧問，提供幫助。好比房屋的裝潢設計，設計師未必是好的木工、水電工，但設計師必須對房屋有整體的概念，才能協調其他專業人員的專長。財務顧問之所以能夠有此整體概念，關鍵是對於客戶現金流量的「鳥瞰式」觀察。

　　財務顧問不可能懂得所有的專業知識與商品，不需要指導客戶如何購屋、保險、投資、甚至如何完成工作（事業）。但是，財務顧問必須告訴客戶「範圍」何在，例如：可用於購屋的最高金額、可承受的最高貸款利率、通膨率的可能影響、最少需要多少報酬率，財務才能獨立、投資／儲蓄的配置比例不同，可能造成的影響等等。

　　除了專業知識與商品的差異，彼此角色的不同，也常侷限顧問的作為。

　　例如：投資專家要協助客戶投資，並非只是選對標的、選對進場時機，因為出場的時點如果不對，客戶仍然可能虧損。金融市場瞬息萬變，隨時都需要調整投資的配置。所以，投資顧問與客戶之間密切聯繫的必要性，使得投資顧問的客戶量，受到很大的限制。一旦財經局勢有所波動，投資顧問需要立即連絡所有的客戶，解釋當下該做什麼調整；由於時間緊迫，為免來不及通知，訊息又已改變，客戶人數不可能太多。看看私人銀行部門的專業經理人，每人所負責的客戶數，大概就能了解這樣的服務，其性質與保險業務有何不同。而保險業務員的客戶往往動輒數百上千人，保險業務員即使專業知識足以協

助客戶投資，也不可能做到投資顧問的服務。

角色的限制，規範了業務員能做什麼服務。顧問在角色上的限制，與在知識上的限制，是兩種不同的侷限。

「侷限」並不只有角色與專業知識，像所屬的產業、政府法規的要求、執業所需的支援團隊、薪酬的結構等等，也都會左右特定顧問的業務發展。因而財務顧問必須清楚了解自己的定位，選擇可以提供的服務項目，切入適合自己的利基市場。反過來說，客戶也要思考哪種顧問可以幫助自己，看錯科別的醫生，損失可能無法挽回。

財務管理工作的組成結構

整體財務是由上述各種財務範疇所組成，而財務管理工作在實務上是由分析、規劃、執行等三部分所構成的；然而，並不是說財務管理工作只有這三項活動，只是就財務顧問而言，這三項具有積極創造價值的作用。其他如記帳，也屬於財務管理的工作，沒有翔實的紀錄，分析、規劃、執行都不可能完善。

「**財務分析**」是對於個人財務狀況的了解，主要包括財務結構、財務能力兩大項。以醫療為比喻，分析如同診斷，規劃如同治療。不了解病症，如何治療？

「財務分析」檢視客戶的財務狀況，評估危機與潛能。事實上，「財務規劃」與「財務計畫的執行」也是被分析的對象。財務分析共有三個層次：分析客戶現有的財務狀況與可能的變動（第一層次的分析）；分析財務策略是否可行，以及可以改善的幅度（第二層次的分析）；分析執行計畫使用的方案與商品、了解其成本與效益、影響範

圍與規模（第三層次的分析）。最後，還要分析執行之後的新狀況，那已經是新的財管循環開始了。

　　一般提到「財務分析」，乃指第一層次的分析，也就是針對客戶財務狀況的原始分析（包括：自然結果與可能性）；此處「財務分析」的結論，奠定「財務規劃」的基礎，使「財務規劃」能更為務實與健全；然後進行第二與第三層的分析，監測規劃與計畫的可行性、成本效益，以不斷精進實際行動。

　　「財務分析」是財務規劃者的眼睛，是財務顧問觀看客戶財務狀況的特殊方式。

　　「財務規劃」的理想狀況，是根據「財務分析」的結果，協助客戶確定「財務目標」，畫出達成目標的藍圖，提供選項，協助客戶做出最佳決定，達成個人生活中的財務目標與需求。「財務規劃」的基礎為：

　　一、「財務分析」之所得以判斷：

　　　　（一）客戶的財務現況，包括結構、目前的運作方式。

　　　　（二）客戶的財務潛能，也就是客戶可以做什麼調整或改變。

　　二、客戶想要什麼、需要什麼？（「想要」是主觀的；「需要」是客觀的。）

　　三、財務顧問本身的專業領域：

　　　　（一）解決方案。

　　　　（二）商品。

　　簡言之，就是提供可能的選項（策略與計畫），協助客戶發展他自己的財務目標與決策，以達到財務生活的幸福。

「財務規劃」涉及許多外部知識，例如保險規劃，至少必須對於保險商品有相當的了解；稅務規劃則必須對稅法、民法有相當程度的認識。「財務分析」在第一層次分析客戶的財務狀況時，較少涉及外部知識，較多專注於客戶「財務範疇」的關聯性、財務事件或活動的影響力。

「財務分析」還有一項特性：雖然它以整體性為思考框架，但實務上並不需要完整的資訊或所謂正確的資訊。相反地，「財務規劃」需要較完整與正確的訊息輸入，執行所需的訊息更應該越正確越好。原因在於，分析本身只是種觀察，所以並不急於取得所有資訊，有多少訊息，就關照多少真相。客戶心中若能了解自己提供的訊息與真實數據的差距有多大，則更為理想。

所有的規劃都有一個目的，根據此目的才能設立目標，根據目標才能發展策略，有了策略才能擬定計畫。沒有明確的目標，只能隨意做些調整，難以整合，也難以判斷規劃是否必要。

規劃也總會牽涉資源配置的問題。不管是否採購服務或商品，即便只是建議客戶節流開源，還是重新調度了資源。

一般財務顧問的規劃，有些屬於單一範疇的規劃，如：保險規劃、儲蓄規劃；也有些屬於跨範疇的綜合規劃，如：退休規劃。但實際上，規劃都是整體性的規劃，不管表面上看到的是哪一種。

所有的規劃都必須考慮相關的脈絡背景與影響。任何具體的問題，必定有其脈絡與背景。脈絡是縱向思維，以因果關係為核心，簡單說就是來龍去脈，對歷史的回顧與未來發展的前瞻；背景是橫向思維，以結構關係為主軸，換言之就是當下與其他規劃的互動及相對位置。

　　然而，「規劃」只要有適當的目標作為規劃的目的，即便不依賴「財務分析」，仍能獨立運作。不管是否基於分析而做出的規劃，都會成為分析的對象，因此分析與規劃雖然可以各自獨立運作，仍然相當密切。

　　分析與規劃，理論上是獨立的兩個管理手段，以邏輯上來說，分析早於規劃。但也可以把兩者看成互為主體的財管動作：分析本來就是種觀看方式，規劃則是種種構想與模擬。

　　從規劃的角度看分析──分析是規劃的手段，因為要做妥善的規劃，必須鳥瞰整體財務狀況；從分析的角度看規劃──規劃是分析的觀看對象，否則規劃本身的成本效益、決策規模、輕重緩急等問題，以及規劃後的成果，皆無從掌握。因此，兩者互為主體。客戶整體的財務，包活客戶原有的財務狀況、顧問建議執行的策略與計畫，都是分析的對象，所以分析的範圍大於規劃；但從規劃的角度看，分析不只是規劃的手段之一，也是不可或缺的基石。

　　「**財務計畫的執行**」是執行具體的計畫，完成規劃所擬定的策略。計畫可能涉及具體方案與商品，若必須採用某種商品，將涉及採購、交易條件、時程、對象等細節。例如：規劃轉嫁失智的風險，需要保險，這時會面臨保單的選擇、簽約，以及後續的服務等問題。若不涉及商品的運用，只需要調整某些行為，就相對單純。例如：節流計畫，只要節省花費，不需採購任何商品。

　　「執行」是規劃的落實，「分析」與「規劃」都是紙上談兵，只有進入實際的「執行計畫」，才可能真正改變客戶的財務狀況。執行之後回饋的訊息，就是新一輪分析的開始，由此步入另一個財務管理的循環。

　　計畫的執行，牽涉更具體的細節，需要更多的外部知識。為客戶執行整體財務策略時，往往需要組織一個跨越各種專業的團隊，難以單獨包攬所有工作。財務顧問由規劃策略到擬訂計畫的過程，可能就需要逐步尋求其他不同專業者的支援，並非把一切都規劃好，才找人分頭執行。所以，財務顧問對各種專業範疇的邊界，需有一定的認識。

財務管理與財務分析的操作定義

　　「財務管理是對於個人的『現金流量的波動』與『不確定性』的掌控。」所謂「掌控」即：了解、判斷、規劃、改善、維持等作為，不單只是監察而已；本書的現金流量，表現的不只是現金，還包括一切資產與負債、收入與支出的起伏變化。因此，若不論及「財務管理」本身的目的與價值，上面這句話就是最精簡的「財務管理」之「操作定義」。而若「掌控」採取較狹窄的意義，屏除行動的部分，只單純指「監督」，這句話同時也就是本書「財務分析」的定義。換句話說，本書對於「財務分析」與「財務管理」使用相同的敘述來加以定義。差別在於對「掌控」一詞，採寬窄不同的認知。

　　所以，「財務分析」是以整體財務為範圍，規劃是整體分析的一個部分，執行則是某項規劃的一個部分。規劃者對於如何完成策略的「計畫」，必定有所瞭解，不可能一無所知，但亦不可能知道所有可行的計畫。因此，任何策略規劃必定隱含執行計畫的架構。然而，計畫可能不只一種選擇，實際執行時，還是得看客戶的抉擇，這抉擇就是客戶財務上的「決策」。

　　財務管理有如流水一般，不只是整體性的互動關涉，還是永不停歇的波動。即便客戶自己沒做任何動作，外在環境也會讓財務狀況產生變化。何況客戶總要生活，豈能完全靜止不動？所以財務管理工作也是如此，沒有一勞永逸的完成之日，只有定期檢視，碰到變動激烈的時期，更要隨時保持對財務狀況的最新分析。因此財務顧問與客戶的關係，長遠而密切。

財務顧問與客戶的「交易」關係

　　整個財務管理並非財務顧問單方面可以完成，還要客戶配合執行。雙方的合作關係是種「交易」。交易過程，涉及權力的遊戲。業務員握有知識，客戶有決定權。

　　客戶願意開放讓業務員參與多少決策流程？業務員在銷售過程中，能夠提供多少價值？權力分配的基礎是雙方的「程度」與「信任度」，具體表現於資訊交換的質量。

　　程度指的是客戶的知識、經驗水準。如果雙方落差極大，其實很難溝通，尤其是財務分析與規劃，需要相當多的背景知識。若信任度夠，客戶可能只要聽具體的建議方案，但這樣的狀況不多，且未必是顧問希望的合作模式。

　　「決策流程」的參與，是看業務員能夠在客戶財務行動之前，瞭解與影響客戶需求的多寡，包括設定「財務目標」與「解決方案的條件」。

　　「價值鏈」則是看業務員的服務或商品，在客戶需求中，所占的位置。業務員只處理單一的需求還是整體的目標？

　　即便是希望處理整體需求，但所提供的解決方案（尤其是商品），也可能只是一部分而已。因為專業化分工的關係，客戶需求可能超過業務員的知識或服務範圍。但業務員至少要能夠知道自己的服務或商品所占的位置。這一切都與資訊質量有密切關係。所以，前者是業務員的角色價值，後者是業務員的服務與商品價值。

　　交易的權力遊戲，還涉及利益分配，也許涉及一般所謂的「退佣」與「放扣」問題。本書於此不做申論。

　　業務員的工作，不只是銷售，而銷售不只是賣東西，銷售其實包含了人際的互動，也包含雙方立場、利益的角力。財務顧問在目前的環境下，常具有業務員的身分，因此也必須懂得業務員的本職學能；而談到交易，我偏重的是業務員的專業與技能，這與顧問本身的財務管理工作，沒有直接的關係，除非把財務管理視為某種交易的產品，若只是當成附加價值，而交易另有產品，則顧問與業務員注重的是不同的東西。

　　分析若無規劃，不能為客戶創造利益。透過規劃不斷測試各種調整與變動，再看各種構想對整體財務指標產生什麼影響，再從中挑選一個發展為策略。在這「觀看」與「猜想」的過程中，讓分析與規劃難分彼此。

　　「財務分析」是財務管理工作之所以獨立於其他金融專業的主要價值。「規劃與執行」即便不懂財務管理，還是可以直接進行，好比沒有設計師，還是有人直接找木工裝潢居家。

　　保險業務員常未經分析與規劃，逕行銷售商品，也就是讓客戶直接「執行」方案。不僅保險業受限於產業結構，講究速食文化也造成這種現象，其他金融商品的銷售人員，例如銀行的理專、證券公司的

櫃台人員，絕大多數也都是如此。

消費者見怪不怪，因為消費者本身也不覺得需要「財務分析」。原因可能是覺得「財務分析」耗時又繁瑣，現在的工商社會，消費者難有耐心與時間，仔細評估「財務分析」帶給自己的利益；也可能是「財務分析」的診斷、規劃的執行，不容易立即顯現結果，使得因果相距遙遠，客戶無法感受到「財務分析」的好處；也或許客戶從來沒聽過「財務分析」，所以壓根不曉得自己可以藉由「財務分析」掌握自己的財務。不管是什麼理由，客戶對於「財務分析」常抱持可有可無，甚至否定的態度，則是不爭的事實。

「財務分析」雖然重要，但業務員常質疑，似乎未必所有銷售個案都需要進行這種分析，好比一般人去診所看診，通常不會進行全身性的健康檢查。買個意外險，一般人並不會想做分析。這是就保險業務員的立場來思考，但財務顧問不是為了賣商品才進行分析，而是為了協助客戶整體財務生活的提升與改善。

即使只為了買保險，有做過完整分析的客戶，買「對」保險的機會遠勝於對自己財務狀況一知半解、一無所知的客戶。保險費對薪資收入家庭而言，是很大的支出項目，若不幸買錯保險，不但浪費資源，對風險的處理也可能錯失最重要的防護。而就賣保險的一方而言，懂得「財務分析」的業務員，即便沒有機會完成完整的財務規劃，從過往的經驗中，還是會掌握到許多知識，可照顧到許多隱藏的風險，因為他可以從客戶給的片段資訊，推論客戶的整體狀況。這樣的業務員可能比客戶更了解客戶的財務狀況，這對銷售有極大的優勢。

「財務分析」就是財務顧問的商品。財務顧問必須學會推銷「財

務分析」這項商品，客戶不會天生懂得「財務分析」的必要性。因此
財務顧問也必須是業務員。這是財務顧問該有的自覺。（客戶接受財
務分析，也就接受財務管理，從操作的定義上看更是如此。）

　　這裡的說法，跟上文所述，財務顧問往往具有業務員的身分，並
非同一意思。將來有一天，財務管理成為獨立的收費產業，像今天的
律師、會計師一樣的專門職業時，財務顧問還是要推銷他的專業。就
如現在許多律師、會計師、醫師真正的工作，都有「業務」的成分，
並不完全在於他們的本業。

財務分析的運作原理

　　「財務分析」是財務管理的核心，也是理財三部曲的第一步。
「財務分析」非以預測為目的，而是提供財務規劃與執行所需的判
斷。

　　「財務分析」是衡量變化的工具，不是預測未來的報表。這句
話常令人感到疑惑，因為客戶看到的報表，就是種預測。許多客戶以
為財務顧問像是命理師，能幫客戶排流年，預言數十年之後，財務狀
況會是如何或財富的多寡。這是最嚴重的誤解，因為「財務分析」
是純粹的演繹，只是將現有的情況推展到未來，也就是說，分析報表
所呈現的其實是「今天」。它的基本語法框架是：「如果某組假設的
條件為真，結果將是如此這般。」換言之，關鍵在於那「某組假設條
件」。

　　舉例：如果客戶工作到65歲時退休，這期間薪資成長率3%、通
膨率2.8%，而投資／儲蓄的綜合利率5.5%，沒有預期之外的支出，收

入穩定也沒中斷,那麼到85歲,客戶的資產會有3000萬元。問題是,以上所有的「假設條件」都是變動不居的,事實上卻不可能持續數十年都不改變。但這組假設的參數,卻是給客戶參考的指引,要不要調整既有的財務計畫,得看設定的參數與實際數據的誤差有多少。

「財務分析」的作用方式,在於「以初始設定的條件與現實的數據相比較」,讓客戶隨時了解自己的財務狀況,是否維持在正確的軌道上。倘若發現通貨膨脹率高於2.8%,那麼他知道財務狀況是往「負向」發展的,如果持續下去,他應該及早因應。客戶必須有一把**衡量變化的量尺**,方能隨時修正財務策略與計畫。財務顧問給予客戶的是一個**範圍**,在這個範圍內是安全的,超出此範圍就必須調整策略與行動。

「財務分析」是財務之眼,就是一種「鳥瞰式」的視野。它能看到局部、片面的觀看角度所看不到的危機與機會。

這種財務關照能力,與其他做法不同,因為所有事情是被整合為一體的呈現,而不是逐項分別計算結果。當我們逐項的看、逐項的計算,很難完整看見彼此的互動關聯,更看不到最終的結果。

舉例而言,不考慮保險,客戶可能可以57歲退休,但若加上保費,也許要60歲才能退休。問題是,交互影響的項目繁多,不是一、兩項而已,只看其中某部分,雖能解決某些問題,但卻不知道這個解決方案,是否對整體財務產生副作用。

財務分析的本質不是預測,而是規範。

財務分析與規劃的產出

「財務分析」是財務管理的基礎。策略的形成、計畫的擬定，都要透過分析，才能確定是否具有可行性，以及成本效益如何。計算之後的結果，可以讓財務顧問進行「判斷」——不只是單一項目的判斷，而是包含對一系列活動做出的整體判斷。

「財務分析」的產出，對顧問而言，就是「判斷」。有整體財務的判斷、有個別項目的判斷。「財務規劃」階段，理想上乃是起於客戶「財務目標」的設定或「財務需求」的確定，規劃的產出則是「建議」（也就是策略與計畫)，整個規劃階段的完成乃是客戶做出他應有的「財務決策」。

分析的產出的重點不是「財務目標」，更重要的是對策略或計畫結果的「判斷」，「判斷」能確定合適的目標；規劃會自行尋找目標，根據目標發展策略與計畫。客戶本身也會不斷提出想法，顧問給予評估與引導，以設定合格的目標，並對客戶提出建議方案，讓客戶做選擇，形成決策；決策不僅是選擇要執行的方案，也包括財務目標的接納。

策略往往只是提供一個可能的選項，並不是獨一無二的建議，有時候顧問給客戶的建議不只一項，每項都有其利弊得失，客戶選擇的基礎固然是本身的主觀好惡，但做出選擇的理性依據，則是「財務分析」的判斷。由此可知，「財務分析」不但是財務顧問規劃的基礎，也是客戶決策的基礎。

簡言之：「財務分析」不給建議，只是種回饋，對客戶本身處境

的一種說明;「財務規劃」不能沒有建議,要針對目標給出策略與計畫。

「財務決策」是客戶做出的決定,既是分析與規劃階段的暫告段落,也是執行階段的開始。

例如:買房還是租屋好、65歲能退休嗎、可以承受多少風險打擊、需要多少壽險保額、投資可以期望多少報酬、計畫是不是可行、成本划算不划算⋯⋯都需要顧問的「判斷」;這是個別性的判斷,針對的是單一的狀況、策略、計畫的決定。除此之外,還有整體性的判斷,是看財務狀況是否良好或能否更好。判斷需要衡量的尺度,整體判斷的標準稱為財務指標,詳見下文。

企業財報顯現的是經營的成果,屬於歷史性的總結,有些人能從歷史中擷取意義,形成判斷與策略,因而在金融市場上呼風喚雨;個人的財務報表,所欲表現的是在設定條件下,對未來的展望,與其可能實現或創造的價值,與企業財報的性質全然不同。因此我很反對,用企業的財管原則,框限個人財務管理的特性。最常見的就是運用所謂的財務比例問題,那真是莫名其妙的做法,憑什麼可以這樣武斷呢?

1-3 財務目標與需求

財務的「範疇」與「目標」不同；稅務是範疇，節稅是目標，消費是範疇，準備退休金卻可能是目標。

不管客戶是否規劃退休，時間到了自然還是退休，然後繼續生活。但若在退休之前，設定退休的條件，努力達成心目中退休生活的品質，那麼這就是設定「財務目標」。

換言之，經過「設定」才會形成目標，否則只是一般自然過程而已。

目標的設定，貴「精」不貴「多」，目標太多，等於毫無目標，且容易相互衝突，造成策略規劃的紊亂、資源的浪費。客戶沒有深思熟慮、脫口而出的「期望」，總是經不起挫折，因為那個期望本來就沒有堅持達成的動力，所以很難成為規劃的基底；好比把大樓蓋在沙灘上。

所謂「財務目標」必須是經過仔細衡量可動用的資源、評估達成的必要性與可能性之後才設定的。「財務目標」還必須是客戶的狀況未經調整與努力，達不到的東西。如果不須任何努力就已完成或可完成的「目標」，等於是對現況的描述，怎能當作奮鬥的標竿？反過來說，如果不管怎麼努力調整也做不到的事情，也不能成為目標，自不待言。

財務目標可以大概分為：「達成」與「確保」兩種不同的型態。面對某種缺乏，客戶希望補足，常形成「達成型」的目標；若擔心某

種喪失，則容易形成某種「確保型」的目標。

需求與目標不應混為一談

根據以上對財務目標的定義，客戶的「財務需求」與「財務目標」也不應混為一談，客戶有許多財務上的需求，但不是每項需求都是財務目標，所以目標在數量上，少於需求。

大部分的需求是自然產生的，不管是基本生活所需，還是奢侈的欲望。買房子、繳學費、退休養老、環遊世界、買價格千萬的跑車……都是如此。不管有沒有目標，生活還是生活，因此「需求」必定存在，只是每個客戶需求的多寡有所不同；「目標」則不是每個客戶都會有的，深思熟慮評估後，才會產生真實的目標。

假設某君想以購屋、子女教育、退休養老為其財務目標。經過分析後發現，此人所有目標都可以自然達到，不需做任何調整。那麼他若繼續以購屋、子女教育、退休等項目為目標，顯然並無意義。他的購屋、子女教育、退休等項目只可看成「需求」，但並非目標。

再深入探索，客戶為何能輕易達成原本擬定的目標呢？因為他的收入頗高，足以在支付各種日常開銷之後，滿足他的那些需求。但若萬一收入中斷，或支出突然暴增，那麼他所列出的各項期望將無法達成；也就是說，客戶的問題並非如何達到上列需求，而是如何穩定自己的收支。如此一來，他將根據這項新的認知，擬訂策略與細部計畫，務必使其收支，至少在退休前能維持穩定。因而這項新的認知，可以描繪出「財務目標」的輪廓，而這項目標，因為需要透過規劃，採取特定的行動才能完成，這就是「確保型」的目標之實例。

　　再以買房為例，客戶或許需要計算一下每月提撥多少購屋基金。若提撥基金毫無困難，例如只需要就是把華南銀行帳戶裡的錢，轉到在玉山銀行為購屋設立的專戶中，對他的生活毫無影響，就不該列為財務目標，那只是購屋的需求而已。反過來說，若必須調整收支項目，或延長工作年數，才能提撥購屋的基金，那代表買房必須詳加規劃，這時買房就可能是財務目標。例如，客戶的每月支出必須刪減15000元，才能有多出來的資金可以購屋。這就是「達成型」目標之例。

　　目標幾乎都可說成是需求；但需求不一定就是目標。財務「目標」與「需求」都是客戶財務狀況中需要處理或可以改善的部分，也可能是客戶生活中想要滿足的某樣東西。只是目標需要深思熟慮，且付出額外的努力，才能達到；需求則定義為自然產生的需要或欲望，不須特別規劃就可達成。

　　一旦設為財務目標，就該具有優先性，亦即其他需求若與目標衝突，須以目標的達成為首要之務，預算的編列也必須優先滿足達成目標所需之策略與計畫。此規則的邏輯很簡單：若不是具有關鍵性的作用，客戶為何願意付出額外的努力以達到某個目標呢？而需求大致上則會比目標來得籠統而有彈性，達到七成、八成或許也可以，不一定有明確的檢驗標準。

　　常看到顧問或業務員把客戶的大額支出或消費，直接視為客戶的財務目標。但事實上不應如此。例如：子女國外留學、自己的退休養老，金額都很龐大，但都可能對客戶不構成難題，順其自然就可完成期望，這樣的「期望」，需要的是管理，而不是規劃。把它說成「目標」，不如當作「需求」比較貼切。總之，不須調整與規劃，自然可

達致的需求，就不會是「財務目標」。最好的目標，是能夠以客戶的財務潛能為基礎，設定一個需要努力才可達致的「願景」。這種目標一般會超出客戶的認知，因為是以其潛能而不是以客戶現有財務狀況為基礎設定的，更不是客戶從生活中自然覺察到的需求或欲望。

目標彼此之間，最好是有所關聯，而非各自分立，互不相關。「財務分析與規劃」常帶給客戶願景式的總體目標，以提升客戶的整體財務狀況為目的，為了達到這目的，底下可能會產生許多需要處理或改善的地方，那些需求也可能形成較小但更具體的目標，透過這類型目標的逐一達成，最終匯聚成提升客戶財務生活的大目標。

沒有經過「分析與規劃」，很難給出願景式的目標。但是，不見得因此就不能發掘出有意義的策略目標，只是沒那麼完整而全面；相對的好處是規劃較簡單易懂。當然，並沒有所謂的硬性規定，目標與目標之間，必定要有主從關係，只是若目標之間毫無關係，不但不符合財務整體性的特性，且一旦目標之間產生衝突時，該如何判定以何者為主？換句話說，如果目標之間沒有更高層次的整合，當碰到資源競爭時，該以哪項目標優先呢？

退休金的「需求」本身，即使不構成客戶的困難，還是可能成為規劃的「目標」，但不是指上文所說的「財務的目標」。例如：某君的退休並沒有資金短缺的問題，但他還是想要有一套具體存錢的計畫，並希望知道每個月要存多少錢、用什麼商品、透過什麼管道存錢。這時，顧問還是會以此為目標，仔細為他擬定一套執行的計畫；而只要涉及規劃動作，「需求」也可以是規劃時的「目標」。規劃時可能會有好幾個目標同時存在，顧問必須清楚知道哪些目標是財務目標、哪些是客戶的需求、彼此間的關係又是如何。這種規劃動作，偏

向管理而非開創。

　　本系統嚴格區別「目標」與「需求」，是希望財務顧問的工作有明確方向，不要輕易地把客戶的需求，直接當成財務的目標，草率地提供建議，讓客戶喪失改善財務狀況的機會。

　　財務顧問的價值，在於發展客戶本身無法憑著本能直覺就掌握的「目標」。客戶往往較容易憑感覺或日常經驗，覺察到自己的「需求」，例如：想買房子、害怕生病時龐大的醫療費用、存退休金等。但「目標」常常在客戶的感覺之外，沒有經過分析，他可能完全沒有察覺這個需求，而不知道努力的方向與目的，例如：應該改變投資比重、降低生活花費等。唯有財務顧問，才能透過說服客戶接納某個目標，而激發客戶的潛能，增進他的福祉。

1-4 財務衡量的指標

個人具體的財務目標或需求，不管是子女教育費用籌措、準備自己的退休養老、資產的傳承或節稅等，因人而異，並沒有固定的項目，也沒有固定的數額標準。但財務管理本身，追求特有的目標。即以下三項：**「財務獨立」**、**「財務自由」**及**「財務安全」**。

這三項目標，為免與客戶的財務目標混淆，特稱為財務的「指標」。這是顧問的工具，用來衡量客戶財務狀況的現況與變化。

「財務獨立」指的是一個人到他身故為止，財務上已無求於他人；亦即一生收支能平衡的人。

「財務自由」則是扣除所有預定開支之後，還有剩餘的部分；或說收入減去支出還有剩餘的人。

「財務安全」是指個人財務經受風險衝擊的能力；也就是財務所能承受的最大風險值（一般人的狀況，大約等於自由度加上已有的保險）。

附帶說明：

（1）自由度與獨立度的計算

如果只知道支出，可以反推獨立所需的最低收入，超過此收入的部分即是自由度；也可以先知道總收入，計算獨立的最高支出限度，還有剩餘就是自由度。

（2）自由度與安全度的關係

自由度是應付自留風險的可用資源。

　　增加安全度，往往會減低自由度。購買保險可以增加安全，但因為必須支付保費，會減損可自由支配的資金（自由度）。然而保險的規劃功能之一，即是釋放資金彈性，也就是買保險會增加可用的資金。兩種說法看似衝突，其實只是帳上可支配數字與實際可支配數字的差別而已，並無矛盾之處。

　　有時自有的資金，不足以應付風險時，轉嫁風險的資金卻還足夠；也就是可透過保險，增加安全度。例如客戶的剩餘資金只有50萬，不足以應付醫療風險，但若買保險可能還足以應付重大疾病所致醫療費用的風險。另外，若本來就沒剩下任何可用的自由度，甚至還有所不足，連收支平衡都有困難，這時是否該轉嫁風險？更具體地問，也就是該不該借錢買保險？

　　這問題並不容易回答，也沒有標準答案。可能必須進一步思考其他財務狀況，例如家庭結構與關係，才能答覆。

　　有些人特別偏愛財務自由，有人則特重財務的安全；有人偏執一端，有人在乎平衡。不光是獨立、自由、安全三者無法取得一個放之四海而皆準的標準，怎麼樣的比例才是「最優化」，也沒有固定的模式。這或許就是財務的特性，永遠含有主觀的價值選擇。

　　但若客戶完全不顧及安全性，只追求財務的自由度，或反過來，只要安全，其他什麼都不管，這樣的偏執，可能會讓財務陷入極大的風險。

　　財務「獨立」、「自由」、「安全」，不一定非得達到某個數字，才能達成標準。「獨立」在「財務分析」的報表或計算中，本質上是代表收支平衡，所以跟其他兩項目標一樣，都是隨著每位客戶的背景與條件，以及主觀意願而有各自的標準。

　　同樣達到收支平衡，有人收入總額比另一人少了一半，但因為支出也少，所以一樣平衡，也就是都能達到財務獨立。然而這種都能獨立的狀況，並不代表兩人財務狀況是相等的。所有客戶都追求屬於自己的收支平衡，所以收支平衡是檢視個人財務狀況的基礎指標，但這個指標無法衡量貧富。

　　「自由度」基本上越高越好，代表個人財富遠超過其所需的一切開銷。惟須注意，一生有餘固然是財務自由的現象，但若已經規劃好要留給子女或捐贈公益的用途者，其實並無自由度可言。自由度到底要多少才夠，也沒有一致的標準，每位客戶都有自己的想法，難以統一。有人認為累積更多財富是其成就感的所在，終身樂此不疲；也有人認為身外之物，何需勞煩，平安是福。

　　談到財務自由，有一點必須特別指出來，就是市面上流行的說法，可能源自《富爸爸，窮爸爸》一書：「被動性收入超過生活所需就是財務自由；這時不需工作，就可以過日子。」基本上，我並不贊成這個說法，因為世界上沒有這樣的被動性財富，任何財富都得管理，管理也是種工作；何況財富會有風險，即便用心管理仍難以完全避免意外的打擊。本書所指的財務自由，只是「淨值」為正數而已，仍得努力工作。

　　「安全度」是最為含糊的指標，因為人生要面對的風險，種類太多，並不是所有風險都能轉嫁給保險公司，許多風險只能自留，這時所依賴的就是「自由度」所代表的剩餘資金，來承擔額外的損失。因此，若扣除保險，「安全度」就大略等於「自由度」。

　　安全度沒有固定的數值可以衡量，不像獨立度與自由度，相對有個明確的數值做為判斷依據。另外，若擴及人身風險之外的考慮，

例如：投資風險、政治風險等，就連「自由度」也無法完全承擔。所以，財務安全，範圍廣泛而駁雜，遠非一個數字所能涵蓋。

財務自由與財務獨立，兩者性質一樣，只是程度的差別。但事實上，兩者的用途截然不同。如同前面所述，「自由」指的是還沒確定用途的錢；「獨立」則是衡量收支是否平衡的指標。前者代表意義是策略規劃的額外空間；後者則用以衡量整體財務是否需要調整。自由度就數值而言，必然包含獨立度，則是事實，但不要忽略兩種指標有不同的用處。

自由度、獨立度在「財務分析」後，都有明確的判斷基準，唯有安全度，考驗財務顧問的專業能力。因為財務顧問必須判斷，客戶是否能承擔超過其所能承受的風險，或是轉嫁風險的成本是否過高等問題。

安全度的反面即「現金流量的不確定性波動」，這是財務顧問的核心工作之一：協助客戶「選擇」承擔風險的種類與程度。

財務顧問最重要的工具之一

自由度與獨立度可以計算，安全度只能評估。獨立與自由都有明確的數字表示，安全性如何表示？或許把所有可能侵害客戶財務狀態的事項，盡量列出一張清單，逐項檢視已有保險轉嫁或以其他方式處理過的，與不處理或無能為力的項目，予以區隔，條列出一份安全報告書。

即使如此，對於財務管理而言，財務的獨立、自由、安全的權衡，卻是重要的判斷架構。自由與安全之間，或自由與獨立之間，或獨立與安全之間，兩兩衝突，有衝突才需要權衡。當客戶主觀意願或財務狀況大幅偏離這三項指標，顧問會希望盡快找到優化之道；而且

追求這三項指標的最優化，應當與客戶的具體目標方向一致，並涵蓋客戶的具體目標，不能為了達到這三項指標，犧牲或放棄具體目標，那是本末倒置，因為這三項指標，只是**衡量的工具**而已。

實務操作時，財務顧問常以這三項標準，與客戶討論調整前與調整後的差異，或選用不同策略會產生的影響。讓客戶明白經過財務分析與規劃，可帶給自己的利益，使財務決策有所依據，而非盲目憑感覺下決定。

特別是客戶沒有具體的財務目標時，財務顧問更依賴這三項指標的指引，協助客戶改善其財務狀況。若客戶有自己既定的財務目標，則財務顧問往往以此三項指標，評估客戶本身具有的目標是否可行，或是否可以做得更好。客戶大多時候並不感覺到需要這些指標，追求這三項指標及其最佳比例，倒像是財務顧問自己工作的目標與使命。

這三項指標是財務顧問最重要的工具之一。試想，若無這套工具，要如何告訴客戶，他的財務決策與其他選項孰優孰劣；若不知道哪個選項較優，客戶規劃後的決策，與憑藉直覺的判斷所下的決定，有何不同？

何謂最優化呢？進一步說明如下：獨立代表一生的收支剛好平衡，所以往往以此為基準，分析客戶的財務狀況。自由度是還沒有貼上標籤的錢，一般固然是越多越好，但也要看客戶的生活品質與夢想、是否善用其財富。若提高生活品質，就會降低自由度、提高達成獨立的門檻，這當中的取捨，就見仁見智了，這是自由與獨立之間的對抗。安全則是所有規劃的基本考量，但常與獨立或自由對立，如何拿捏分寸？這三者並無固定的比例可以參考，客戶的主觀意見，常決定三者的配置。這三項指標是跟客戶討論的框架，在這樣的對話框架

下，客戶能夠理解其財務變化與決策的可能結果。財務顧問是用此方式運用這三項指標，引導客戶思考及決策的。

指標可以當成目標嗎？

既然這三項「指標」這般重要，客戶直接以此三大指標為其個人財務目標可以嗎？如前所言，我並不建議這麼做。

這三項指標中，「獨立」是最容易判斷是否達成的，只要看客戶是否可能收支平衡即可。這是「財務分析」最為基礎的檢驗標準，以此判斷客戶財務是否「及格」。因此，只適合做為檢驗的標準，或引導設定財務目標的架構，其本身並不適合當成客戶的財務目標。其他兩項目標亦同樣如此。

有人可能疑惑，就財務的計算而言，客戶若把其財務目標設為一生的收支平衡，亦未嘗不可。但收支平衡在「財務分析」中的意義是檢驗財務目標與策略是否可行的標準，若標準變成了目標，不但失去檢驗的尺度，也使得有目標等於沒有目標。

試想，若以「獨立」為目標：等於客戶設定收支平衡本身為財務目標，代表此君在原本的「財務分析」中，達不到財務獨立，是透支的狀況，因而其財務策略應該是調降支出，或創造收入，而且盡量不影響生活品質。收支平衡只是檢驗其目標是否完成的標準。若檢驗的標準成了目標，那麼只要刪除透支的部分，就自然達到收支平衡。問題是，客戶能否生活？每個社會都有其最低的生活條件，低於此數就會陷於貧困，而無以為生。換言之，客戶以收支平衡為目標，反而犧牲生活品質，那麼財務管理的價值將蕩然無存。更何況，若只追求收

支平衡，是否也等於放棄創造財務自由或增進財務安全的機會？

若以「自由度」為目標：客戶的財務目標設定為身故後給兩個孩子各留下5000萬的財產，就數字上而言，也就是收支平衡（財務獨立）之外，還剩下1億的資產。但那並非自由度，因為這多出來的一億元，既然是要給孩子的錢，就已經有了「用途」，不再是自由可支配的了。何況自由可支配的資金，是無法規劃的，而準備給孩子的錢，可規劃何時贈與或留待繼承等不同的策略。可見自由度與財務目標是截然不同的概念。

若純粹以身故後剩餘一億元為目標，那就與只求收支平衡，其他都可不顧的問題一樣荒謬。你肯為身後的某個數字，犧牲一切嗎？若答案是肯定的，何須財務管理，拚命賺錢就是了。自由度按照定義，也無法設為目標，一旦設為目標，不但可能犧牲實質的生活品質，沒有目的的增加自由度，也無法想像具體的目標，那只是一個數字。

若以「安全」為目標：安全無遠弗屆、無所不包，任何事物都有可能「不安全」，財務的安全並不限於保險能處理的危險，有許多狀況非保險所能及。若以此為客戶之最高財務目標，客戶將耗盡資財且寸步難行。財務顧問僅能選擇承擔某些風險，照顧某種安全疑慮，而不可能全面轉嫁、規避、預防。

追求財務安全是手段，實非目的。以此為具體財務目標，須有所節制，也就是針對某種危險而為之，不能空泛地以最高安全度為考量。例如：「確保」型的目標，必須增加安全度，但不等於提升整個安全度，因為安全度沒有統一的數值，都是分別項目的；而就個別的項目而言，安全度的範圍太廣，不能全盡，所以無法要求增加多少整體的安全度，祇能分項調整安全度。從以上的說明，可知指標與目標意義不同。

　　「財務目標」是財務顧問引導客戶思考其財務未來願景的「焦點」，有時等於是雙方共識凝聚薈萃之處，切勿輕易認為客戶的想法或需求就等於是目標，反而錯過了深入探討並發展其財務目標的機會。發展目標的過程，也是深度訪談的過程，顧問正好以此展現專業能力。若實在找不到理想的目標，就只能先以客戶的需求為規劃的目標，幫客戶擬訂執行計畫，確保隨著時間流逝，累積足夠的資源以滿足其需求。

　　至於「財務指標」，可以用來評量財務狀況的變化。任何策略或計畫，都會改變指標，所以，指標是判斷策略與計畫是否有利於客戶財務狀況的利器。財務目標希望能夠超越原有的財務指標，因唯有財務目標才是客戶理財的目的。

　　總結：財務管理本身是獨立的財務範疇，透過「財務分析」掌控個人的「現金流量的波動」與「不確定性」，並發展客戶個人的認知與判斷；經由「財務規劃」探索目標、擬定策略，並協助客戶做出財務決策，實現客戶的財務需求與目標。財務顧問有其自身的目標與使命，與客戶的具體財務目標應並行不悖。財務顧問自身隱含的目標有三項，轉化成衡量的量尺，協助客戶管理財務。如下圖所示：獨立、自由、安全；「最優化」則是權衡取捨之意。

圖1-3　財務指標

1-5 財務決策

　　決策與策略不同，決策帶有選擇、決定的成分，不只是構想或藍圖而已。決策涵蓋行動，所以一般而言，包含「策略」與「計畫」。

　　人一生中不斷做財務抉擇，小到今天要吃什麼便當，大到要不要買房子，這些抉擇，有些無關痛癢，有些關係重大。我們把關係重大的抉擇稱為「財務決策」。

　　財務抉擇要多大才算重大？恐怕也沒有絕對的標準，不同的財務背景，對大小的感受自有不同。

　　例如有些世界富豪買一架波音客機，以他的花費比例而言，或許比一般民眾購買一輛代步汽車，比例上還少得多。因此，財務抉擇的大小是個人自由心證，或相應於個人財務規模，難有統一的標準。

　　有些選擇，單筆看起來並不算多，但持續數十年。例如：抽菸。香菸的價格不便宜，但不至於影響當下生活，然而抽菸五十年，加起來也是筆不小的數額。這算不算財務決策？大概只能自由心證了。

　　財務決策有兩個「效應」是我們關注的重點：一、資金排擠效應；二、遞延效應。

　　「排擠效應」讓人當下就必須權衡取捨。你要拿年終獎金買保險，還是去度假？如果年終獎金只夠一項支出，你當下感覺到的猶豫，就是感覺到了資金的排擠效應的壓迫。資源有限之下，做了這項就做不了另外一項，資金的排擠問題，迫使理財需要決定輕重緩急，衡量先後順序。

　　這種抉擇有時讓客戶難以決定，例如客戶的資金不多，要先投資／儲蓄，還是買保險？或是，決定先買保險，但該先買壽險還是醫療險？每個決定都會有其後果，人生似乎都在猜測未來中度過。資源配置的規劃，首先就會面臨資金排擠的問題。

　　財務決策最讓人擔心的，並非當下的資金排擠。因為，既然當下就有所覺察，那麼做何選擇，會有何後果，應該心知肚明。財務決策最難的，是洞悉遞延效應。遞延效應是指一個財務決策的後果，可能數年、甚至數十年之後才顯現，到時候若有差錯，也只能後悔莫及。例如：年輕時沒有長期投資計畫，經過數十年後要退休時，才發現當初若把部分資金投入全球股市的ETF，獲利可以安養晚年。

　　實際上，遞延效應造成的傷害，並不只有這些表淺的「早知道」，更多的是你完全沒有感覺到自己做錯的決策所帶來的傷害。沒有後悔、沒有嘆息，只是糊里糊塗走過原本可以更好的財務人生。看看本書後面的例子（吳律師的個案），就能明白沒有充分了解自己的財務潛能，會給自己帶來多大的損害而不自知。

　　「財務決策」最終決定個人的財務生活品質，財務顧問的職責之一，就是協助客戶做出適當的財務選擇。

財務決策的四個向度

　　財務決策需要兼顧四個面向：

一、整體性

　　財務決策對整體財務結構產生什麼影響？是否產生排擠效應或遞

延效應？決策與客戶具體的財務目標有何關聯？「整體性」是財務範疇的第一特性，整個「財務分析」都是建構在「整體性」這個預設之上。從操作實務看，任何「財務事件／活動」都必須經過財務三項指標的測試，納入「整體性」判斷中，以了解該事件對整體財務狀況的影響。

這裡雖然主要討論財務決策的「整體性」面向，其實財務決策也只是「財務事件／活動」的一種型態。財務事件包含財務決策，但不一定只是財務決策。例如發生車禍所造成的影響，它是財務事件，卻非財務決策。因為，財務決策可由客戶決定，財務事件則不一定由得客戶選擇，所以我們更關注的是財務的決策面向。

二、關鍵點

各項財務決策的比較，做不做？先做哪一個？何時開始做？

簡單說就是輕重緩急、先後順序的安排。絕大部分的客戶資源有限，不可能同時進行所有的財務策略，如何取捨則是一大難題。一般人都以發生的先後順序來安排，這可能造成重大傷害。孩子高等教育的支出，一般在時間上，先於退休生活的支出，但「先於」未必就是「優先」之意，可能只是比較早發生而已。指導或協助客戶如何判斷與安排策略的執行次序，也是「財務分析」的作用之一。

而輕重緩急也不單純只是資金排擠問題，資源有限的情況下，客戶的取捨，還反應他的價值觀。

三、成本效益

成本如何？效益如何？有沒有更好的替代方案？每種策略都必須

以「機會成本」加以衡量，如何計算與抉擇，就是這個象限思考的重點。財務顧問對此須有覺察，以避免成本過高、效率太低，傷及客戶整體財務結構。

四、決策規模

做多大？做多久？以保險為例，投保壽險時，該買多少保額？需要500萬保障，只買50萬，發生事故時，不免杯水車薪之憾。買1000萬保額，又浪費了寶貴的資源，恰到好處的額度，才是最好的策略。

以投資為例，如果投資的本金太少，報酬率多寡又有何意義？而投資本金過多，萬一發生虧損，是否危及整體財務？這就是規模的問題。一般人常忽略這個象限的重點。各種決策都會涉及規模，並不只有保險與投資。

圖1-4　財務決策的四個面向

1-6 財務能力的評估

　　「財務分析」第一層次要了解的，就是「財務結構」與「財務能力」。

　　結構是客觀存在的事實，能力是基於此財務結構所具有的能力與潛能。要了解財務能力，唯有透過了解財務結構。對財務結構的了解，不單需要知道客戶有什麼資產與負債，還要知道來源與彼此的關聯性。若只知道各個資產與負債的項目，並無法掌握客戶的真正能力。

　　我們總是習慣以個人財富多寡來衡量財務狀況的好壞，然而，評估個人的財務狀況的優劣，並不只是看淨值高低而已。一般所謂有錢人，基本上指的就是淨值多的人。但是，同樣的財富數字，可能代表的財務能力並不相等。例如：兩人都有50000萬的財富，但一個是以土地為主要資產型態，另一人則多為股票，兩人的財富相當，財務能力卻未必一樣。收入同樣是每月50000元，一個來自薪資收入，另一個來自房租收入，兩者的收入也是數字相同，但穩定性不同。實際上誰比較好，得看整體財務結構與財務策略，不是單獨一個項目所能判定。

　　財務結構，是指財務能力的構成元素。例如：收入可能由薪資、投資收入、房租等不同元素構成，這些元素的數量與比例即是所謂的結構。

財務能力的評估項目

一、淨值

　　淨值有應付非保險所能轉嫁之風險的好處；更何況買保險也需要資金，這是淨值對安全性的影響。淨值高者，對投資機會往往比缺乏本錢的人更有能力，有些投資項目，沒有達到一定的門檻，根本無法進入；也更能承受投資損失，這是淨值對投資的影響。淨值高，消費能力也高，例如：醫療、教育、旅遊等，這是淨值對消費範疇的影響，淨值的影響是全面性的，無與倫比，所以是最重要的評估項目，無庸置疑。淨值也可以視為自由度，但兩者定義上並不相等。例如準備留給子女的錢，會反應在客戶的淨值上，但並非自由度，因為已經確定用途的錢，貼上了使用的標籤，就非自由度了。

二、安全性

　　淨值的多寡，最顯而易見。但是，同樣或相近的淨值，能否承受更大的風險打擊，有時比淨值多寡還重要。希臘發生財務危機時，財富都在國內的民眾，與財富分散於國內外的人相比，承受了更大的風險。也就是說，財富淨值雖然差不多，但財富的型態、位置分布、持有的方式等，還是關係重大。更簡單的例子：有保險的人比沒有保險的人，若其他條件相當時，財務狀況較優，因為能承受更大的風險襲擊。

三、彈性

有些人的財務結構僵化，有些人的較為靈活。以固定收入者與業務工作者對比而言，前者較穩定、後者較有彈性。若是穩定低收入，雖然穩定，卻未必有價值。再如客戶平時每月支出高達20萬元，那麼每月減少三、五萬元，大致上不成問題，但若客戶一個月生活費只有一萬元，要再調降的空間就很少。有的財務狀況，當下計算的結果可能不足，但只要調整投資／儲蓄的比重，結果就霍然改觀。這種財務結構較具有調整彈性。因此，所謂調整的彈性，不單指收入與支出，財務策略能有的運用空間，也是彈性衡量的項目。

四、信用

舉債能力也是判斷財務狀況優劣的標準之一。不過，舉債能力，指的不只是實際上能借到多少錢、借貸的條件等，也代表著，就其整體財務而言，當下可以透支多少額度？這個數字，可謂財務自由度。

五、創造額外利潤

創造額外利潤的可能性，與調整的彈性極為類似，但創造不同於調整。例如：某君開設三家連鎖便當店，收入約略每年850萬元，若多開幾家分店，收入會增加更多。只是，此君覺得人生意義不在於無止境地賺錢，所以並無心另開新的分店。以其商業模式，雖非可以無窮盡複製，但多個兩、三家分店卻不難，想創造更多的財富是輕而易舉。但若其店內員工，一天工作足八個小時，下班後筋疲力盡且分身乏術，要再創造更多收入，難有可能。

這看出經營者與勞動者的差異。有許多工作可以憑藉策略與努力創造更多收入，有些人則受限於時間與體力，再怎麼努力也難以增加，例如建築工地工人與計程車司機。

六、緊急應變力

緊急應變能力，第一項觀察是「能夠」保留多少緊急預備金。但緊急應變力，並非只有這個觀測點。例如：有的人隨時可有朋友、家人的支援，隨時周轉個幾十萬都不是難事，即便緊急預備金不足，仍不致於捉襟見肘。另外又如：有些人的工作即使猝然失業，因為其本身的專長，可立刻找到下一份工作，則其應變能力就超人一等。而有些資產易於脫手變現，持有這類資產的應變能力高於手邊所有資產變賣不易者，如：有大額存款者，其變現能力優於有大筆土地的人。

緊急事故雖然也是種風險，但這類風險關鍵在於「緊急」。例如：某人半夜胸口不適，到醫院緊急檢查，發現是主動脈剝離，立即手術治療，治療的費用扣除健保後還需十數萬元，這筆錢需要緊急調度，因保險給付尚未能申請；幸好之後的恢復情況良好，並不造成長期的財務問題。若造成長期的財務負擔，就不單純只是緊急狀況了，也就不在緊急應變力的項下討論。

七、穩定性

收入、支出都有穩定性問題。公務員的收入比一般私人企業員工大致上更穩定。支出暴增的風險，除了可以保險轉嫁者，也有些難以轉嫁的支出，例如：未預期卻多生了個小孩、因生意失敗而突然增加許多債務、貸款利息忽然升息等。整體財務的穩定性，就是財務安全。財務

安全不純然只是考慮可由保險轉嫁的風險，也包含收入來源及支出的變數。資產本身也有漲跌，像房屋、不動產的起落，股票、債券的波動本來就是常態。各單項穩定與否，必然影響整體的穩定性。

淨值多寡

承受風險的能力

可調整的空間大小（彈性）

舉債能力

創造額外利潤的可能性

緊急應變能力

穩定性

圖1-5　財務能力的評估項目

　　評估財務能力有這麼多的項目，其順序與權重如何？

　　一般自然情況下，最顯而易見的就是淨值多寡，這是報表中的損益欄位直接給出的數值。若刻意了解客戶的財務能力，就可能逐項探索其財務結構所能有的機會與限制。

　　實務上，財務顧問取得客戶資料後，第一步是計算客戶的自然結果，也就是尚未經調整，以客戶原有的運作方式，推論其最終的財務結局；然後會測試收入的增加、支出的減少等可能性。這是為了瞭解客戶的財務潛能，也就是掌握可以運用的資源多寡。財務規劃的基礎是調整後的報表，而非原始的分析。

　　此過程未必會探索以上所有項目，例如：緊急應變能力、舉債能力等，就不會特別測試。但額外創造利潤的能力、調整的空間等，幾

乎每次都會為客戶進行測驗，因為我們希望客戶的生活不只是平安，還能淋漓盡致地發揮其財務潛能。

1-7 總結

綜合而言,「財務分析」協助客戶了解自己的財務結構與能力,並發展其個人目標(目標乃銜接財務規劃之關鍵),讓分析之後的「財務規劃」能協助客戶做出適切的「財務決策」,進而增進執行的成效。「財務分析」是種工具也是種觀點;「財務規劃」是為客戶創造利益的能力。「財務決策」的運作空間,得看客戶的「財務能力」是否具備條件,財務能力的基底則是「財務結構」。財務狀況的好壞,由財務結構、財務能力、財務決策三者決定。這三者可謂一體三面,彼此構成一個整體。

所有的財務範疇都非完全獨立的,彼此相互影響,甚至涉入,這就是所謂的「整體性」。上文論及財務範疇時,所要表達的就是範疇彼此互動與關聯。財務本身其實是個整體,區分範疇只是貼上人為的標籤,財務計算上只有「增」與「減」兩個向度的變化而已。增與減就是波動,從現金流量的角度看所有波動,其範圍都是整個財務面的,不會只限於某個範疇內。

最後,看待整體的財務跨度,必須把至少兩代人(父與子)的財務狀況,看成是一個連續的整體,有時甚至祖孫三代一併考量。從人生的財務收支曲線看,父子之間的連續性是非常明顯的。這又是另一重的「整體性」:當考慮到資產的傳承、赤字預算等問題時,這種整體性更為重要。同時,客戶的財務能力,往往也應包含父祖輩的資產,即使當下尚未繼承。

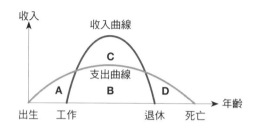

圖1-6　生命週期收支曲線圖

　　一般家庭，A區塊是沒有收入的階段，由父母養育；D區塊是自己的退休養老；B區塊是自己生活、養育下一代、奉養上一代的期間。子女的A，一般會落在父母的B區；父母的D，則與子女的B區重疊一部分。代代相傳，也彼此依賴。

　　從這樣的角度思考，就會了解財務規劃有時會涉及跨代的思考。包括：財富傳承、某部分的赤字預算。C區是未來D區的退休資金來源。這是財務規劃不能只看當月收支的原因，因為要確保C區大於或等於D區，必須透過整體計算。

　　保險業務員常以此圖形來告訴客戶風險的存在，因為人生的走向，正常來說，死亡是最後發生的，但萬一它提早了呢？若在退休之前發生，對家庭產生什麼衝擊？或支出曲線暴增（重大疾病、天災等）、收入曲線銳減（失業、失能等），對家庭會有什麼影響？把這張圖重複列印，排列起來，就可以看到父子間的重疊性與承先啟後的關係。

財務顧問看這張圖，不僅看到保險業務員所見的風險，還要計算各區塊的數字，確保不會傷害客戶整體財務的平衡。

　　　客戶的財務狀況，最初的探究，會浮現出一種最可能的「慣性」路徑，是客戶未經深思熟慮之下的習慣性做法與反應，可稱之為「自然結果」。如果不進一步分析與規劃，尋求改善的機會，那自然的結果，可能就是其一生的財務終局。

　　　再深入探索，在此慣性運作之外，會看見各種其他可能性，但每種路徑有不同的難度與成本，客戶若仔細推敲，會找到一種他能接受的途徑，該途徑會讓他的財務變得更富裕或更安全，他若以此為目標，就形成跟原初的自然結局不同的「願景」。若不探討自己的財務狀況，那

既沒有自然結局，也沒有願景，過一天算一天，混沌過此一生。這是第三種可能性，有別於自然結局與願景。絕大多數的人，從未檢視過自己的財務，也過了一輩子，錯過了什麼，大概只有天知道了。

財務顧問協助客戶探索其自身的財務狀況，發掘可以規避的危險、可以改善的機會，創造更大的幸福。即使客戶沒有設定財務目標，身為財務顧問，還是得分析客戶在「慣性」運作之下，會有什麼樣的財務結果。就其可以調整之處，提供建議，以達到財務安全、自由、獨立的較佳狀態。這就是財務顧問的目標與使命。

反過來說，也就是盡可能以三項指標，引導客戶建立自身的財務目標，或調整其目標。財務目標的產生，標誌著客戶「財務規劃」階段的開始；決策的確定則是執行階段的起點。

以上討論，試圖建立財務工作的內涵，財務顧問的角色，並對個人的財務領域，加以界定。透過財務領域四分法，區隔法人與個人財務管理本質差異；以財務範疇、目標、指標、需求、財務安全、獨立、自由、最優化、財務結構、能力、決策、整體性、歷時性與同時性、影響與涉入、資金排擠、遞延效應等術語，描繪個人財務領域內可能碰觸的問題。

顧問工作的主要內容則為：「財務分析」、「財務規劃」、「執行（計畫）」；特別是分析與規劃。

但目前為止，僅止於觀念的論述與定義。實際個案是最好的說明材料，本書專列一章節，擷取其他個人理財書籍中的案例，予以評論，說明概念的邏輯與運用，然後以一個個案說明本書的分析與規劃方式。最後，將在附錄中，簡略觸及貨幣的時間價值、財務的計算、財務報表的編製等。

個人理財之井字分析

第2章
財務雙翼：保險與投資

財務顧問主要的價值，在於協助客戶了解自己的財務狀況，選擇必須承擔的風險，達到更好的生活品質。所有的財務範疇中，保險與投資兩者，最與風險息息相關，能夠駕馭風險，就能創造健全的財務生活。所以，本書在人生各種財務範疇中，挑出保險與投資，特別加以討論，並視其為財務管理之雙翼，而其核心觀念就是風險的管理；這也符合本書對財務管理所下的定義：「掌控現金流量之波動與不確定性。」

先來談談保險。保險這個範疇，本來就是直面風險，一般人常將保險與保單視為同義詞，事實上保險與保單不是同一物，保單是具體的契約，是金融商品；保險是應付風險的觀念或是策略。想要掌握保單，要先能貫通保險。因而本書對保險鉅細靡遺地分述其起源、本質、意義及功能。深入這些細節，才能看到人們為了應付風險，所付出的心力。

2-1 保險

保險的起源

討論保險的起源，目的是想彰顯保險的精神，而非考據史實。底下抄錄一段《金融的智慧》一書中關於保險起源的段落：

就跟金融上的許多創新一樣，保險業務起源於旅行的風險，尤其是在海上。海上航程通常由貸款提供資金，萬一貨物沒抵達目的地，商人也就是借款人就要自己負起責任（搞不好要當奴隸抵債）。可是旅程都很危險，所以貸款會跟保險綁在一起，成為「船舶抵押契約」。這就是一筆尋常的貸款，不過要是貨物被搶走或因暴風雨而沉沒，借款人也不必再還款了。但在這種契約條件下，放款人要求的利率就會比平常的貸款還高。透過這種方式，貨物因風暴或海盜而喪失的風險獲得分攤，而且也訂出它的價格了。借款方因此更能承擔風險（萬一遇上颱風還要賣身為奴，你還敢借錢嗎），融資方則為風險承擔收取費用。

商務船運面臨的另一項大風險是船可能擱淺，這時候可能要拋棄貨物才能搶救整條船。「投棄原則」早在公元前一千年就已

經出現，又稱為《羅德法》，即由愛琴海的羅德島而得名。這條規定一直沿用至今日，現在稱為「共同海損」原則。其適法精神在一千多年前的《查士丁尼法典》就說得很清楚：「《羅德法》規定，如果為減輕船舶負荷，貨物被丟棄海上，此舉既為全體利益而發，其損失亦當由所有人共同分擔。」要是船長被迫拋棄部分貨物，那麼獲得搶救的貨主應當要補償慘遭拋棄的貨主才公平。即使到了現在，海運船隻都會根據《約克—安特衛普法規》宣告共同海損原則，要求貨物持有人共同分擔海損。共同海損原則就是集資分擔風險，這就是保險的本質。保險就是集合眾人之力，大家一起對抗風險。但這種分擔是經由海事法來強制執行，還不是自願簽訂的保險契約。那麼保險是在什麼時候演變成個人自願簽訂的呢？

對羅馬人來說，死後可能要面對的屈辱，是他們的莫大風險。為了防止這種結果，唯一的辦法就是要有一場體面的葬禮。但要怎麼保證自己的葬禮會被好好地舉辦呢？那就需要加入保險!!羅馬時代的喪葬社團是一種自願參加的組織，在老兵中尤其常見，這些擁有類似信念和社會地位的人一起共同分擔喪葬費用，所以你就可以保證自己有個體面的葬禮……所以死掉以後照樣可以獲得拯救。

事實上，「保證」（assurance）一詞就把保險和拯救聯繫在一起，因為它在不同領域就意味著這兩件事。它既是保險的同義詞，在基督教義中也代表著拯救之路。獲得拯救就是最終的保險理賠，也是另一個機率難題的解答。……

羅馬喪葬社團以組織型態運作保險的精神，一直延續到上個世紀之交，有一些自願組成的兄弟會組織也提供成員保險服務。我們可以來看看「秘密共濟會會員獨立會」這個奇怪的組織。……在上個世紀之交，這個兄弟會組織在北美有將近兩百萬的成員，設立了一萬六千個分會，是失能保險的主要提供者，為工業時代工作場所越來越危險的工人提供收入損失的保險理賠。

合力對抗風險是人類的自然欲望，因為對大多數人來說單一個人難以承擔這些風險，比方說我要是不能工作賺錢，一家老小要怎麼辦呢。保險的重要也可以從它取代的某些事物得到證明。有幾位學者指出，在保險業務興起後，民眾告發巫術的案件就減少了。……[9]

從以上的段落中，可以看到保險起源乃在於「需求」，尤其是海上保險的發展；羅馬喪葬社團可說是壽險的濫觴，也都是基於當時的特殊「需求」。先有需求，才發展出解決之道。無論如何，保險的精神就是集合眾人的資金，一起對抗風險，簡單說就是互助合作。然而當時的商人、軍人是否都參加保險呢？相信也未必人人都有意願或能力投保，這跟今日人們的選擇與困境，殊無二致。那個時代恐怕還沒有保險業務員出現吧。

有個改編的故事：「**河東河西村**」。

---

[9]　米希爾・德賽（2018）。金融的智慧（初版）。臺北：今周刊。P64-67

　　話說有一條無名大河，東西兩邊各有一村落，住著質樸善良的村民。河中有一河怪，每年除夕夜裡會出來覓食，村民在大年初一起床後，要是發現家門口被河怪畫上一隻鱉，就要把自己家一年的收成與牲畜，都搬到河邊祭祀河怪。若有人不這麼做，河怪將發大水淹沒整個村落。這個習俗延續千百年，已經成為東西兩村傳統的一部分。有一年，**西村**的年輕村長剛娶了聰慧美麗的新娘，但在除夕夜，卻聽得屋外一陣風起，盤旋周折之後才呼嘯而去。村長心感不祥，趕緊跑出門外一看，門上端端正正被畫了一隻醜陋的鱉，瞪視著他。村長愁眉苦臉地進屋，不知道該怎麼跟妻子說才好。新娘子知道後，卻說她有辦法，然後便出門了，半夜才回家。隔天一早，整村的村民起床後大吃一驚，因為他們都看見自家門上的那隻醜鱉。緊接著他們發現，竟然每戶人家門口都被畫了鱉，分不出來孰真孰假。原來，那是新娘趁夜跑去每戶人家門上畫出來的。這時怎麼辦呢？長老們開會後說，這樣吧，每戶人家出一點，按資產多寡分擔，湊齊往年之數，祭祀河怪。此後，西村的居民不再每年總有一戶人家，得因祭祀河怪而破產，挨餓受凍、流落街頭。只需要繳付年收成的一小部分即可。然而，**東村**的人卻認為西村的做法不可取，且愚不可及，因為倒楣的又不一是自己，何必每年損失一筆財富呢？一輩子累積下來，也算是筆大數目啊。

　　這是很多年前，我在國內一家壽險公司的內部訓練教材上看到的故事。依稀記得，故事最後問道：**你要住在西村還是東村**？

　　正是這一問，激發我們的思考。這裡有兩種選項，但沒有任何選項是絕對占優勢的，該如何抉擇才是明智的呢？

保險的本質

從保險的起源與運作的機制看，保險最根本的精神就在於「互助」；也是危險的共同分擔。集合多數人的力量，幫助少數需要幫助的人。而保險事業的特性，利用人人為己的私心，推動整體的互助利益。保險比慈善事業規模更大、影響更深廣，現代社會已經完全無法脫離保險。保險發展的程度甚至可謂社會進步的指標之一。

保險公司因為集合多數人的風險，也集資多數人的資金，才能運作保險事業。就好像投資商品中的指數型基金，以一籃子股票，分散投資，反而降低投資的風險。保險也是一樣的道理，當個人承擔自身的風險時，好比只購買單一股票，完全無法分散市場風險與個體風險，暴露在最高的「不確定性」損失陰影中。投保等於是轉嫁風險給保險公司，所以，我們補貼保險公司承受我們風險的代價：保費。就跟數百年前，商船的借款人，補貼金主更高的利息一樣。站在保險公司的立場，它向我們兜售安全，它因為同時承擔眾多風險，反而得到穩定的安全。因此天下沒有白吃的午餐，任何保單都有代價，沒有真正能還本的保單；也沒有絕對划算的保險，若有看起來保本的保單（那是儲蓄的變相），也是兩種完全不同的概念，並非保險本身的特質，因為儲蓄可不是只有保險能夠做得到。

保險若究其本質，其實是種「賭博」，乃是以小博大的遊戲。保險存在的價值，部分乃在於「將不確定的損失，轉化為確定的費用」這種作用。保險處理不確定的波動，用的卻是以毒攻毒的辦法，就是運用賭博，以不確定性對付不確定性。賭博是典型的不確定性遊戲，

卻用以克服不確定性的損害，確實是巧妙的機制。

保險為何是種賭博？

因為任何實質的保險本身都是不確定的契約（射倖契約），能否得到理賠並不一定，或理賠發生的時間不確定。因此，保險契約無法事先計算報酬率。若純粹以理賠與否來看待保險的價值，保單本身就是種賭博契約。

就賭博而言，投保等於跟保險公司對賭，保險公司做莊。若不投保者，等於跟老天對賭，老天爺做莊。問題是跟保險公司賭，客戶的賭注是保費，跟老天賭時，你的賭注可能是自己的身家性命。再想想看，賭贏時又如何，能贏到什麼？

這問題轉化為成本效益問題，後文將詳細探討。但只要風險存在，總有人得承擔風險，風險不滅，只是「誰來承擔」的問題。從這個意義上看，人人都是天生的賭徒。

保險也可能是種財產，主要是因為保單往往含有儲蓄帳戶的價值，或因為本來保單設計就是以累積價值為目的，以備將來生活之需，例如：終身壽險、養老保險。但保險發展至今，許多保單其實徒具保險的形貌，卻已失去保險的保障作用。這些保單實質上是期限較長的定期存單，並沒有保障的功能，只用以停泊資金或套利。這些保單就更如同有價證券一樣。以財務管理者的角度觀察，這種保單應該擺在儲蓄或投資的範疇處理更適當，但在法律上，這種型態的保單還是保險。本書的討論中，即便沒有特別排除這類定存單，往往所指的保險或保單，也不包括此種有價證券。

即使如此，保險的本質之一仍是：「保單是種財產型態」。不論是哪種保單，只要能發揮某種特定的功能或累積帳戶價值，就是實實

在在的財產，但並非所有保單都是有價證券，有價證券只是財產的一種形式。

　　財產型態也是演進的產物，早期人類以物易物，沒有貨幣概念，但今日不但有貨幣概念，還脫離了金本位、實體貨幣進展到電子貨幣。不論哪種貨幣都被接受為財產，近來比特幣等虛擬貨幣，又是財產型態新的進展，這種貨幣是貨幣嗎？到今日仍是見仁見智。租來的房子算不算房客的財產？房子的所有權在於屋主，使用權則歸房客，使用權是財產型態嗎？把保險視為財產，即便是一年期的車險、短期旅遊平安險、定期險等，沒有帳戶價值，若未發生保險理賠事故，保障期限過了，就「保單終止」，這類純粹「消費性」的保單，客戶一般當作消費性支出，而不是財產。但顧問把權利看作財產的一種形式。

　　怎麼看待保單屬性，關係到客戶資產配置的決策，所以釐清財產觀念至為重要。保單如果是財產，至少在尚未過期之前，有特定的價值。有價值才能評價，才能用來配置資產。

　　在《聊齋誌異》這本書裡，卷三有篇故事：〈宮夢弼〉。

　　故事裡有個員外，名叫柳芳華，樂善好施，但不善經濟。家裡大片產業，而他像戰國四公子似的，養著一群白吃白喝的食客，在這樣的揮霍下，沒幾年就敗了大半。他的獨生子叫柳和，跟他老爸一個模樣，也是廣結狐群狗黨，不知人間疾苦，老爸也不禁止，父子兩人聯手，又不事生產，怎能不坐吃山空？最後柳員外連下葬的錢也沒有。

　　柳員外的眾多食客中，有一人名叫宮夢弼，他跟其他人不同，從不跟員外要求多餘錢財，又常陪著小少爺玩耍，最愛玩的就是藏寶遊戲，把一些石塊假裝是金銀財寶，埋在家裡多處的地底下。

等家財散盡，人情冷暖就逼迫而來。過去他家的食客、跟他家借過錢的親朋好友，都不再上門，也不承認借貸關係。連柳和的岳父岳母也不承認柳和這個窮女婿。而他未過門的妻子卻認為不能因為柳家沒落就悔婚，因而逃家，沿路乞討到柳家，寧願當窮人家的媳婦，也不願改嫁給有錢的商賈。

過了幾年，有一天媳婦竟在柴房地上發現有塊金子，心想柳家過去到底多有錢啊，連柴房都能拾到金子？於是跑去跟柳和說這件事。柳和一看，果然是金子，而且翻找後遍地都是。他當然知道自己家的柴房根本不曾有過什麼金子。他想起當初跟宮叔叔玩的藏寶遊戲，難道當初埋的所有石塊都已變為金子？但除了柴房，當初藏寶的房子都已典當賣出，遂趕緊想辦法用剛找到的金子去贖回，贖回後翻開地板來看，果然當年埋石塊的地方，石頭都變成了金塊。柳家從此就又風光起來。故事後面還有岳父母的下場等精彩情節，不再贅述。

宮夢弼點石成金固然是神話故事，但也說出了保險作為財產型態的另一項特質。保險是種遞延財產。保險的本質是雪中送炭，原非錦上添花。客戶在他還有能力繳保費時，藏起些許財富以備寒冬。若無宮夢弼，柳家將永無翻身之時，萬劫不復。當代人們可曾遇見宮夢弼？

保險的意義

意義是指對保險的認知，意義不一定等同於保險的價值。一般人說某事物沒有意義，常指的是這個東西沒有價值。其實「認知」才是最根本的層面，意義就是認知。怎麼看待保險、認為保險是什麼，這

些觀點影響客戶的判斷。

　　至於保險實際是否對客戶有價值，需視客戶本身的需求而定。這部分我們放入「保險的功能」中再加以討論。上文所謂保單是種財產型態，也是保險的意義之一，也就是把保單視為財產。但若為財產型態，就必定對客戶具有一定的價值，不完全是認知角度的問題，因此一般人說意義就是價值，也不算錯。

　　而把保險看成某種型態的賭博，也是種看法，同樣也是保險的意義之一。不過我們還要討論更深入一點。

　　關於意義的思考，首先問到：保險到底什麼時候發生作用？

　　作用也即「價值」。許多人投保後數十年都沒有發生理賠事故，所以常覺得早知道就不需投保。事實上，保險大部分「沒用到」或「不划算」。因此保單的價值，若指的是保險的理賠，那麼常識告訴我們，保單往往沒有理賠就結束了。像汽車的保險，一年到期沒發生事故，保單就結束，旅遊平安險也是短期的保單，平安回家後，保單就終止了。長期的保單，以終身醫療險為例，若此人一生健康，死時亦沒有發生醫療行為，那他的醫療險也沒有半點理賠。

　　正因為保單有人有理賠，有人沒理賠，保險才能運作下去。

　　所以評價保單的作用，有兩種角度：一是保障、二是規劃作用。保障與規劃是兩種不同的價值。保障是指保單的理賠作用；而規劃的作用，可稱之為「**無用之用**」。生活中充滿各種看似無用之物，卻不可或缺。例如：備用鑰匙、消防設備、甚至國防武力。略為思考：車子、房子的備用鑰匙，可能終身難得使用，當用到備用鑰匙時，就是原本的鑰匙丟掉了；消防設備更是如此，一棟辦公大樓，豈能沒有消防灑水系統、警報系統，但我們何嘗期望使用這些系統？總也不見有

人嫌設備多餘。

至於國家的國防武力，更是國家社會生存的保障，即便瑞士這樣的中立國家，仍有強大的國防。但可有人認為建軍是為了打仗？以臺灣而論，我們的軍備費用算得上世界名列前茅，但數十年沒有真正戰爭，每年花費這麼高的經費養著數十年未曾使用的軍隊，可有意義？保險即是家庭的防衛力量，期待保險守護一生而無所用，正如核子武器目的在於嚇阻，而非作戰。

這無所用的用，正是保險最好的用途；懂得無用之用，才懂得保險規劃。

沒有人期望自己國家的軍隊去打仗，那麼為何有如此多客戶希望自己買的保單有很多理賠而「值回票價」？

保險的本質是風險的共同分擔（對個人而言就是風險的轉嫁），幸運的人幫助不幸的人。「無用之用」才是最佳的投保策略與期待。我買了保險，為我創造財務的穩定度，風險就財務而言，是指不確定的損失，增加穩定度就等於增加安全系數。財務的優劣，除了看淨值高低，整體的波動程度也是重要考量，因此保險對財務的作用是降低「風險」，即降低不確定的損失之可能性。一旦達到這個目的，我們希望終其一生沒有使用到保險的理賠，因為一旦用到了理賠就是危險已發生，即使財務能獲得補償，情感可能受到重創。例如癌症保險、意外險、醫療險、長期看護險。（純粹的儲蓄險則往往引導客戶去注意這張保單的報酬率，而且一般而言，儲蓄險對穩定客戶的財務結構並沒有幫助，這類保險比較像是長期存單。）這樣看來：保險必須不划算，才有完滿幸福的人生。這可是保險商品的特徵之一。

除了「無用之用」，還有幾項看法，值得探究。

風險不滅與角色互換

剛提到風險：亦即「不確定的損失」。只要風險存在，客戶就沒有選擇是否投保的權利，只能選擇向誰投保。不跟保險公司投保，等於跟自己投保。何以如此？保費是風險轉嫁的對價，誰收取保費等於誰該承擔風險。若不向保險公司投保，保費還存在自己的帳戶中，豈不是自己開保險公司，承受所有的風險。

保險公司之所以能維持，是因為集合眾人的風險與眾人的資金，得到分散風險的效果，若風險過於集中，保險公司亦相當危險，所以有再保險的分攤機制。若保險公司都不能承受風險的集中，個人卻無所畏懼，豈不是很不可思議？

買不買保險，都是一種財務決策（選擇），只要風險存在，客戶並沒有買不買保險的自由，只有跟誰投保的問題。不論主觀上要不要面對這個風險，什麼都不做，等於選擇了最昂貴的策略（自己開保險公司，就是風險自留）。

認知到客戶沒有選擇投保與否的權利，是非常重要的，如果客戶也了解到這個事實，對彼此都是最好的溝通基礎。

有一位保險前輩說，某次向一位傳統產業的老闆推銷，費盡唇舌，想要客戶買下一份「完整」的保險規劃。但客戶總是推託，說買保險是沒錢的人才需要，自己雖然不算有錢，但不管發生什麼事故，大概還承擔得起。業務員左思右想，也找不到破解之法。過了數月，再次見面，他衝這客戶說：「老闆啊，我今天來，不賣您保險，我想跟您買保險。就上次給您的那份規劃書，一字不改，我給您保險費，您幫我承擔

萬一發生建議書上所列的事故，所該有的一切理賠。您看如何？」據說老闆愣了半會兒，說：「好吧，你贏了。」當下買了那份保單。

只要把保險公司與客戶的立場對調，就會看出自己承擔風險的成本與壓力。越是以保障為重的保單，越是如此。換個看待保險的角度，你會看到完全不同的風景。

要嘛你開保險公司，要嘛你買保險當顧客，恐怕並沒有第三種選擇。

剛從事保險銷售工作時，有位講師曾於課堂上問我們一個問題。某日來上課前，她看到一個該去上學的孩童在大樓門廳幫人擦皮鞋。她問我們知不知道那孩童實際上在做什麼？我們都感到莫名其妙，孩子不就是在幫人擦皮鞋嗎？但老師會這樣問，想必答案不是這般簡單。果然，老師說，這孩子在幫他爸爸付保費。為什麼呢，因為他爸爸本來有很好的工作，卻因為發生意外事故，失去工作能力，家道中落，讓他本該好好讀書的年紀，卻必須外出打工謀生。如果當初這位父親有付保費，今天這孩子就可以正常讀書。

老師說，保費總有人要付，不是你付就是你的家人來付。

這又是從另一角度詮釋**風險不滅**的故事：只要風險存在，客戶不只沒有不買保險的權利，只有跟誰買的問題；同時，只要風險存在，客戶也沒有不付保費的權利，只有誰來付保費的問題。

那位講師的名字我早已忘懷，唯獨這一問，總盤旋腦海中，數十年來仍印象極深。

角色互換本身就是一種「認知」的調整，「認知」就是意義。如何讓客戶瞭解保險的意義，實際上就是改變客戶的認知：「看待保險的角度」。

保險是科學化的慈善事業

再者，保險是社會進步的一種指標。但在臺灣，不論是保險公司或保險業務員，都飽受社會形象不佳之苦。以前有好長一段時間，民眾把保險公司看作詐騙集團、吸金怪獸，業務員則是油嘴滑舌、不務正業，好像找不到工作的人，才會選擇這種行業。與金融服務業的另外兩個分支──證券、銀行──相較之下，保險的地位大大不如。時至今日，即便證券、銀行也賣保險商品，民眾對保險業務員的觀感還是沒有太大的提升；聽說美國保險業務員的社會形象僅勝過政客，真是既好笑又悲哀。倒是保險公司，大部分已轉變為「金融控股公司」，加上外商保險公司陸續撤離臺灣市場，保險業的生態丕變，波瀾壯闊，只是未必有利於民眾。

保險業給人如此負面的印象，與業務員的素質有很大的關係。提高職業道德、專業素養，是業務員應該盡心盡力的永續工作。但整個行業並非只看業務員的表現，保險公司從設計商品到理賠服務，常給人唯利是圖之感，也是需要反省的地方。除此之外，保險本身的博弈特性，讓大部分「賭客」血本無歸，恐亦是大眾不喜保險的主因。

慈善事業是公益事業的一環，臺灣多數人對於慈善事業總是心懷敬意，而且只要能力所及，無不樂於捐輸助人。特別是碰上天災之際，有錢出錢、有力出力，總令人感動，蔚為美談。

慈善事業與保險業，本質上頗為類似，都是以助人、互助為本。不過，兩者的差異很大：慈善機構是非營利事業，保險公司則是以營利為目的之金融機構。然而外表的差異，也難掩本質上的類似。沒有

集合眾人的資金，不論保險或慈善工作都無法運作。以眾人的資金幫助需要幫助之人，是兩方最相似之處。但保險是風險管理的利器，慈善事業往往只是不得已的救急之道。

保險獲得理賠，必須先願意繳付保費；獲得慈善救助者，未必曾捐助一毛錢。因此，保險可謂之公平，因為保險只幫助願意繳納保費的人，也可以說，保險只幫助已經幫助過他人的人，與慈善事業的不計前嫌、雨露均霑，殊為不同。

保險可以獲得的理賠金額，可事先計算，再量力而為；慈善的捐助，無法預先確定可獲得幫助的金額，因此難以成為對抗風險的工具。不論慈善事業如何雪中送炭，仍無法事前規劃，而**規劃**正是風險管理的必要步驟。

一家保險公司一年的理賠金額可以超過千億元，想想看，如果這筆錢沒有支付，會有多少家庭要面對破產的命運？

即使只是一個平凡的業務員，一輩子招攬一千位客戶，並不算多，所有客戶的保障金額加起來，至少數十億元。這筆數字與慈善捐款比較，有多少人一生可捐助這麼多錢，而保險業務員卻「創造」了這筆龐大金額的善款。

有使命感的從業人員，往往依靠這個信念，才能持續一輩子面對充滿挫折的工作。

獲得公益捐助者，與得到保險理賠的客戶，感受上絕不相同。獲得捐款的人得到他人的幫助，無不感恩戴德（至少表面上會表現出感激涕零的樣子）。但獲得理賠的人卻認為理賠是應該獲得的補償，少給了必定爭取到底，訴訟亦在所不惜。這其實是尊嚴問題——人喜歡幫助別人，卻未必希望獲得別人的捐助。而保險是買來的保障，本來

就是我應得的權利，沒有虧欠他人的感覺。

大部分人都尊敬慈善機構，而視保險公司為商業掛帥的營利事業。但是，請問您願意住在保險事業發達的區域，還是慈善事業蓬勃發展之地？前者大都分布於社會經濟發達之區域；後者常在天災人禍頻仍之地。

記得東村與西村的故事嗎？你與你的鄰居，或許住在同一棟樓，但卻可能分屬不同的國度。

將慈善與保險拿來比較，目的在讓人理解：保險是科學化、體制化的慈善事業。這種認知可能提高客戶聆聽保險業務員或財務顧問講述保險的意願。

保險即時間也是責任與愛心的具現

如果我能保證您30年內不會死，您願意為這個保證付我多少錢？

這個問句，表現保險的另一層重要意義。幾乎所有從事保險的業務員都知道，保險就是「時間」。當個人沒有足夠的時間，完成對家人的愛心與責任，他就需要保險。保險不能讓人起死回生，但能彌補此人財務上的損失，就好像他仍然能繼續工作賺錢、養家活口。

保險推銷的小故事很多，分享一則如下。客戶介紹他的大哥與保險業務員見面，行前客戶告訴業務員：「大哥對保險深惡痛絕，你心裡要有點準備。」果然，見了面，大哥一看名片，就說道：「來泡茶就歡迎，談保險就不必。」業務員在那大哥家待了數小時，天南地北閒扯，就是不敢提及保險二字。回家後，他覺得甚不甘心，隔數日又去拜訪那位大哥。寒暄後，他開口問：「大哥，您的收入，除了自

己花用，還與誰共享？」大哥答：「家人。」業務員又問：「您的收入為何不自己花就好？」大哥反問：「難道你賺的錢只給自己花？」業務員說：「我自己花不到20％，我要養家，還要負擔房貸。」大哥回：「不都是這樣。」業務員又說：「您準備照顧他們多久？」大哥答：「至少到孩子長大吧。」業務員最後說：「我也是，但我確定做得到，您呢？」

個人的收入，除了自己花用之外，還會與誰一起享用這收入的大餅？為何不是自己獨享？

這一問，並不只是說明「時間」的長短，非你我可控制；還說明分享這件事，代表了對家人的愛或責任。否則，為何只與家人共享辛苦賺來的收入，而不與朋友、路人分享，也不自己獨享？

因為，我們的努力都不只是為了自己，至少也包括家人。問題在於你要照顧他們多久的時間，而你有多少時間？

另一個被忽略的問題：保險費到底是誰支付？

即使訪談的對象獨力養家，也不能說他是獨自支付保費，因為保費是影響全家的財務支出，保費增加，代表家庭的可支配額度都減少了。買保險若不需要節衣縮食者，基本上用的是孩子的錢；需要節衣縮食的人，用的是一家人的錢；除非保費只壓縮客戶本人的開銷，才是他個人付費，但這種情形很少見。這裡涉及財富的擁有與享用，亦即所有權與支配權的問題。與業務員對話的人，只是家庭的代表罷了。

從各種角度觀察保險、認識保險，是培養保險業務員的基本功夫之一。保險從來就不只是一般商品，亦不只是財務的工具，它還是責任與愛心的體現。

保險的功能

所謂「功能」，基本上就是「作用」，亦即保險的客觀「價值」。保險的價值，是針對保險產品端而言；若就客戶端來看，應該就是「利益」。保險有各種價值，但對個別的客戶未必都有用，因此價值需與客戶的需求結合，乃成為利益。價值並不等於利益，價值是客觀普遍的存在，利益是主觀切身的好處。

保險業務員必須精通保險的各種功能及運用的方式，才能為客戶創造利益。若財務顧問涉足保險規劃，也要掌握保險的諸項功能，才能滿足客戶需求。

保險的意義，除了對保險本質的了解，也在於對價值鏈的認知：保險具有功能，功能產出保險的價值，價值是結果，而功能是運作的方式。

底下所列保險的功能，涵蓋甚廣，有些功能所產生的價值，對某些特定客戶具有極大的利益，但對另外的客戶則並無好處。

保險的功能分類有許多種方式，例如：以保險種類劃分，人身保險可分為壽險、醫療險、意外險、年金險。這些險種的功能，當然各有其作用，且多半屬於保險的保障或儲蓄功能。但探討保險本身的功能，不涉及商品分類時，可有不同的區分方式，簡介如下：

一、理賠

理賠即保障。保障基本上分成三大類型，即收入的替代、損失的彌補、財產的保全。保障是保險的核心價值，保險有別於其他金融商

品，最主要區別正是保障的功能。底下分別說明之。

（一）收入替代的保險，主要是壽險，當一家的經濟支柱身亡，還能有替代收入可以養家活口；另外，長期照護保險、殘廢扶助保險也可能一部分歸屬於收入替代性的保險。

（二）醫療險、產險、責任險等，大都屬於支出彌補型的保險，但還是要看保險實際條款才能確定。有些醫療險定額給付，或可以副本收據理賠，其理賠金額可能超過支出的總額；長期照護保險、殘廢扶助保險也可能用以支付看護的費用，這部分亦屬於支出彌補。

（三）財產保全一般都指產險、責任險。但就本質而言，規劃遺產稅的保險，可謂壽險的產險化。因為保障的不是遺族生活所需，而是財產不因繳納遺產稅而受損。

所以，功能分類並非以商品種類來區分，同一種類保單，可能產生不同的功能。

「保障」是保險的核心功能。其他所有功能大都是從此功能衍生，或附屬於此功能的運用。沒有保障作用的保單，可視為純粹的有價證券，而非真正的保險。

穩定客戶的「收入」與「支出」曲線，是客戶財務安全的基礎。但就這兩種曲線而言，收入比支出線更為重要。雖然支出的暴增、收入的銳減對客戶財務的傷害是一樣嚴重，但一般人若無收入，支出必定崩潰；而暴增的支出，收入並不一定崩潰，而收入能力若還在，也比較容易借款。所以，損失的彌補固然重要，收入的替代往往更是優先考量，特別是公教人員或受薪階層。另外，社會對支出的補償勝過收入，例如：全民健保、汽機車強制險、助學貸款、長期照護（實物給付型）等。收入方面的失業救助，時間短、金額少，不能與支出補

助相提並論（一般人退休前後，支出彌補的重要性將逐步超越收入替代）。

二、法律功能

不計入遺產總額（用以節稅、控制繼承的「特留分」）、減免所得稅等。這類功能，不是保險本身的屬性，是因為法律賦予的特殊性質，才有這些作用。不同國家、不同時期的規定，可能不一樣，因而此種功能並非恆常不變。

三、組合功能

例如：股東互保的規劃，便須利用保險的保障、法律、規劃等作用，組合成為綜合性的功能。股東互保之例：某公司有三位股東，持有相同的股權，每人各1000萬。假設其中一位身故，另外兩位股東希望買回「身故的股東」的所有股權。若要隨時準備這筆購買股權的資金，等於是凍結資金的用途；若以保險規劃，每位股東都買1000萬的保險，身故受益人寫另外兩位股東，當不幸有人身故時，另外的股東就以保險的給付金額，買回股權。這當中涉及保障、法律、規劃等功能，組合而成對客戶的利益。

四、餽贈

把保險當作禮物，有兩種方式：直接為對方買保險，以對方為要保人；或是以對方為受益人。常見的有：爺爺奶奶為孫子女買保險，金額不大，每年小孩可領1萬元，目的是讓孫子女一輩子記得爺爺奶奶。禮物不是以保障為目的，也未必計較報酬率，只是餽贈而已。

五、資金管控功能

資金停泊；或利率優於定存，用以套利。

六、增加信用

房貸保險、負債保險等，用於負債的擔保。（這是變成制度化的商品型態的規劃，也就不需要規劃了。）

七、福利

金手銬、員工福利。例如：月收入5萬元與月收入4萬元相比，前者完全沒有其他福利，後者有完整的保險，哪個待遇比較好？保險不單是有價證券或財產的型態，也可以是薪酬結構、員工福利的一環。

八、其他

例如：商品責任險可增加使用者的信心，有些藝人為其聲音或美腿保險等等。

每項功能都對應著不同的問題，保險本身存在的價值就是解決問題。因此，思考保險的功能，不能與客戶具體的問題分開，問題與解決方案必須一併考慮。唯有如此方能帶給客戶「利益」。

唯須注意，以上所謂的理賠，指的是保險所保障的事故發生，得到理賠。若考慮到即使不理賠也要用到保險，就是「無用之用」，也就是更純粹的保障功能。我們把保障與理賠分開看成兩種功能；純粹的保障（無用之用）屬於保險的規劃功能，並未列在以上提及的基本

功能裡。

利益的變遷（功能不變）

保險的利益，會隨著客戶本身的改變而改變，像是年齡、家庭結構等。簡言之，就是客戶的「問題」改變了。例如：

長期照護保險（或失能險）對年輕人與對老年人的保險利益不同，險種本身卻並無二致。若客戶從年輕時就買了這類保險，隨著他的人生開展，保險的「利益」也會隨之變化。早年買的時候是保障收入，晚年已無收入，卻可能是萬一發生失能狀況時不要拖累子女的憑藉。

另外，也可能是同一種保險商品，因為運用於不同的族群，造成功能的差異。例如：終身壽險對薪資階層的人與對高資產的人，作用不同。薪資收入者買壽險的目的，可能是萬一發生不幸的事故時，可保障家人的生活；而對有遺產稅考量的人而言，買終身壽險可能是節稅的手段。險種一樣，但目的不同。其實保險所發揮的功能，是客觀的存在，只是因為客戶的需求不同或改變，造成保險看起來好像功能變化了，實質上變的是客戶的情境，因此稱為「利益」的變遷。

保險規劃功能

若根據客戶的需求或想法，運用保險，做出有目的性的「規劃」，這種規劃乃利用保險的各項功能或特性，創造「規劃」利益，屬於財務顧問或業務員透過其專業的運用，所產生的價值。易言之，

不同的專業程度，運用起來，產出的價值就會不同。

　　保險的規劃功能，是指保險的特性，可以處理某些問題，這些問題若不使用保險這種工具，無法解決，或解決的成本將會太高。這些因「規劃」而生的利益，乃是保險的第一重價值；有別於保險的理賠、價值累積或其他功能為客戶帶來的直接利益，這些利益乃是保險的第二重價值。（因為規劃利益，規劃當下就發生作用，不待理賠或特定的期間終了，所以稱為第一層的作用。等到真的發生保險的客觀價值，而帶給客戶主觀的利益時，規劃之利益早已發揮，所以這種利益，稱為第二層的價值。）

　　保險規劃之所以能產生價值，是因為底下幾個保險特性：

一、轉換不確定損失為確定的費用；或轉換不確定需求為確定的成本

　　例如：孩子的教養費（尤其是身心殘障者）或老年後可能遇上「失智」或「失能」情況時，其醫療、照護、生活之所需資金，難以事先預料。若保留太多資金，不但是財務上的浪費，也會對孩子或生病者造成道德風險；保留太少資金，造成醫療不足、生活的困窘。保險年金或失能扶助險、長期照護保險，可以處理這種問題。

　　所謂「規劃功能」，不只是說保險商品可以在這種狀況下給予理賠，因為理賠基本上屬於第二層次的功能；而是因為有保險，讓整體財務規劃得以進行。例如：若無法確定老年所需之醫護、生活費用金額，遺產傳承也就難以具體計畫。所以，要做傳承的規劃，勢必也要考慮個人風險問題，以及應付這些風險的費用。若無保險，這些費用又不確定，顯然難以進行規劃。這個例子已經具有雙層的規劃；第一

層是把風險轉化為費用，第二層是處理了老年所需的各種費用，才能
規劃財產傳承。風險即指不確定的損失，而不能確定的需求，例如退
休金該準備多少年才夠？沒人能預知死亡時間，因此，這種需求不明
確的狀況，廣義而言也是一種風險。但實務上，風險與需求畢竟還是
有所區別，因此使用的解決方式或商品也不完全一樣。

二、釋放資金彈性

　　舉例來說，有些人的財務狀況，扣掉必要支出後，所剩不多，
若用於應付各種可能風險的準備，不但凍結了資金的用途，不符合資
本使用效益，何況剩餘的數額，原本也不足承受風險。若透過適當規
劃，例如購買保險應付風險，資金雖然因為支付保費而減少，但整體
資金運用彈性卻是增加。這個構想本身就是種「規劃」，所以這樣的
功能屬於規劃上的功能。規劃功能運用的不是保險的理賠金，而是保
險可以理賠的特性。

　　從財務分析報表中，可以計算某人一生財務剩餘的「最高可用金
額」（也就是財務管理概論中說的**自由度**），如果不確定有多少費用
還未支付，那麼實際上可以花費的限額，勢必會少於實際的額度，無
法淋漓盡致的花用。就好像開車族，每部車都有預備油警示燈，從買
下新車開始，理論上油箱總有一些汽油，到車輛報廢為止，從未使用
過（除非疏忽或萬不得已）。這是指，因為擔心汽油用光導致車輛無
法行駛，駕駛總會在預備油燈號亮起時，就開始尋找加油站；油箱總
量若為60公升，除了第一次之外，加油從未真正加滿60公升。

　　人們的資金運用情形也是如此。若非不得已，總會為自己留下一
筆錢，以備急需之用（沉澱資金）。若到身故之際，還留有巨額的預

備金，相當可惜。何不整個用完？因為大部分人都不確定自己何時身故。所以，這是保險的重大用途之一，讓不確定的損失或需求轉為確定的保費支出，也讓人不需要保留超過實際所需的預備金，因而增加可用資金，亦即釋放資金彈性。

三、風險交換

把屬性不同的風險（例如：投資風險與人身風險）相結合，可以產生風險相互抵消的作用。人身風險隨著時間越長、年齡越大而風險越高，投資則剛好相反，時間越長，系統性風險越低。若善加利用這種特性，規劃財務平衡，可創造更多的價值。

四、特殊資產

例如：遺產有「特留分」的規定，透過保險規劃，增加被繼承者對財產分配的掌控性，因為保險指定受益人後，不列入遺產總額。同樣地，重點不在於保險的給付，是否計入遺產總額的法律功能，而是讓資產的傳承可以預先更細緻地規劃。

規劃功能並不只有以上所舉幾種例子，像「股東互保」也是透過「規劃」，組合各種要素而形成的計畫，組合功能中的「組合」，本身往往就是種**規劃**。規劃功能與其他功能的差別，是其目的在於讓某種「策略」得以進行，就算最終沒有理賠，只要達到當初規劃這個策略的目的，例如「穩定經營事業」，就已經為客戶創造了「利益」。

因此，股東互保雖然是種規劃，但若以其實際發生理賠時產生的利益而論，稱為理賠功能；又因為組合了各種保險的、法律上的、規劃上的眾多種類的功能，所以稱之為組合功能；若以透過股東互保的

機制，讓企業穩定經營，即使有朝一日，企業因故解散，保險尚未發生實際理賠，則此規劃依然創造了規劃上的利益，這稱為保險的規劃功能。

規劃功能是指，當規劃與保險功能相結合，從保險的角度觀察，好像是保險的一種特殊的功能，因為此種功能，若沒有保險本身的特性，就無法實現。

保險本身就是財務的一部分，因此，保險規劃必然也是財務規劃的一支，但是不以「財務分析」為基礎，其規劃就不能超越保險的藩籬，規劃的結果可能符合保險範疇的需要，卻也可能妨害整體財務追求的利益。這是為何必須結合分析與規劃的原因。順道一提：不以分析為基礎的規劃，就是不完全規劃；因為分析從規劃的角度看，是其觀照客戶財務的工具或手段，不觀照客戶財務就做出規劃建議，自然就是不完全規劃。

客戶為什麼買保險？

為客戶規劃保險之前，若能先思考客戶為何投保，絕對有益於顧問或業務員掌握客戶規劃的相關問題。例如：動機與目的。保險的價值，客戶的體認不一定跟財務顧問或業務員的了解一樣，多半時候，客戶只在乎自己的難題，也就是誰能幫他解決困難。換句話說，理性的客戶，只在乎保險帶來的利益。然而，客戶並非都是理性的，況且純理性思維，往往阻礙其行動，瞻前顧後、猶豫難決；購買行為恐怕主要還是因為衝動，或說多少帶有一點非理性的情緒。因此，保險業務員大都善於與客戶溝通、激勵客戶投保。只是在理論上，還是可以

探討客戶買保險的基本動機與目的。

買保險不一定非得經過「財務分析」不可，亦即不一定以整體財務為基礎考量。保險本身自有其意義與價值，客戶只要認知到保險的作用，就可能投保，好比居家裝潢未必經過室內設計。

也有人不曾認識保險的意義與價值，就購買保單，這種交易常見的有「人情保」；也有客戶因為錯誤的認知而投保，例如：孩子剛出生就為他投保高額壽險，父母親自己卻沒有任何保險，即是顯例。

以下敘述，是客戶未經財務分析，光憑對保險的認知，加上對自己所擔心問題的了解，直接購買保險的幾種原因。

> 某君45歲，最近看到朋友罹患癌症六個多月，扣除健保局支付的醫療費用後，自付醫療費用高達240萬元。費用包括各種健保不給付的藥劑、住院升等的病房費用、看護費用等，最大一筆支出則是自體免疫療法的費用。某君開始思考，如果此事發生在自己或妻子身上，他的銀行存款可沒有這麼多錢能支付醫療費。所以，他開始思考保險這件事。

如同上例，一般人往往從周遭親友所發生的事故，切身感受到保險的價值，因而買了「醫療保險」（健康險），因為他最有感覺的，就是醫療費用的龐大支出。感受是最好的投保動能，無庸置疑，但缺點是往往受限於感受到的那個事件，只能對應到某個險種，針對其他需要的險種，則沒有感覺。更何況，能否在事故發生前就有機會感受保險的價值，也是難說得很。每次社會新聞報導重大交通事故造成嚴重傷亡時，常帶動旅遊平安險或意外險的購買潮，即是一例。對業務

員來說，更是難以依賴這種已有保險體驗或感受的客戶，因為畢竟可遇不可求，而且客戶一旦有感，就會自己找業務員投保，僧多粥少，輪不到每位業務員。

這是許多客戶投保的原因，然而若沒有這種機會感受保險的價值，顧問或業務員如何誘導客戶理解保險真相、如何激勵客戶購買保險？

買保險的幾種可能，除了切身感受之外，還有：信念。

有人對家人的**愛**，強烈到願意犧牲自己，只要對家人有利的事情，都積極去做；也有人會因為覺得身負某種責任而投保。責任與愛不同，責任是非做不可，不做會有社會或法律上的壓力，這類人也會願意投保。信念是強大的動機。信念不只是愛與責任，其他像是「公平」也會形成動力，例如有些父母，因為已為第一個孩子投保，若沒為第二個孩子投保，感覺對老二不公平；或是，同僚都買了保險，因為**從眾心理**，自己也跟著投保。這些都是因為信念或心理因素而投保的人。

信念之外，還有另種可能：情感。我們常歌頌「愛」、「幸福」、「快樂」等，坊間甚至有快樂學、如何追求幸福人生的指導課程或書籍。但這些都是情感，是相對之物，不是一勞永逸的成果，毋寧說是個不間斷的過程；更奇特的是，追尋它，卻不能直接注視它。直接訴求客戶對家人的愛，往往並無銷售的效果。愛是種信念也是深刻的情感，人會為了這些情感因素買東西，並不限於保險。

有位業務員拜訪其客戶十數次，客戶非常理性，對保險並不排斥，也樂於跟業務員深談保險的意義與功能、商品細節，卻遲遲不能決定投保、又不乾脆拒絕，讓這業務員進退維谷，不知如何是好。有天晚上，她又去了這位客戶的家碰運氣，正好看到客戶的十一歲女兒

在拉小提琴。即使是外行如她，在琴聲之下也感到如痴如醉。她和客戶兩人坐在一起聽那宛如天籟的琴聲，久久不曾言語。隔天，她拿到這張保單了。客戶說，他希望不管自己發生什麼事情，女兒都能繼續學琴。業務員滿心狐疑，先前跟客戶說過保險的重要性，其中一項不就是保證自己發生不幸時，能讓家人繼續生活嗎？但客戶為什麼只針對女兒學琴一事，決定投保呢？

貪婪、恐懼，也屬於情感範圍。最好的例子是烏龍保單，過去曾有過某些保單可能因為精算錯誤，造成客戶購買保單之後，隔年解約，所獲利益超過所繳保費，這種因貪婪而驅動的購買，金額往往極為驚人，業界戲稱為「烏龍保單」；或是因為某種保單即將停售，造成一窩蜂的搶購。其實這種保單已經販售頗久，過去卻乏人問津。這種現象，保險業甚至給它取了個「停售效應」的名稱。這些往往也是客戶購買保險的原因。但這些情感，不若對子女的愛那麼純粹而無私，常帶有衡量與計算，但與划算與否的價值天平無關，較為盲目而衝動。有人說金融市場就是貪婪與恐懼交互作用的磁場，保險其實也是金融市場的一部分，雖然股債市受到的影響更為明顯。

除了感受到保險的好處，或基於某種信念與情感而投保，第四種常見的理由就是因為財務的盤算。例如：「划算」是最強大的購買動機。客戶無論在有意或無意之下，都會在內心進行秤斤秤兩的計算與衡量，那是種複雜的行為，未必全是數字的加減。

先以某人壽公司的「康富醫療健康保險附約計畫二」為例。

45歲男性標準體費率每年8880元，保障主要三大項目：病房費每天1000+500元、住院醫療雜費限額每次30萬元、手術費用限額每次20

萬元。

而且，同一疾病或傷害，只要間隔14天再次入院治療，所有額度又可重新計算。若是不同疾病或傷害，連14天的間隔限制也都沒有了。

這個保單，等於保險公司為客戶隨時準備50萬到100萬元以上的醫療準備金，而且沒有最高限額。

假設客戶要存下50萬到100萬，以應付隨時發生的傷害或疾病醫療費用，薪水階層的客戶，沒有幾年恐怕存不到這個額度，但一次住院可能就花掉一大半，甚至是所有的積蓄。對於擔心來不及存到足額醫療費用就發生事故者，或存到這筆款項，卻捨不得花在醫藥費上的人來說，可能覺得繳保費比較「划算」。

為醫療準備而儲蓄，報酬率相對比投資低，因為不確定何時會用到這筆錢，無法做長期投資規劃。這麼一來，累積更慢，不如去繳保費，讓保險公司承擔應付風險的準備金，自己可以長期投資，賺取應有的報酬。長期投資與儲蓄之間的利差，可能都足以繳保費還有剩餘了。這已是涉及「成本效益」與「風險交換」問題。

再以套利保單為例：當銀行定存利率只有1.02%，保單預定利率卻有1.75%，加上宣告利率甚至達到2.7%以上。這種情況下，客戶往往鍾情於躉繳儲蓄型的保單。這也是客戶認為「划算」的交易。光看這類型保單銷售在某些年度，可占臺灣整體保費收入的比例高達七成以上，就能了解客戶心裡那把尺，是如何衡量交易的「划算」與否。

從以上的案例說明，可以看到客戶可能因為覺得比較划算而投保。划算不划算，已經有一部分涉及整體財務的概念，例如計算「成本效益」，但也有一部分，只需要用到保險的本質或意義，就能做出

判斷。

其次，如果以「賭博」的角度，也可以看到客戶有可能因為權衡利弊得失，做出理性的決斷，這是從保險的本質出發所開展的概念。

以前述醫療保單的案例，換成賭博的框架。客戶若以一年8800元下賭注，他的損失最多就是這筆保費，但若不幸罹患重病或重傷，可能獲得數十萬以上的理賠，這給付就如同彩金。

反過來看，如果客戶向自己投保（也就是不買保險），不與保險公司交易，他最多能贏得的彩金就是8800元的保費，也就是當一年過去，沒有發生任何事故時的最佳狀況。然而，萬一輸掉會是如何？表面答案當然就是理賠金的金額，成為他的損失。實際上損失可能遠比這筆金額來得更嚴重，因為在關鍵時刻，雪中送炭的錢，或許剛好救了一家人的未來生活；沒有這筆錢，損失便不只是這筆理賠，更可能擴大為賠掉一家人未來的生活。保費是固定的，所以損失比較容易評估，理賠卻是無法事先確定的，因此損害或許遠超過原本的想像。

即使不考慮間接連帶的效益，光是對照賭注與彩金，大概也能判斷何者是較好的選擇。如果今天拿1000元下注，賭贏可以賺到10元，賭輸則失去1000元，願賭的人可能不多。賭博都是期望以小博大不是嗎？以身家性命下注，而賭贏只不過贏得應繳的保費，豈能說是聰明的賭徒？

「賭博」沒有穩賺不賠的，所以跟「划算」是不一樣的權衡。前面兩個例子中，醫療險的例子同時具有「划算」與「賭博」的性質，套利的儲蓄險保單不具有「賭博」的意涵，從下文「價值天平」中可以看到兩者的差異。這也是為何都可以「划算」，但銷售難度還是差異頗大的主要原因。醫療險只是理智上「划算」，儲蓄險可能是理智

與感受上都「划算」。

　　交易是雙方的價值交換，買方與賣方都覺得划算是最好的結果。

　　現代心理學的研究，對於人們做決策時的思考模式，也有很大的發現，甚至推翻經濟學的基本假設，即：人是基於理性而行動。我們可以稍微引述《橡皮擦計畫》書中相關的心理學研究，以補保險的銷售迷思：

> 這回，他們（阿莫斯與丹尼爾）決定研究：面對有賺有賠的賭局，人們會如何回應？
>
> ……當你要一個人在穩拿500元或是有50%的機會可能贏1000元、50%沒有任何獲利之間做選擇時，他一定會選擇穩拿500元。但同樣一個人，如果要他在肯定損失500元或是有50%的損失1000元、50%的機會沒有任何損失之間做選擇，他會選擇後者，也就是說他突然變成了風險偏好者。……當人們必須在確定的事物與不確定的賭局之間做選擇時，「害怕損失」的心情，會比「保住獲利」更強烈。
>
> 「害怕損失」深埋在人心深處，尤其當賭局中可能帶來虧損、也可能帶來獲利（人生中面臨的多數賭局都是如此）的情況下，我們可以看得更清楚這種「害怕損失」的心情。……對多數人來說，獲得一樣東西的快樂，遠小於失去一樣東西的痛苦。[10]

---

[10]　麥可·路易士（2018）。橡皮擦計畫。臺北：早安財經。P280-281

……首先，人們回應的是變化，而非絕對值；其次，人們在面對損失與獲利時，有非常不同的風險偏好。第三則是：人們不是直接根據機率大小做出回應。

阿莫斯和丹尼爾在思考「後悔」因素時已經知道，對於結果確定的賭局，人們非常願意為了確定性支付較高金錢。現在，他們發現：對於不同程度的不確定性，人們也會有不同反應。例如，當面對其中一個賭局有90%的發生機率，而另一個賭局只有10%的發生機率時，人們並不是依據第一個賭局的機率是第二個賭局的九倍而做選擇。他們的心智會自動調整，主觀認為第一個賭局的真實機率比90%稍低，而第二個賭局的機率則是略高於10%。換句話說，人們是根據本身的感覺而不是理性在做回應。

不論是什麼樣的感覺，當預期發生的可能性越低，這種主觀感覺會越強烈。例如，你告訴他們，有十億分之一的機率會贏得或損失一筆錢，他們的行為表現會像是有萬分之一的機率而非十億分之一；亦即對於可能性很低的罕見事件，會高估其發生的機率。人們害怕十億分之一的損失機率，但同時又會對十億分之一的獲利抱持過高期待。對於極端機率（無論是極高或極低）的情緒性反應，改變了人們對風險的認知——當他們追求機率不高的獲利時會變成風險偏好者，而當他們面對微乎其微的損失機率時，卻又成了風險趨避者。這就是為什麼人們會一手買樂透，另一手買保險。「只要想到某件事可能發生，你就

會想太多。」丹尼爾說：「你女兒遲到了，你會擔心，即使你知道沒什麼好擔心的，但你還是無法放心。」你會願意為了不再擔心，而付出高於你原本應該付出的代價。[11]

參考點是一種心理狀態。即使是最單純的賭局，你也可以改變一個人的參考點，讓損失感覺起來像是獲利，反之亦然。如此一來，你只要改變選項的描述，便可以操弄人們的決策行為。他們用以下例子向經濟學家證明：

問題A：假設你現在已經有1000美元，除了你所擁有的之外，現在你還要在下面兩個選項中選出其中之一：

〔選項一：有50%的機會贏得1000美元。〕

〔選項二：價值500美元的禮券。〕

多數人會選擇二，及時把獲利拿到手。

問題B：假設你現在已經有兩千美元，除了你所擁有的之外，現在你還要在下面兩個選項中選出其中之一：

〔選項三：有50%的機會損失1000美元，50%的機會不損失。〕

〔選項四：確定損失500美元。〕

多數人會選擇選項三，賭一把。

其實，這兩個問題是完全相同的。在兩種情況下，如果你選擇的都是賭一把，就有50%的機率會拿到2000美元（或剩下1000美元）。在兩種情況下，如果你選擇的是確定獲利或確定損

---

[11] 麥可·路易士（2018）。橡皮擦計畫。臺北：早安財經。P282-283

失，最終都會拿到1500美元。但是當你用損失的角度來描述確定的選項時，人們就會選擇賭一把；而當你用獲利的角度來陳述，人們就會選擇確定獲利的選項。

參考點，是你判斷獲利或損失的依據。它不是一個固定的數字，而是一種心理狀態。「究竟是獲利或損失，端視於問題的呈現方式以及問題所處的情境。」

……在研究分離效應時，阿莫斯和丹尼爾突然浮現了另一個想法，這個想法他們稱之為「框架」。意思是：只要改變情境描述，讓獲利看起來像損失，就可以改變人們對於風險的態度，從趨避風險轉為追求風險。……人們並非在不同的事物之間做選擇，而是在不同的描述之間做選擇。[12]

看完以上引述自《橡皮擦計畫》中的段落，是否理解到人們之所以買保險，有很多非理性的成分？文中提到的人是依據感覺做判斷，而非理性，但這所謂的感覺，不是我們一般人說的快樂或痛苦，而是人們可能察覺不到的心理深層偏好，所以更難被人發現在你我心中運行的軌跡，但卻深深影響你我所做的決策。或許這也是為什麼同樣賣保險，有人就是能比其他人賣出更多保單，成為超級業務員。專業知識的差異之外，表達方式的影響恐怕更大，這絕對是種天賦，也是種技藝。

補充一點：心理學所發現的規則，與物理學畢竟有所區別。基本

---

[12] 麥可‧路易士（2018）。橡皮擦計畫。臺北：早安財經。P287-291

上是種機率較大的可能性而已，有些人就是會選擇不一樣的策略。因為人除了內心底層的感覺，還有認知偏誤、個性、動機等錯綜複雜的影響因素。因此，本書摘錄心理學上的某些觀點，並非希望把它視為教條，只是當作某種趨勢觀察；反倒是對於框架的概念——用不同的方式描述同一問題——所能帶來答案的改變，對保險銷售有所助益。

用不同方式或角度描述保險，也就是上文所說的改變認知角度，那是調整客戶對保險有何意義的手段。

舉個客戶認知的框架改變，可能改變決策的例子：

投資型保單有「前收」與「後收」手續費的不同類型，假設：前收手續費為3％，後收手續費為8％，分四年、每年收取2％。以1000萬元躉繳保費計算，前收保單一開始就要扣30萬元手續費；後收則每年扣20萬、連續四年、共80萬的費用。但市場上後收手續費的保單卻賣得比前收手續費的保單好，其中原因當然是因為後收手續費給業務員的佣金比較高，所以業務員樂於推銷；但這只是一個原因，並非全貌，因為即使業務員為了自身的利益，鼓吹客戶買後收型的保單，客戶也未必買單，畢竟得多付出50萬元的費用，還要閉鎖三年，顯然不符合客戶的利益，所以買它，根據我現場觀察，主要因素是：前收手續費的保單，客戶馬上看到自己的資產減少30萬元，而後收保單只是每年少賺2％，本金並沒有減少，客戶往往拿銀行存款比較，存款利率低迷，雖少賺2％，但還是比定存獲利高許多，因此選擇後收型保單。

從這現象可以看到：

（1）客戶對於損失的厭惡，確實高於較少的獲利。

（2）參照點變成銀行存款，而不是前收型保單，等於框架變更。

價值天平

想像一個天平，左邊是客戶獲得的價值、右邊是客戶支付的代價。例如：客戶要買一張儲蓄型保單，以價值天平的邏輯來看，天平的左邊（客戶取得的獲利）清清楚楚，包含高於銀行定存的差額、不必繳健保的補充保費、不用計入利息所得課稅、還可以掌握更高的贈與的權力（因為保險給付不計入遺產總額，所以不受特留分規定的限制）；右邊則是把定存的存款，轉移到保險公司，代價幾乎微乎其微，除非短期內要用到這筆錢，否則幾近於沒有成本。

再看買一張醫療險的保單，同樣以價值天平去衡量，會看到交易變得複雜，利益變得模糊，但其代價卻清晰且沉重無比。左邊客戶的獲利，是一旦發生醫療費用時，可以得到理賠，若沒有醫療費用的支出，就沒有任何回報；右邊則是每年要支付的保費，經年累積下來，終身可能付出數十萬的代價。所以，客戶若非對保險的規劃利益，也就是「無用之用」，有深刻的理解，或對醫療險有切身的感受，否則很難決定購買。

由此可知，價值天平是種分析的方式，它可以將「划算」的概念具像化，也可以代入數字，用來思考「成本效益」。

用天平秤什麼東西，是頗值得深入思考的問題。剛才我們用天平秤儲蓄型保單、醫療險保單，結果醫療險商品，看起來並不那麼「划算」。但如果用來秤「問題」呢？商品是解決方案的一部分，解決方案是為了解決某一問題而存在，若不直接衡量商品，而把問題放到天平左側，那麼天秤右邊，客戶要用多少籌碼才能取得平衡？

　　例如：天平的左邊，為一家四口各準備100萬的醫療預備金，以備不時之需，否則家人若臨時罹患重大傷病，如何能確保家庭能維持既有的財務狀況？那右邊呢，該放多少代價可以平衡客戶心中的價值天平？一年18000元如何？

　　從這個思考可以了解，價值天平雖是權衡與分析的工具，但對於分析與權衡的物品，還是可以做不同設想，進而影響客戶的觀點。這也是改變框架的一種做法吧。

　　除了純粹從「划算」與「博弈」兩種角度，還可以進一步以「成本效益」的立場，思考為何客戶會買保險。划算與賭博的思考，都可能是成本效益評估的一種形式，但不如成本效益分析來得精確；「划算與否」有時並不涉及財務數字，純粹是種感覺，但成本效益則非數字不能衡量，而且與直觀的「划算與否」有時候還背道而馳。

　　除了成本效益的分析，還有因為財務策略的運用，而必須使用保險，例如：風險交換策略。那是將兩種屬性不同的風險組合起來，降低彼此的風險，也抵消彼此的成本，達到價值互補的效果。這兩種購買保險的原因，屬於財務顧問專業評估與運用的範圍，篇幅較長，我們留待談規劃的時候再詳加討論。

　　以上所談到的，是客戶因為對保險認知或財務盤算，而可能購買保險。

　　所有吸菸者都知道，抽菸對身體不好，除了會縮短壽命大約六到七年，還會增加罹患肺癌的風險；菸品價格也不便宜，一包菸可能比一個便當還貴。即便如此，吸菸人口仍然不減，不管政府、反菸團體、家人怎麼防範和勸阻，仍未能遏阻人們抽菸——特別是青少年，而他們不是不瞭解抽菸的危害。保險的重要性，我想絕大部分的人都

能理解，但是，要人們妥善規劃保險的難度，跟希望人們不要抽菸，恐怕一樣困難——總有些人就是不買保險、有些人就是不能不抽菸。可見人所做的決定未必都有道理。

保險要花錢，抽菸也要花錢，是否花錢並非保險不易銷售的主要原因。主要原因是：吸菸是「當下」的享受，保險是「未來可能」用到的需求。保險若以理賠與否作為判斷是否有用的標準，那麼需求總在將來，而且還不一定用到。從小朋友是否克制自己不吃眼前的棉花糖測試裡，可看見人的天性，對延後享受頗難接受，超過七成的小朋友做不到。更何況，延後的需求不一定會發生，這種情形除非客戶對保險已有切身感受，要不就是對保險的意義有相當認知，才可能投保吧。

保險銷售常見的兩種模式：需求導向 vs. 商品導向

業務員的四重境界：

一、對於保單的熟稔

包括：保單本身的條款、結構、核保之規則、保費、理賠條件與額度等。另外，對同類或類似商品的比較，有深入的掌握。

二、對客戶需求的瞭解

包括：客戶現有的需求與客戶自己都沒有意識到的需求。

三、對使用的解決方案或產品的成本計算

任何保單都有其費用，費用相對於收益，乃為成本。不知道成本，就無法知道客戶支出保險費之後，對其整體財務有什麼影響。資金的排擠與遞延效應，必須在規劃保險之前，就有初步的掌握。

四、對客戶整體財務狀況提出改善的建議

花費保險費，可以增加安全度，但也勢必增加客戶達到財務自由的難度。如何減低客戶保費支出的負擔，甚至攤銷保費成本，是這個範疇的初級要求。

以上四重境界，前兩者是保險範圍內的專業素養，後兩者則已進入財務規劃的領域。

就銷售層面而言，大部分業務員採取商品導向的模式，亦即直接跟客戶討論保單，而避免探討客戶的需求。這種做法其實有個預設，就是雙方默認需求的存在，比如：當業務員推銷醫療保險，而客戶有所回應，願意進一步討論商品內容，往往就代表客戶與業務員之間，存在共識：對醫療險的需求。業務員在介紹商品的過程中，當然不可避免地也會觸及商品可以為客戶帶來的好處，但商品投射出來的好處或利益，未必是客戶的需求，所以不能與需求導向銷售模式混為一談。這種以保險商品為核心的銷售，優點是比較簡單而具體，但缺點是對客戶的需求掌握不足，能幫客戶真正釐清、甚至創造需求的機會渺茫。

商品導向的銷售者，並非完全不顧需求，只是因為以商品為核

心，所以只能顧及商品能夠處理的需求，所以一般而言，他們依賴一**般性**的需求，比如：絕大多數人都需要醫療險，因而假設客戶需要醫療險並沒有什麼不對。

需求導向的業務員，關注點會在客戶本身的情境、想法、感受，因此銷售時會先考慮客戶的需求，再來尋找解決方案與商品。這麼做的缺點，是量身定做需要更多的溝通，增加銷售的難度，而且因為考慮的核心在於客戶，客戶的需求可能不只一項，必須做出取捨，而每一個客戶都是不同的，即便情境相似，但主觀想法也會有所差異，也就不能套用固定的銷售話術。

兩種模式各有優缺點，若求速度快，商品導向之銷售，可能略勝一籌；若求客戶基礎穩固，需求導向銷售者，可能較有把握。

需求是對情境中，潛藏的危機與機會的覺察。覺察不只是種認知，而是包括了價值判斷；危機與機會本來就不僅是種現象，而是經過整理之後的結果。

在保險業中曾經廣泛使用的銷售訓練系統SPIN[13]，它非常強調大小型交易的區別，認為大型交易更重視商品或服務價值的附加，所以整個銷售程序中，主要重點在於探究客戶的需求。其實嚴格而論，這套系統無關需求導向或商品導向，它並不是為保險業創造的銷售模式，而是希望找出銷售的通則，以適應所有的銷售行業，SPIN是為所銷售的商品或服務，提高其附加價值的方式，透過有組織的提問模組，讓客戶對業務員所要賣的東西，與自身的難題更能契合。從這個角度衡量，SPIN是比較精緻的商品導向銷售模式，而非診斷式的需求

---

[13] 尼爾‧瑞克門（1997）。銷售巨人：教你如何接到大訂單。臺北：麥格羅‧希爾。

導向銷售。

　　不過，區隔需求導向與商品導向的意義，相當隱晦，所有的交易最終都是商品導向的，只是成交的策略不同罷了。即便是所謂的需求導向，先關注客戶本身可能遭遇的問題，也只不過是以較大的商品投射範圍為前提，比如說，以所有保險商品為範圍來思考客戶的需求，而不是單純以某一類保險商品為界線，好比醫療險或失能險。但以整個保險為領域還是有邊界的，仍然無法涵蓋客戶所有的需求。

　　因此，所有的銷售必然是從商品與服務所能處理的難題出發，投射到客戶的世界，圈出一個銷售的範圍，這個範圍是你的商品或服務能提供客戶利益的領域。從這角度看，所有交易都是商品導向的銷售。那麼，為什麼保險業的銷售還要討論這兩種銷售策略的差異？因為需求導向的銷售強調商品之外的另一種價值：診斷。這才是區分需求導向與商品導向的實際意義所在。診斷不但要確認客戶需求是否存在，以及其輕重緩急，若更進一步，還要確認解決方案的成本與副作用。採取需求導向的銷售，不只是銷售策略的抉擇，也是為了提供更多的價值給客戶。

　　業務員提供的價值，不限於商品的相關訊息，更重要的是介入客戶的決策過程，協助客戶找到本身甚至沒有察覺的需求。但交易是雙方的對話，若客戶不願意業務員介入太多，或業務員急於成交，都會影響銷售與購買流程的性質。

2-2 投資

看過保險，接著看投資。投資派別繁多，有段時間幾乎是全民運動，所有人瘋狂地投入金融市場，唯恐落後而被社會吞噬。然而，認真思考投資的意義、了解投資原理、衡量自身投資能力、設定投資目的之投資人，實為鳳毛麟角。

投資專家與財務顧問的角色差異

探討投資範疇之前，我們先要區別，投資專家與財務顧問對於投資的立場與專長之差異。前面談到專業知識與技能時已提及，不同的專業，看待同一領域的財務活動或事件，會看到不同的景象，也會採取不同的應對策略。但是，還有更深邃而細微的差別存在，例如不同的專家會為客戶設定不同的目標。目標一旦不同，接下來的策略與計畫、評估的標準等，也會隨之不同。

投資專家向外看：景氣循環、適合的投資標的、產業與整體政經環境的變化、法令修改等，追求利益極大化；財務顧問向內看：客戶的財務結構良窳、可用資金規模、時限、可承受之風險、財務獨立所需之報酬率、可以暴露的資金波動等，追求安全穩健的財務生活。

大公司的「財務長」與「投資長」基本上都由不同人擔任，為什麼？

清楚兩者的差異，不是為了比較優劣，而是為了讓雙方互補。客

戶實際上需要不同的專業服務，但如果各種專家各行其是，往往反而犧牲客戶的最大利益。

對財務顧問而言，看待投資的角度與投資專家確實有所不同。從財務面看投資，其實是對風險的選擇，目的是達成客戶的優質生活，而不是獲得最高的報酬率。

再說，創造獲利，需要不同的專業能力，並非財務顧問之所長，認清自我專業的侷限性，即是所謂的「價值定位」。

這種視差，造成投資專家、財務顧問兩方對投資的看法，有很大的出入，但兩者卻剛好是互補的：兼顧創造財富與財務安全。投資專家為客戶交付給他的每筆投資，設法牟取最高獲利；財務顧問為客戶掌握他可有多少資金投資、投資可承受的風險多寡。

投資專家眼中的投資，包羅萬象，有金融的、非金融的標的，有長期的、短期的商品；好比保險業務員看保險，商品的種類也是五光十色，讓圈外人目不暇給，難窺堂奧。財務顧問看投資，卻可能只看到「整個投資」而已，裡面的千差萬別都被消除抹平，把投資單體化了，不再具有各別投資項目的特性，談起來好像講的是一種特定、單一的商品。這是財務顧問的侷限性造成的，也因此投資專家與財務顧問必須相互配合，才能為客戶創造最大利益。即：見樹與見林不可偏廢，這是以財務角度在討論投資之前，要特別釐清的觀念。（對於投資範疇：財務顧問常常「見林不見樹」；投資專家往往「見樹不見林」。）

本書對於投資的考量，不是一般的投資書籍所要強調的獲利方法，所以選擇什麼樣的投資管道、商品與標的，以及進出場時機、策略等諸項與投資獲利息息相關的要素，都不會直接討論；也不會觸及

如何解讀線圖、企業的財務報表，只會就投資的基礎條件、意義、目的做簡單的探索。

投資的書籍很多，但討論財務框架下的「投資」者很少。

客戶要什麼？

投資的目的主要有二：

（1）**獲利**；創造財富。

（2）**生活**；籌措支持生活所需的財源。

目的只有兩個，但生活目的底下，可以再分隔成許多個小目標，例如購屋、子女教育費、長程旅遊、退休準備等。這些小型目標，因為距離規劃當下時程有遠有近，所以不太可能採取相同的投資商品與策略（但也未必需要每個目標設定不同的投資方案）。若從資源配置角度看，這些目標彼此之間還有競逐資源的可能性，財務顧問必須謹慎探詢客戶的想法，排列先後順序，再依此進行更具體的規劃。

生活有餘，再來思考創造財富的可能空間，是比較穩妥的辦法。特別是退休金的準備，務必與創造更多財富的夢想區隔處理。

只要涉及投資，不論目的為何，至少有兩個標準：

（1）超越通貨膨脹率（若要計算報酬率，建議以終身為尺度來衡量）。

（2）等於或者超越大盤獲利平均值。

這兩種標準，是以生活所在地的指數衡量。生活在臺灣，自然以臺灣的通貨膨脹率與大盤獲利率作為指標。要超越這兩種指標，不是只看單筆的投資或儲蓄，還要把所有「投資／儲蓄」的項目，一併計入。

　　客戶與投資專家，都希望投資能創造大量的財富。但財務顧問更重視投資如何能夠支持客戶的生活需求，因此採取的投資策略、評估投資績效的標準、對進出場時機、標的選擇、投入的本金多寡等項目之建議，很可能差距極大，對於投資的終端「提領」，財務顧問極為重視，尤其涉及退休規劃時，更是如此。

　　「收益最大化並非個人理財的歸宿，效用最大化才是個人理財的主要目標。」[14]

　　這句話，我想正是財務顧問的心聲。

長期投資的意義

　　客戶喜歡短期的計畫，但財務顧問眼中唯有長期的投資；投資固然有長期與短期之分，但個人終其一生的財務評量，其實並沒有短期投資這回事。

　　一般人投資或儲蓄，進行多長的時間？

　　隨著每次的決策不同，答案總會有所變動。例如一筆兩年期的定存，時間就是兩年；一筆目標到期債，也許是六年的；股票雖沒有一定期限，但投資者常會給自己設定停利或停損點；而保險常有一定期間；買房子若是以投資為目的，也會有它持有的時限……人的一生要做很多次投資或儲蓄的抉擇，每個計畫，或賺或賠，累積成為一輩子

---

[14] 桂詠評主編（2018）。個人理財（第三版）。臺北：格致。P5

的損益。

絕大多數的人在乎每次投資決策的損益，但少有人去計算這一生的損益、報酬率究竟是多少；也少有人追問，一個人終身投資的時間有多長，本金是多大？

投資的規模，與投資時間的長短，都是整體性的一部分。而這個「以終身為期限」的思考，正是財務顧問考量投資／儲蓄的核心。

若取最廣義而言，人們手上的錢，不是花掉就是存起來，唯有二途。

花錢有無數種方式，包括：一切的生活必要開銷、娛樂、繳稅、樂捐、教育、看病等，總之就是各種各樣的支出。可分成兩種類別：可控制與不可控制的支出。存起來，也有許多方式、管道，可分成投資與儲蓄兩種類型。這道理淺顯易懂，但若深入思考，會對投資與儲蓄產生很不一樣的觀點，例如：財務的立場，其實沒有短期投資或儲蓄，也沒有定時定額，不是說這些「現象」不存在，而是看待這些「現象」的角度改變了。

人的一切開銷，若有餘額，總會存起來。存起來的錢只在投資與儲蓄兩者間，不斷轉換。當下感覺像是投資六年的標的（或其他年期的投資），其實不然，你只是擷取終身投資長流中的一瓢飲。那是種幻覺，單筆投資即使獲利，還必須還原到終身的投資中衡量，才知道真實的損益。

另外，若把「定時定額」置入整體投資與儲蓄的**大框架**評價時，定時定額的特性就消失了，變成每年「資產配置」比例的變化而已。大框架就是以終身為期的損益衡量，定時定額對投資者可能有分攤風險與成本的作用，對財務顧問來說，並無這樣的意義，有的是資產配

置的抉擇（再平衡策略的運用即是一例）。

投資與儲蓄的差別在於對本金的態度。可能喪失本金的是投資，保證本金安全的是儲蓄（這是本書的分類，並非放諸四海皆準）。

投資與儲蓄對財務顧問而言，雖非相同的選項，但從風險的角度思考，兩者的差異並不像表面上看到的那麼巨大。投資也好，儲蓄也罷，只是選擇承擔哪種風險的差異而已。

投資承擔損失淨值的風險，儲蓄則承受損失購買力的風險。

投資是站在類似保險公司的一方，幫他人承擔風險而希望獲利。保險是我們付錢請人幫我們承擔風險，投資是找機會幫人承擔風險，而儲蓄是保險的變相。借錢給人投資，可能犧牲部分購買力，確保本金安全，換句話說等於也是「付錢」請人幫我們承擔風險，只是你會感到划算，因為有利息可拿。

從風險的角度看投資、保險與儲蓄，其實都是風險的交易。所以在財務世界裡，不是要不要做長期投資的問題，而是根本沒有其他選擇。這期間的長度有時甚至超過客戶的一生，跨越兩、三個世代，或許更長久。

投資與儲蓄，從存錢的角度，是看作同質性的，但並非相等，因為風險與報酬差異很大。然而，把兩者看成完全不同的東西，同樣也未能掌握投資與儲蓄的本質。

若一個人終其一生，只有前五年的時間投資，其他時間只顧儲蓄保本，在那前五年中，每年的獲利高達50%。這項輝煌的成就，若就一生的長度衡量，他的總體報酬率有多少呢？

深思總體報酬率就是財務顧問的本色，因為若只看單筆投資績效，對客戶的一生多半並無太大的影響。即使如世界股神巴菲特，若

不是一輩子都持續投資，且平均獲利都遠高於大盤，也成就不了他的豐功偉業。

再想想，如果人的一生都必須投資或儲蓄，那麼報酬率的極大化，應該以哪一個時間點為截止日來計算呢？要把投資與儲蓄合併計算，還是只計算投資的部位？

再假設某客戶以退休時65歲的那一年，計算他一生的報酬率，但隔年66歲再去計算一次，卻得出很大的落差，起起伏伏的報酬率數字對客戶的意義何在？

若你知道自己每年的支出數額，只要確保每年的理財收入，足以涵蓋這個數字，為何需要計較報酬率高還是低？

也許有客戶會感到疑惑，獲取最大的報酬，難道不會更容易達到優質的生活嗎？這問題解釋起來頗費周章。

要獲取最大報酬所採取的策略，與支應生活所需採取的投資策略，可能並不相同。讀者若從結算的概念看，就會比較清楚：試問投資該以哪一天為結算日？

從定義上看「報酬率」，必然是本金經過某期間產生的報酬，除以本金而得的比率。若終止的時間點無法確定，報酬率就無法計算，因為計算上沒有終點就無法確定經過的期間多長。

為何終點無法確定呢？隨便指定一個日期，不就可以計算了嗎？這時候又會產生一個問題：我們要追求的最高報酬率，指的是哪一段時期？

（1）終身為期。

（2）退休日為期。

（3）某項投資的起迄時間點為期。

（4）隨便一段時間。

（5）任何一段時間。

各位有沒有發現，這幾個選項，有的沒有意義、有的風險極高、有的做不到。例如，隨便指定一段時間，就算在此期間客戶獲得極高的報酬率，但其他時間如果獲利很低，甚至虧損很大，那麼對他而言，能否稱得上獲得最高報酬率？

除了投資期間，還有投資比重的問題。

再看一般人較容易接受與理解的：只計算某筆投資的最高報酬率，那麼他的其他投資要不要合併計算？假設只有10%的投資獲得最高報酬率，其他則績效平平，整體報酬率會很高嗎？以終身為期，本是財務顧問評估客戶投資的尺度，但一般人很難接受這樣的標準，因為到客戶百歲才知道投資成敗，他還會在乎得失嗎？（幸好財務顧問以此衡量的並非獲利高低。）

但當他所有期間、所有投資都追求最高報酬，他承受的風險相對也會最高，不是嗎？更重要的是，這樣追逐最高獲利的意義何在？

所以，就財務顧問而言，理論上無法以創造最高報酬為目標。實務上，一般投資顧問或專家，多以某筆資金投資的起迄時間為計算區間，這是客戶比較能理解的做法，但對財務顧問而言，計算客戶之報酬率，須以終身的尺度衡量，因為那是財務顧問「配置資源」的基礎。

若以支撐生活開銷為投資目的，衡量的基礎就是必須花費的錢是否足夠，這才是財務顧問首先要判斷的問題。

設定不同的目的，會影響投資策略的擬定與投資計畫的執行。

追求報酬率的極大化與追求投資可以支應個人的財務生活所需，

不一定能相輔相成，特別是對於一般中產階層的客戶而言，更是如此。

針對為何必須長期投資的問題，除了從財務視角來看本來就沒有短期的投資之外，還有幾個重要的理由，即使單筆投資，客戶也必須長期投資。

為什麼盡量不隨意變動投資標的，並減少在投資與儲蓄之間轉換？理由如下：

（1）複利效果需要長時間才能顯現。

（2）減少轉換成本。

（3）降低風險（標準差）。

這三點中，第一、第二點容易了解。比較需要說明的是第三點，長期投資可以降低風險。這需要粗略了解「標準差」與「均值回歸」的概念。

標準差

維基百科對標準差的解釋如下：

標準差定義：為變異數開算術平方根，反映組內個體間的離散程度；標準差與期望值之比為標準離差率。測量到分布程度的結果，原則上具有兩種性質：

（1）為非負數值（因為開平方後再做平方根）；

（2）與測量資料具有相同單位（這樣才能比對）。

　　網路上的例子：

「平均數正二個標準差以上」，其意思為：

在一個分布中，其位置落在平均數加兩個標準差之上……

舉考試例來說，如果分數的分配為常態，假如平均考70分，標準差為10分，則「平均數正二個標準差以上」表示考90分以上的分數或人。

如果有興趣查一下常態分配表，則落在+2個標準差以上的比例，約為1-0.97725=0.02275

「百分等級九十七以上」：

如果有100人考試，則贏過97個人的分數或人；

如果有1000人考試，則贏過970個人的分數或人。

在統計上，「**68-95-99.7原則**」（68-95-99.7 rule）是在正態分佈中，距平均值小於一個標準差、二個標準差、三個標準差以內的百分比，更精確的數字是68.27%、95.45%及99.73%。（維基百科）

　　本書並非統計學專著，在此簡單提到標準差的觀念，是希望討論長期投資的報酬時有個基本依據。因為投資的長期觀察，除了看到報酬率的均值回歸之外，還會談到不同的投資期間，例如10年、20年、30年、50年的標準差。從以上的引文，我們可得知一個基礎概念：每相差一個標準差，出現的可能性大約是多少？

　　以美國股市為例，投資期限為30年，根據網路部落格「綠角財經

筆記」[15]在網路上的文章所說，標準差為1.35%，若美國股市的平均獲利是10%，一個標準差是正負1.35%，兩個標準差是2.7%，三個標準差是4.05%。因為我們只關心最大損失的可能性，所以只看負值，也就是說10%減掉4.05%等於5.95%，這是三個標準差，這種投資了30年，年化報酬率5.95%的機會有多少？1-99.73%=0.27%，也就是1000次30年期的投資，會有2.7次低於5.95%報酬率，這種發生機率已經非常少。這只是讓讀者知道，長期投資的風險，隨著投資期間的拉長，風險逐步降低的數據，若投資達50年，標準差是1%，比剛才的1.35%更低。標準差越低，代表風險越低。

均值回歸

除了標準差，我們還須討論一個概念：均值回歸。

《共同基金必勝法則（下）》書中的第三篇第十節，論回歸平均數，即是討論均值回歸的專章。引述其中的段落：

> 「事實證明，在金融市場的現實世界中，這個出自學術理論世界的原則的確充分運作。清楚表現在股票型共同基金的相對報酬率中，而且就長期而言，也表現在所有普通股的絕對報酬率中。回歸平均數代表在股市中，有某種『萬有引力定律』在發揮力量，使報酬率長期似乎會以神秘的方式，趨向某種標準。」[16]

---

[15] 財經部落格，網址：http://greenhornfinancefootnote.blogspot.com/
[16] 約翰‧柏格。共同基金必勝法則（下）。臺北：寰宇。P34

　　就作者的論述，共同基金、類股、普通股報酬率三者都會呈現均值回歸的現象。本書對於均值回歸是否像物理學中的萬有引力定律如此堅定不移，並無深入研究，也不覺得有必要去證明，但長期以來美國股市的歷史紀錄，確實呈現某種回歸平均數現象，特別是對普通股的長期穩定的報酬率印象深刻，且意義深遠。再看一段引文：

「在第三個重要領域，也就是在普通股的長期報酬中，也會表現回歸平均數的原則。普通股回歸平均數的情況，和股票共同基金或類股不同，並非表現在絕對報酬率上，而是表現在相對報酬率上。超過兩個世紀以來，美國股市在所有移動平均25年期間，表現出一種深刻的傾向，就是在扣除通貨膨脹率後，提供的實質報酬率大約以6.7%為基準。……簡單的說，在93%的移動平均25年期間，實質報酬率都介於4%-10%之間，這是相當持續一貫的紀錄，顯示回歸平均數在股市中活躍而明顯。25年大約是今天大多數人投資生涯的一半，移動平均25年的年度報酬率標準差是正負2%。公平的說，在10年的時間架構中，標準差是4.4%，而在50年的投資生涯中，標準差會小到只有1%，時間架構會造成重大的差異。」[17]

　　底下再引述「綠角財經筆記」上的一篇文章：

〈持有期間與報酬率變異性──以1926至2012美國股市為例（Holding Periods and the Variance of Returns）〉

綠角最近在看書時想到一個問題，隨著持有時間愈拉愈長，報酬率的變異性是會愈來愈大，還是愈來愈小，或是沒什麼改變呢？

由於手邊有SBBI，內有美國金融市場詳細的長期報酬資料，所以我就以美國股市1926到2012這段期間的報酬，來討論一下這個主題。

我把持有期間分為一年、五年、十年、二十年與三十年，共五種時段。

首先是一年。美國股市從1926到2012，總共有87個單一年度。這87個單一年度的報酬，標準差是20.18%。

美國股市從1926到2012總共有83個五年期間。第一個是從1926年初到1930年底。第二個是從1927年初到1931年底。最後一個是從2008年初到2012年底。

這83個五年期間，共有83個年化報酬。年化報酬的標準差是8.64%。

這83個五年期，共有83個五年總報酬。總報酬的標準差是61.93%。

美國股市從1926到2012總共有78個十年期間。第一個是從1926

年初到1935年底。第二個是從1927年初到1936年底。最後一個是從2003年初到2012年底。

78個十年期間，共有78個年化報酬。年化報酬的標準差是5.70%。

78個十年期，共有78個十年總報酬。總報酬的標準差是142.95%。

將同樣的計算方法應用於20年與30年的持有期間。20年期間共有68個。30年期間有58個。都分別算出年化報酬與總報酬的標準差。

整理如下表：

持有期間	1年	5年	10年	20年	30年
年化報酬標準差	20.18%	8.64%	5.7%	3.42%	1.35%
總報酬標準差	20.18%	61.93%	142.95%	575.15%	965.33%

回到文章一開始的問題，隨著持有時間拉長，報酬率的變異性會如何改變呢？

重點在於，你說的是哪種報酬率？

假如你說的是年化報酬。歷史經驗看起來，的確隨著時間拉長，會有變異性縮小的狀況。

但假如你說的是持有期間的總報酬。那麼，恐怕是隨著時間愈長，變異性越大。

有人說，高風險資產持有較長的時間，可以減低風險。他很可能是以年化報酬在看這件事。

但假如有人說，高風險資產持有越久的時間，結果變異性越大。他很可能是以總報酬的角度在看這件事。

為什麼會有這樣的分別？

以三十年期為例。美國股市最佳30年報酬，是1970到1999這三十年，年化報酬是13.7%。最差30年報酬，則是1928到1957，年化報酬是8.5%。

8.5的年化報酬看起來只比最佳的13.7%落後5.2%。但8.5%的年化報酬累積30年後，總報酬是1056%。13.7%的報酬累積三十年，會有4608%的報酬。4608%比起1056%，那是四倍的差距。

也就是說，就算年化報酬只有0.2%或是0.3%的小差異，在經過長達二、三十年時間的放大後，也會造成總報酬很大的差別。（這也是為什麼，投資人絕對要留意基金的內扣費用。那1-3%或更高的內扣費用，長期累積下來，一定可以讓你體會到複利的原子彈級財富毀滅效果。）

總結來說，長期持有高風險資產，只能說有可能降低拿到負報酬的機會。但恐怕仍需接受終端價值變異性很大的可能。

　　這篇文章中，很重要的是提出總報酬率與年化報酬率隨投資時間的拉長，對於投資的影響並不一致（總報酬率的落差，是因為年化報酬率經過長時間複利放大的結果，個人認為討論總報酬率意義不大）。本書關注的重點，是年化報酬率的標準差。讀者可以看到10年

的標準差為5.7%、20年為3.42%、30年為1.35%，這裡綠角沒有提到25年與50年的標準差是多少，而上文所引《共同基金必勝法則（下）》之內容，則正好有25年與50年的標準差各為2%與1%，排序上看，正好跟綠角的數字之趨勢一樣，時間越長的標準差越低。但是眼尖的讀者或許會發現，10年期的標準差，兩位作者的數字並不相同。「綠角財經筆記」是5.7%，《共同基金必勝法則》（下）則是4.4%。我想這是因為兩人的計算時期差異造成的。前者是1926～2012年，後者是1826～2008年。但不管如何，隨投資期間越長，標準差越小，則是不爭的事實。

　　財務顧問以客戶的一生為期，看待其投資績效，所以這些均值回歸與標準差的數字才會有意義。如果客戶的投資期間都只考慮3至5年，或甚至更短的時期，那麼均值回歸將沒有運作的機會，而標準差也大到超過平均報酬率，投資已經跟博弈差不多了。

　　從綠角財經筆記看到1926～2012年，最差的30年名目報酬率為8.5%，若平均數為10%，其負向波動不到2個標準差。

　　（1.35×2=2.7%；10-2.7=7.3%。8.5%>7.3%）

　　接下來再引述《投資金律》一書的說法：

在股票報酬的歷史中所受到的限制更多，即便在英國、法國或荷蘭，三百年來股市熱潮未曾減退，但是一直要到最近這兩個世紀美國開國之後，人們才開始理解股市的長期報酬所在。而且直到過去幾十年間，人們才具備了自世界各地取得詳盡資訊

的能力。……二十世紀後，美國股市、國庫債券與國庫券的獲利情形…股票的投資報酬率最高（年報酬率約9.89%），其次是債券（年報酬率約4.85%），最安全的投資工具票券（年報酬率約3.86%）則位居末位。這些報酬都是名目報酬，也就是說，沒有將通貨膨脹的幅度計算在內，因此實質報酬（已根據通貨膨脹率調整過）將會更低，股票約為6%，債券約為1%，票券接近0。[18]

利用統計學者慣用的標準差就已足以衡量短期風險的程度…就美國股市而言，平均年報酬率約為10%，市場報酬率的標準差約為20%。因此，正如先前所舉例的理論值，零報酬率相當於平均值以下半個標準差（這也就是說，百分之十的平均報酬率正好是百分之二十標準差的一半）。因此根據統計理論的預測，股市其實大約有三分之一的機會處於損失狀態。最糟糕的情況就是平均值以下兩個標準差，大約有百分之二的機會會發生這種狀況，事實上這正是過去曾經發生過的狀況——過去兩百年發生過四次（相當於每年百分之二），每一次都讓美國股市貶值三成以上。[19]

再看《長線獲利之道：散戶投資正典》一書的說法：

長線投資人的焦點應該放在投資標的的購買力成長上，亦即經

---

[18] 威廉・伯恩斯坦（2003）。投資金律。臺北：藍鯨出版。P29-30
[19] 威廉・伯恩斯坦（2003）。投資金律。臺北：藍鯨出版。P58註17

通膨效應調整後而得出的財富……股票的年複利實質報酬率在扣除通膨因素之後將近為每年6.6%。在第一版的《散戶投資正典》出版後，後面各版又陸續加入了二十年的股市數據。而與我在1994年首度提出的6.7%相比，股票報酬率也僅低了0.1%……不同時期的美國股票年報酬率……三大主要期間內的股票實質報酬非常穩定：1802年到1870年間為每年6.7%，1871年到1925年間為6.7%，1926年到2012年間為6.4%。二次大戰期間美國的通膨率高於過去兩個世紀，即便在這段期間內，股票的平均實質報酬率也達每年6.4%，基本上和之前125年的股票實質報酬率相當，但後面這段期間內卻沒有通膨。股票是一種實質資產，長期的成長幅度和通膨一樣，因此股票的實質報酬率不會因為物價水準的變化而受到負面影響。雖然過去兩個世紀美國社會發生劇烈變化，但股票長期報酬的穩定性仍然存在。美國從農業經濟轉型為工業經濟，之後再轉為後工業、服務業以及如今的科技導向經濟，而全球也從金本位制轉變到通貨準備制……縱然替股東創造財富的基本面因素出現劇烈變化，股票的報酬率仍然穩定得驚人…股票的長期報酬穩定，並不代表短期也同樣穩定。從1982年到1999年這段期間出現了美國歷史上最風光的多頭市場，扣除通膨影響之後，股票創造的報酬率高達每年13.6%，比歷史平均值高了2倍有餘。但在之前的15年，也就是從1966年到1981年，股票實現的報酬慘不忍睹；這段期間內股票的報酬率在扣除通膨之後僅剩每年0.4%。然而，上述這段多頭市場將股價推得很高，市場估值也來到歷史新

高，導致接下來股票的報酬甚低。僅接而來的空頭市場與金融危機，再度把股市打趴到低於平均趨勢水準以下。自2000年的高峰算起，接下來12年股票的實質報酬率僅有0.3%。[20]

美國股市兩百年來的報酬率呈現穩定的數字。一個國家由三百萬人口到三億人口，從農業社會到資訊社會，經歷過世界大戰、經濟蕭條、石油危機、科技泡沫、金融海嘯等事件，為何美國股市獲利的平均值是穩定的數字？有的專家認為是因為美國股市的獲利，長期穩定大約是6.7%（參看《共同基金必勝法則（下）》與《長線獲利之道：散戶投資正典》）。但我認為，這是人類對資金運用的期望值所致：股票的風險高於債券，債券風險大於銀行存款。對承擔較高風險的投資，投資者會希望獲取較高的報酬率。如果所有投資工具的風險都一樣，那麼股票不會比債券或銀行存款的長期獲利高出許多。反過來看被投資的人，他當然知道需要支付更高的代價，才能籌措所需的資本，但也不可能無限制提供投資人風險溢酬，總有個雙方合理的數字。這數字由供需法則決定，短期或有起伏波動，長期則呈現穩定的均值。

長期投資的概念與擲骰子的意義相通。一個骰子要擲出某個點數的機率，理論上是相同的，但是擲的次數必須夠多，才能顯現出來。就跟所謂的20／80法則或均值回歸一樣，必須累積夠大的量，才會浮現這些法則的結果。如果投資一次視為擲一次骰子，投資越多年等於

20　傑諾米・席格爾（2015）。長線獲利之道：散戶投資正典。臺北：麥格羅・希爾。P85-88

不斷擲骰子，最終就會呈現金融投資原本的獲利結構，也就是股票獲利大於債券、債券又大於存款。

　　為何長期投資的歷史紀錄，可說是必然獲利呢？因為市場會淘汰損失的公司，而指數型基金或共同基金、ETF等也有機制或管理人，在股票還沒被市場淘汰前，就已經淘汰了這些表現不佳的股票。因此長期來看，投資者只投資可以獲利的股票，當然不容易虧本。金融市場可以看成天擇競技場，適者生存，只有長期待在市場裡的投資者能夠獲利，因為長期待在市場裡，必須減少犯錯與成本。

　　為何這裡要圍繞著標準差與美國股市長期報酬的穩定性（均值回歸）打轉？因為個人財務規劃中的投資，所具有的長期特性，正好符合股市大約30年為期的穩定性，這對於客戶的退休規劃與傳承規劃有決定性的影響；對購屋、籌措子女大學學費、甚至結婚等中短期要用到錢的規劃，影響較小，但可透過「統籌分配」的資源配置概念互通有無。

　　其實不管未來股票的報酬率是否遵循過去的歷史軌跡，我認為並無太大的關係，原因在於，雖然美國股市報酬的歷史紀錄不一定能夠重現於未來，但我們在乎的不只是報酬率高低，我們還關注投資獲利的**百分位**。這跟考試一樣，能否考上好學校，過去的錄取分數固然是重要的指標，但同一屆的考生分數的百分位，更能準確評估其可能的考取學校。換言之，你在這一生的投資期間，你相對於其他投資人的報酬率是高是低？你不需要跑贏熊，只要跑贏你的鄰居。（這笑話是說：有兩個鄰居到山上去打獵，本想打幾隻野兔什麼的，沒想到碰到熊出現，兩個人倉皇而逃，但熊的速度實在太快，眼看要追上兩人，其中一人說，我們不要再跑了，我們絕對跑不過熊的。另一人說，我

知道，但我只要跑贏你就可以了，不必跑贏熊啊。）

不過，以上所引用之各書中的數據，都是長時間報酬率的平均值，從數十年到兩百多年。個人的投資生涯即使從25歲到75歲，也不過50年。長期投資一般都是為了退休做準備，如果你能在25歲就體認到長期投資的重要，並且身體力行，那麼從25歲到65歲，有40年的時間。倘若你的計算報酬率是以綠角財經筆記所說，最低的30年年化報酬率8.5%計算定時定額的本利和，每年投入10萬元，連續40年。那麼到65歲的時候會累積多少退休金？用Excel計算一下，在任一儲存格鍵入「=FV(8.5%,40,-10,,1)」，約3208.16萬元。40年，每年10萬，本金為10×40=400萬元。但本利和大約高於本金8倍，這還是用最差的30年報酬率來計算的結果，這就看到複利的威力了。

然而，這樣的計算方式，並不能確定地使用長期的投資報酬率數值。因為8.5%報酬率是累積30年的年化報酬率，並非每年都一定會有這個數字。簡單思考客戶最後一年投入的10萬元，到他退休時的65歲，只經過一年，一年的標準差可以是20%左右。因此，剛才的計算並不是正確的方式。這也是為何財務顧問必須考慮客戶「提領」長期投資所累積資金的時機與方式。

假設客戶25歲時，投入10萬元，她65歲（年初）提領的金額，若以8.5%複利計算，約有261.33萬元。她的退休規劃，每年提領40年前所投資的錢，直到今天為止的本利和，等於把每一年的投資看成單獨的定存單。換句話說，她有40張存單，每年照購買的順序提領其中的一張支應退休生活的開銷。當然實務上並不需要真的有40張存單，這只是思考的模擬而已，你還是可以存在一個帳戶中，關鍵是提領要有節制，不要超過每一年對應於當初的投資額所創造的本利和。

　　這種退休金準備方式，有別於一般零存整付型的架構，而是採取「點對點」的規劃概念。這種方式即是運用均值回歸與標準差，加上投資相對百分位等觀念，更簡單地儲備退休金，這種做法還能更好地克服準備退休生活多少年的問題。如果每個月存一萬元，40年後（480個月）你可以每月提領大約26萬元，不需要計算退休生活需求的總金額，反正現時一個月的投入金額，乘上大約26倍，肯定超過正常時期的通貨膨脹率，且因使用滾動式投入與提領，所以也不需要估算平均餘命長短。問題在於，若距離退休時間不到30年者，標準差將大於規劃者可以承受的波動，也即是說這種規劃方式有年齡的限制。以《共同基金必勝法則》一書的作者所言，投資必須超過15年，但若以我的退休規劃方式，至少要有25年（標準差大約為2%），才能使用「點對點」模式。

　　上文曾提到長期投資的三個主要理由，第一項是複利效果需要長的時間，以投資期為25年與40年為例（這是代表開始準備退休的年齡為40歲與25歲），如果投資報酬率都是8.5%，那麼一萬元的未來值分別是：7.69萬與26.13萬。若是投資期為35年（代表開始準備的年齡為30歲），未來值是17.38萬元。35年與40年，雖然只差了5年的投資期間，但累積的金額卻差了大約三分之一。換句話說，即使不考慮風險值飆高的問題，時間太短，複利的效果也會大打折扣，不利於退休累積資金的計畫；更何況風險值飆高也不是能夠忽略的問題。

保險與投資的比較

　　從財務顧問眼中看到的投資與保險，與一般人所見有些不同。

財務顧問的主要職責就是協助客戶掌控風險，風險無所不在，我們只能選擇如何面對，無從逃避，這是財務顧問的基本認知。財務之雙翼（保險與投資）是最直接面對風險的範疇，事實上，對財顧而言，兩者都是面對風險的策略抉擇。所以，我們多花點時間探討一下保險與投資的異同與關聯：

　　保險大部分基於恐懼（擔心），投資則基於貪婪（期望），兩者的驅動力不同。

　　為什麼保險規劃比較急迫，但是投資規劃比較重要？因為風險未必會發生，但投資若不妥善規劃，損失幾乎可以確定。包括：通膨的侵蝕、該享有的利益沒享受到。年紀增長之後，保險的重要性逐步超過投資。不夠時間投資的人，更要妥善處理風險問題，因為健康的人，生活費用有彈性，且不會拖累他人；反之若身體不好，需要大筆的醫療費用與看護費用，這些費用不僅昂貴，而且極少彈性。這種費用會拖垮你的家庭，連累你的孩子，特別是孝順的子女。

　　回顧一下：年輕人的保險可能是為了保護投資計畫，但不夠時間投資的人，其保險卻是為了保護家人；有錢人保險可能是為了保護財產。這些差異都與風險有關，也與需求有關。投資除了標的選擇是種資產配置之外，整體財務其實也可看成資產配置，時間甚至也是資產配置的要素：投資／儲蓄就是改變收支的時間點。

　　「暴險」（risk exposure）概念可以讓我們在規劃投資與保險兩大領域時，有個統一的思考框架。對於風險的選擇，就是所謂的暴險。雖然投資的風險與人身風險性質不同，兩者卻可能可以互補，這點可以參考「策略交換」的說明。

　　保險與投資的**風險**，不但內容不同，其成本效益衡量甚至相反。

147

例如：人身風險的損失不確定，最大獲利卻是可以計算的（即未發生風險省下來的保費，但這句話並不是說，保險可以事前計算投資報酬率）；投資於特定風險則相反，損失是可以確定的，獲利卻難以估計（最大損失就是投入的資金）。這是衡量兩種風險的差異。若以保險的購買而論，前者是選擇不投保的情況；後者是投資，也可以看成是選擇投保的狀況。

請不要把這點與成本效益所談的成本計算混淆：就保單而言，因為不知道發生什麼事故、也不知道何時發生事故，因此我們無法事前計算報酬率；我們可以計算最大保單成本，也就是買了保險、繳完所有保費，沒有發生理賠的成本。而這裡所說的是風險，不是個別的保單（論及保單就會有投保與否的問題）。就風險而言，發生的事故與時點既然無法確定，就無法確定損失會有多大，但最大獲利就是你沒有繳交保險費（或其他避險費用），結果沒有發生事故，這時最大獲利就是這筆保費。投資於特定風險，如：購買某公司的股票，萬一虧損，最大損失就是你的投資額，但獲利卻是無法估計的——有人獲利數百倍。

從風險承擔的角度審視，就說明了投資與保險在某些時候，是對立性的策略工具。

我們可以把財務顧問看成是協助客戶管理風險的人，例如投資的波動、財務的不確定損失。暴險的概念，其實貫穿投資與保險兩個領域。客戶無論如何都會暴險，即使選擇定存保本的客戶，還是暴露於通膨侵蝕的風險。所以聰明的客戶要考量的，其實是選擇暴險的種類與範圍，而非逃避。經過精心計算與規劃的風險，往往能創造獲利。

資產的配置（包括分散投資），其實就是選擇暴險的程度與種

類。以投資為例，若暴險於市場（系統性風險），市場將給予風險補償，即有風險溢酬；但若暴險於特定風險，市場並不會補償你所冒的風險。不過，市場即使有補償也需要長時間的投資，才有可能彌補損失，若以短期投資來看，彷彿賭博，這就是剛才討論均值回歸的意義。

就個人而言，其本身的風險，如生、老、病、死等，可類比於投資的特定風險，跟個別的企業風險一樣。換言之，選擇暴險於個人，除非能確定風險不會發生，或者有足夠的準備，否則一旦發生危險，將得不到任何補償。若把財務安全規劃視為暴險選擇的規劃，那麼客戶應該要思考的，是讓自己暴險在哪一種類的風險，以及暴險的程度高低。

個人利用保險商品，轉嫁非系統性風險；投資則利用長時間投資與分散標的的方式，以消除非系統性風險。投資會有風險溢酬，保險則有可能「理賠」。

有的客戶在投資領域保守，不願意冒任何風險，選擇無風險的儲蓄商品；但是卻在個人與家庭範疇中選擇冒險，不轉嫁任何風險。因此可以看成這類客戶的暴險都在特定風險上，即：通膨侵蝕的風險與個人的人身風險。這類客戶，事實上等於承擔了最大的風險。這兩種風險都不會獲得任何補償，時間多長都一樣。

就保險而言，客戶選擇風險自留（可以轉嫁的風險而未轉嫁），其意義也等同於暴險，只是跟保守的投資剛好相反。原因在於，這時候客戶寧願承擔風險（風險自留），不願放棄利潤（不想支付保費）；保守地投資於最安全的無風險性資產，如銀行存款，等於是放棄利潤，不願承擔任何市場的風險。兩者相反。

　　表面上，這兩類的決策似乎沒有道理，甚至是矛盾的——一個放棄利潤、一個選擇利潤。其實從心理角度看，這是同一種心態所致，都是為了「避免損失」。因為人對於損失，相對於獲利，更容易選擇規避損失，而不是選擇獲利。保險馬上要付保費，投資可能隨時損失本金，客戶眼中看到的並非風險，而是損失。

　　系統性風險可以透過市場指數予以分散，降低風險；個人與家庭的風險也可以透過市場機制轉嫁（即買保險）。問題是，許多人受制於演化而來的心智模式，直覺地避開眼前的損失，卻未能深思不急著吃棉花糖的意義，而看不見長遠的損害。

　　下段是《橡皮擦計畫》書中，關於棉花糖測試的摘錄：

> 1960年代初期，沃爾特・米歇爾設計了一系列針對三歲、四歲及五歲的小孩，讓他們一個人待在房間內，發給他們最愛的棉花糖，並告訴他們，如果能忍住幾分鐘不吃，就可以再多得一個。小孩的自制力，跟他的智商、家庭環境及其他因素都有關。持續追蹤這些小孩多年以後，米歇爾發現，五歲時越能夠抵抗誘惑的小孩，日後美國大學入學的學力測驗的分數及自我價值都會越高，而體脂肪及嗑藥機率會越低。[21]

　　暴險的意義，除了選擇標的之外，還有投入資金占整體資產的比重問題。若客戶的資產中只有1%投資，那麼這也是另一種型態的暴險不足。這在財務決策而言，就涉及「決策規模」的問題了。

---

[21] 麥可・路易士（2018）。橡皮擦計畫。臺北：早安財經。

　　分散投資就是選擇暴險的程度與種類。承擔越多的風險，理論上就會獲得更高的報酬。問題是，客戶必須了解自己的風險承受度及個人的屬性，才能在風險與報酬之間取得平衡。

　　個人（家庭）的財務安全與自由，也是一種暴險的抉擇問題，增加安全度就會降低自由度（自由指的是財務中可以自己決定用途的部分）。直觀上如此，實際上可能產生違反直觀的悖論。保險是轉嫁客戶的人身風險或財產損失的風險，轉嫁需要耗費成本，成本增加會損害客戶財富的累積。因此，如何適度的暴險，在財務的安全與自由之間選擇一個平衡點，會是財務顧問的思考重點。客戶若選擇暴險於某種風險，必須要確定他可以獲得的補償，值得這麼做嗎？

　　風險其實就是機會，完全沒有風險就等於完全沒有機會。危險與機會常常混為一體，就好比投資／儲蓄，選擇安全的資產（例如銀行的定存）會降低長期獲利的機會。端看客戶的智慧如何趨吉避凶了。

　　探討風險問題，其實就與投資的標的有關。當有人說美國股市長期投資報酬率如何時，他說的是整個市場的平均值，而不是指某個類股或某家上市公司的股票。現在的金融工具，讓你每個月即使只有區區3000元，也能投資整個美國股市──使用指數型共同基金或ETF之類的商品，就可以輕易辦到。這是奇蹟，若沒有這種工具，一般民眾大概永遠無法適當地分散投資並且規避風險。但是，使用這類投資工具，也等於放棄創造**超額**財富的機會，因為你只能獲取整體市場平均值的利潤。這平均值，大約等於多少百分位？大約處於投資者的前20%以上。[22]

---

[22] 數字可參看：查爾斯·艾利斯（2018）。投資終極戰：耶魯操盤手告訴你，投資這樣做才穩賺（二版）。臺北：大牌出版。

　　換句話說，你會勝過80%以上的投資人。為什麼財務顧問選擇這個投資工具，而不是更高獲利的策略？因為，一方面財務顧問本身未必善於投資，二方面勝過平均值的投資人或共同基金，其實也不是固定的那批人，除了極少數的例外，絕大部分的優勝者也會回歸平均數；長期來看，能夠持續維持在投資獲利百分位前段班的人極為少見。如果要自己投資，或委託他人投資，你必須以超越大盤指數的獲利多寡來評估投資績效。若長期只能打平大盤指數的報酬率，何必多此一舉去操煩，若還低於大盤指數的報酬率，那不是更沒道理？

　　投資並非只有金融商品一途，更非只有股票、債券，還有許多不同的管道與方式。例如：期貨、選擇權、衍生性金融商品、房地產投資、未上市公司股權、古董字畫、藝術品等。對財務顧問而言，任何投資對現金流量都是一樣的意涵，雖然每種投資商品涉及的專業知識並不相同，投資門檻也不一樣，但衡量標準並無二致：必須超過股市同一期間的平均報酬率；並以「終身」可投資的期間為衡量尺度。

　　書中所提議的長期投資，選用ETF為主，就是希望以最省力的方式，達到尚可接受的投資報酬率。若有人以投資為業，或找到超級投資操盤手，當然可以嘗試與大盤指數較勁，看鹿死誰手。這也是本書區隔投資與退休規劃的意義，退休規劃是不容有失的計畫，扣除退休的預算後，如果還有餘力，不妨投資其他的商品，以創造更大的財富。

　　當然，投資規劃與退休規劃的差異，不只是目的不同，而退休規劃的投資與風險的關係，不僅是市場風險，還與人生階段的風險息息相關。為退休而投資，比較像把錢存在美國的401K退休帳戶裡，丟進去就不能拿出來，除非你到了法定年齡（臺灣也有類似的免稅帳

戶）；這種做法，紀律比投資的知識還重要，因此不需要高超的投資能力，要緊的是貫徹初衷、持之以恆。

退休規劃處於人生的後段，若不能滿足前面各種財務需求，要單獨存下退休金，難上加難。退休規劃因為聚焦於退休金的準備，常常被人誤解為投資或儲蓄的計畫。實際上，投資是獨立範疇，有其特有的目的，退休規劃並不能完全涵蓋投資，也就是說客戶的投資，不是完全為了退休而投資；投資的目的不同，使用的工具與策略就會有所差異，考量的風險也會因此有不同的偏重。本書所談到的投資，不僅偏於長期投資，而且還假設投資主要是為了退休儲備退休金，至於其他的投資目的與策略、商品，就有賴其他投資專家的專業建議。

當然，退休規劃不只是累積退休金，退休之後的資金運用也是相當重要的規劃重點，尤其是在低利率時代，依賴利息生活的可能性極低。這時候使用的金融商品，很可能是能夠每月配息的基金或者年金商品。市場上，不管是銀行或保險公司，都很努力經營處於這個階段的客戶，壽險公司發展出類似本金保留給子女，孳息父母自己享用的概念，來銷售這一類的月配息基金，很受歡迎。這部分也屬於投資的一環，只是其目的並非累積財富，而是更有效率地使用既有的財富。

再看，即使是長期投資，還是有策略可以採用。例如「負相關」與「再平衡」。負相關指的是投資標的彼此之間，漲跌呈現相反的樣態，例如A股漲，則B債跌。股債過去很長的時間，被認為是負相關的投資標的。但後來的發展，即使股、債也常同漲同跌，並沒有什麼絕對負相關的商品。在長期的投資標中，假設配置50%股票，50%債券，每隔一段時間，檢視兩者的比例，是否仍是50%：50%，如果已經有高低差別，例如變成70%：30%，那麼賣掉高的、買進低的標

的，讓雙方的配比，回到原始的50%：50%。這樣等於強迫自己買低賣高。這種做法可以讓投資的獲利更穩定（雖然未必獲利更高）。不斷調整回原來的配比，就叫做「再平衡」。

談完長期投資的理由中風險與複利的部分，最後一個就是費用。這涉及許多商品知識，本書無法深入各種商品討論，所以只以邏輯思考，略為爬梳相關問題。

每一筆交易，不論是賣出或買進，都有中間人的手續費、買賣價差、稅負考量，如果長期投資，一次投入某個商品，中途盡可能不轉換，至少就節省了可觀的轉換費用。試想某甲從25歲到65歲，40年間選擇臺灣加權指數的ETF投資，從不間斷、也不轉換標的；某乙則每年進出各種不同的股票、基金、債券，這當中累積的費用，會比某甲的投資方式，高出可能數倍。在當今的金融市場，提高費用達數倍者，怎可能獲利勝過持續不轉換標的者？這部分其實不需要專業知識，僅憑常識大概就能了解長期投資的優勢。

因此，就投資而言，財務專家眼中並沒有短期與長期之分，雖然單就每一筆投資來看，總會有個起始與終止的時間點，但若分析個人整體之財務狀況，把所有的投資與儲蓄整合評估，才能得知其投資的總報酬率是多少。贏得局部戰役，卻輸掉整個戰局的人，正是所謂積小勝為大敗。而就投資的風險、成本（費用）、複利累積三方面看，這可能是散戶投資人最重要的著眼點。今日的金融市場，以美國為例，超過九成都是法人機構投資人，散戶不論投資的資金規模、專業素養、訊息掌握、能投入的時間等因素，都不可能與投資機構相抗衡；能夠在金融市場獲利，最重要的法門就是堅守紀律、長期投資於分散的標的。時間夠長、標的夠分散，就能產生統計上的平均報酬

率，運氣成分逐步降低，穩定性慢慢升高，財務規劃者只能用時間換取空間，放大規劃的時空範圍，以超越不確定性波動。若要準備退休金，自然是從踏入社會的第一天起，開始「點對點」為自己存入適當的金額，最為省力了。

以上簡單闡述保險與投資兩大範疇，讀者會注意到，本書的著眼點在於「暴險」，這是因為財務顧問在本書的系統中，就是處理風險的人。

最後有關投資，我們還要討論通貨膨脹率與報酬率。這兩個數字，表面上看起來，最直接的關係就是淨投資報酬率或是淨利率。我們的錢，恆常受到報酬率與通膨率的影響。這裡所說的報酬率包含利率，也就是本金賺到的所有獲益，都稱為報酬。淨利率就是扣除通膨影響後的利率（報酬率），如果通膨率高於利率，淨利率可能產生負值，也就是出現負的利率。

一般來說，通貨膨脹受社會制約，反映社會物價，通貨膨脹率並不受個人左右，那是整個社會中錯綜複雜的影響力交互影響的結果，即使中央銀行具有穩定物價的責任，也無法直接決定通膨率。報酬率似乎跟個人的決策較為有關，個人可以選擇投資的管道與標的，每種選擇都有其相應的報酬與風險，但是，若以股市而論，每個社會其實還是會有一個隱藏的報酬率，只是需要時間長才能浮現。

以簡單的例子說明：手上的1000元，購買10元單價的物品，可買100件。當物品漲價為2倍、變成20元時，可以買到的物品就只有50件；隨著物品價格越高，若本金沒有增長，購買力自然就越來越少。

某君現年30歲，有1000萬元存款。若利率為0％、通膨率3％，30年後其購買力為多少？

計算：1000/(1+3%)^30＝411.99萬元

這是說此君的1000萬元，經過30年，如果每年的物價增加3％，他的存款數字不變，仍為1000萬元，但實質的購買力卻只等於今日的411.99萬。

通貨膨脹是整體的財務變化，個人無法自外於此種侵蝕，因此必須盡量克服這種溫水煮青蛙式的財務風險。

但通膨並非單一現象，社會中的物價並非以單一速率膨脹，即使政府公布最近20年來的通膨率為2.8％，也不代表所有物資都是以此比例漲價。有的東西漲幅高、自然也有的東西漲幅低，跌價的也所在多有，因此在財務上不易表現這種風險對客戶本身財務的侵害結果。

若將通膨看成損失，每年3％的通膨增幅，視為資產每年減少3％，比較容易表現資產的實際價值，但客戶的帳面數字其實並沒有減少，因此也不能完美地表達客戶的損失。

計算：1000×(1-3%)^30＝401.01萬元

這是把通膨率直接當作損失的計算，跟剛才的計算結果，經過30年，也相差無幾。

淨利率的計算式：(1+報酬率)/(1+通膨率)-1

剛才的計算如果有5%的報酬率，30年後的數字為：

(1+5%)/(1+3%)-1=1.94%

1000*(1+1.94%)^30＝1780.58

如果報酬率為1.2%，30年後的數字為：

(1+1.2％)/(1+3%)-1＝-1.75%

1000*(1-1.75%)^30＝589.25

複利經過時間放大，是很恐怖的力量，如果利率是負的，效果一樣驚人。當存款的利息不如通膨率時，實質上就等於負的利率，規劃客戶的財務者，務必小心這種效應。

個人理財之井字分析

第3章
案例述評

為了詳細說明本書所使用的分析與規劃系統，跟其他學者專家有何不同，這一章，我們會先引述其他人的做法，並加以評論。目的不在於批評，純粹為了彰顯財務管理不同的策略與進路，下一章才以案例說明本書的規劃方式。

關於財務之眼，即「分析」，首先介紹三本書中的案例，以及一個雜誌專欄個案。這四個案例，我們只注重其「分析」的功能，亦即「判斷」的能力。本書的系統，在談到財務規劃時，把分析視為規劃的手段，這是規劃者的觀看方式，所以先從分析著手。這幾個案例，可以引導讀者瞭解財務「判斷」的做法與重要性。談完這幾個案例，才介紹「項目規劃」中的幾個重要範疇：投資、置產、保險、退休的案例。

3-0 案例分析

案例（一）

　　先看陳玉罡書中的案例4-4。這個案例，有「未來值」的現金流量，但沒有計算「現值」，他以現金流量估測客戶未來的資金缺口。這種做法在其他書中並不多見，很值得參考。

> 在家庭理財規劃中，家庭現金流量表的一個更重要的功能在於對未來現金流的預測。根據客戶的理財目標，理財師通過預測未來的現金流能夠瞭解到客戶的現金缺口在哪裡，從而提前採用相應的理財方案來應對資金缺口，保障理財目標的實現。

案例4-4

王先生，28歲，月收入8000元（人民幣），扣除所得稅和其他費用後每月能拿到6000元現金收入。王太太，23歲，月收入5000元，扣除所得稅和其他費用後每月能拿到3500元現金收入。王先生和王太太有一個1歲的兒子。目前王先生家庭每個月的生活支出3500元，房租2000元，保險費每年繳納10000元，

交20年。王先生目前的銀行存款有150000元，希望能在30歲那
年買一套屬於自己的房子，房價約100萬元，採用首付3成、貸
款7成的方式購買。另外，王先生還希望能為孩子在18歲時準備
60萬元的留學教育資金（孩子18歲時的60萬元）。假設王先生
和王太太的收入每年可以增加3%，年通貨膨脹率3%，房租每年
上漲10%，貸款利率7%，退休時兩人通過社會保險可拿到的養
老金共為每月6000元，政府將按通貨膨脹率調整每年的養老金
（以王先生60歲為兩夫妻的退休年齡）。請列出王先生家庭的
現金流量表並加以診斷。

案例分析

……王先生的生命週期中有三個階段可能出現現金餘額為負的
情況：第一個階段出現在王先生30～32歲之間，這個時期由於
買房需要大筆現金支出，因此現金流量緊張；第二個階段出現
在王先生46～47歲之間，這個時期由於王先生的孩子出國需要
大筆現金，現金餘額累計也為負；第三個階段出現在83～85歲
之間，由於養老費用不足，導致最後三年現金餘額累計為負。
現金餘額累計為負意味著在這三段時期內，王先生家庭必須借
錢來維持家庭生活水平。如果借不到錢，王先生家庭將陷入財
務困境。
……第一個階段的現金餘額缺口最高為36895元，這個額度範
圍內的資金應該不難籌集。第二個階段的現金餘額缺口最高為

105169元，這個額度範圍內的資金籌集難度相對增大。第三個階段的現金餘額缺口最高為176780元，這個額度範圍內的資金籌集難度非常大。這意味著王先生可能陷入「老無所養」的困境。[23]

我直接引述其案例分析的結論，刪除其對計算過程的描寫。因為他的計算過程是用文字描述，不容易看清楚。歸納一下，原理很簡單，就是把家庭今年的收入，減去今年的支出，加上上一年的損益累計，得出今年的損益。持續這個動作，填入表格中（書中有示範的表格，但實際上用什麼表格並無影響），可以得出每一年的損益數字。把這一系列的數字，畫出Excel的折線圖，就會看到有三個階段的折線圖出現負數（線圖在零度線之下）。這也就是陳玉罡書中所說的三個階段現金餘額缺口，與缺口的數字。

陳玉罡使用現金流量表的目的是：**「根據客戶的理財目標，理財師通過預測未來的現金流能夠瞭解到客戶的現金缺口在哪裡，從而提前採用相應的理財方案來應對資金缺口，保障理財目標的實現。」**[24]

他以現金流量的未來值，推測客戶王先生的財務目標與資金的缺口，這種做法的優點是，可以直接看出客戶資金缺口發生在哪一段時間、客戶當時幾歲，但是客戶的資金到底缺少多少金額，卻不容易掌握，因為我們從未來值為基礎的現金流量圖表上，看到的是數十年後

---

[23] 陳玉罡（2012）。個人理財：理論、實務與案例（第一版）。北京：北京大學出版社。P148～P150

[24] 陳玉罡（2012）。個人理財：理論、實務與案例（第一版）。北京：北京大學出版社。P148

的數字，而且還分別出現在王先生的人生不同階段，只知道客戶一生會有三個階段出現資金不足（每年都會有數字)），但這輩子到底缺多少錢、要如何補救？有多少種可能的補救方式？比如說需要儉省生活費、還是提高資金運用的效能？並不容易回答。

舉例說明：在陳玉罡的計算中，其實並未考慮資金的投資或儲蓄報酬率。如果整體資金扣除緊急預備金，剩下的拿去投資或存在銀行，平均年利率只要0.64%，其他條件不變的情況下，王先生到85歲時的未來值剛好是歸零，也就是說正好平衡（財務獨立）。但是這種情形下，30～32、46～47歲的資金缺口還是存在的，這時候又牽涉到王先生貸款的利率了。如果只是跟家人朋友周轉短期資金，不必付利息，那到王先生85歲時，財務差不多是平衡的，沒有問題。但若貸款需要10%的利息，那麼想要財務達到平衡，所需的投資／儲蓄報酬率，不能低於0.71%。由此可以看到客戶的整體財務，任何變動，都會影響最後的結果。這是假設收支條件不變，僅調整資金運用效能，可能產生的變化。

再舉例：若每個月少花100元，每年的生活支出，本來是4.2萬元，調降為4.08萬元左右，那麼即使不計入投資／儲蓄的報酬率，王先生的財務狀況仍然可以平衡。從這個例子中可以知道，調整財務狀況的方式，並不只有一種，要看客戶的態度與哪種策略最容易執行。甚至同步採用多種策略也是可以的，即：同時增加資金運用的效益、並且每個月減少部分開銷。

另外，從未來值的折線圖看王先生的一生，有三個階段財務出現赤字，但其實後面的財務缺口包含著前面的缺口，並非把這三個缺口的數字加總就等於王先生的整體財務赤字。

　　若把這個現金流量表，再加上折現，使所有的資產與負債科目，都產生一個折現值，就是本書的「財務分析」計算表了。現值與未來值，同時顯現在一張現金流量表上，不僅可以處理剛才所提的問題，還能做很多財務的判斷，例如：王先生的保額需求是多少？王先生的終身收入，加上退休金，大約是現值560萬，這個金額扣除他個人的支出（假設160萬），就是當下壽險的保額：約400萬。這樣計算非常容易，也容易了解，因為都是當下的貨幣，今天的400萬，總比五、六十年後的400萬，容易判斷與感受其價值。

　　選用此案例，是因為很少有作者以「現金流量」預測未來的財務狀況。既然可以使用「未來值」的現金流量表，預測將來客戶的財務是否有缺口，以提早因應，那麼使用「現值」，也一樣可以做出判斷。我認為同時使用兩者有很大的好處，而且計算上只不過是舉手之勞，以現在Excel的計算能力，毫不麻煩。現值壓縮了時間因素，可以呈現最終的結果於今日，但缺點是即使知道王先生未來資金有缺口，卻不知道發生於何時。但像估算保險額度之類的判斷，只使用未來值，計算上憑添許多麻煩，不如現值容易掌握；何況像這個例子，在人生不同階段產生的負數的現金流量，到底整體人生資金的缺口有多大？以現值來看，一目了然。

　　我看陳玉罡使用現金流量，整本書中只用於這個案例，也就是預測王先生的財務缺口。當他計算客戶的保額，或其他財務需求時，並未繼續使用現金流量的做法，而是採用收入支出報表的預算控制模式，可見他的整體分析，並不依賴這種現金流的推估方式。而本書對所有財務問題，不管是確認需求、目標、測試解決方案、計算成本效益、整體判斷客戶財務狀況、估算保額等，都以現金流量表為基礎。

我的做法等於是把淨現值、內部報酬率與現金流量三者融為一爐，必要時也能稍加調整，計算「回收期限」。換言之，我等於把個人生活中所有的財務活動，整體視為一個「專案組合」，而各項財務活動則有如組合中的「專案」，「財務分析」就是對這些「專案組合」與「專案」的財務可行性分析。人生有限，與企業永續經營的前提不同，所以更適合視為專案來評估。

　　計算後的實例如圖3-1～3-2。圖3-1就是上文提及的Excel折線圖。圖中線條有三次低於0，也就是說有三度會產生負的現金流量，這些時候客戶需要有額外的收入——不論是增加工作收入或向外借款。詳細數字可參看圖3-2Excel計算表之損益欄。

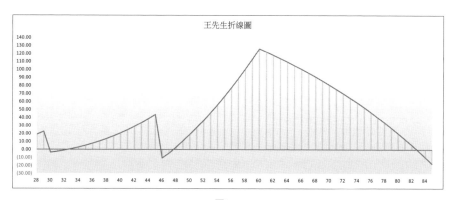

圖3-1

現值	396.56	231.33	262.51	15.00	(637.48)	(197.66)	(60.00)	(7.94)	(20.00)	(17.68)	(17.68)
年齡	王先生	王太太	退休金	銀行存款	生活費	購屋	教育	房租	保費	損益	驗算
28	7.20	4.20	0.00	15.00	(4.20)	0.00	0.00	(2.40)	(1.00)	18.80	(17.68)
29	7.42	4.33	0.00		(4.33)	0.00	0.00	(2.64)	(1.00)	22.58	(17.68)
30	7.64	4.46	0.00		(4.46)	(30.00)	0.00	(2.90)	(1.00)	(3.69)	(17.68)
31	7.87	4.59	0.00		(4.59)	(5.59)	0.00		(1.00)	(2.41)	(17.68)
32	8.10	4.73	0.00		(4.73)	(5.59)	0.00		(1.00)	(0.90)	(17.68)
33	8.35	4.87	0.00		(4.87)	(5.59)	0.00		(1.00)	0.86	(17.68)
34	8.60	5.02	0.00		(5.02)	(5.59)	0.00		(1.00)	2.87	(17.68)
35	8.86	5.17	0.00		(5.17)	(5.59)	0.00		(1.00)	5.14	(17.68)
36	9.12	5.32	0.00		(5.32)	(5.59)	0.00		(1.00)	7.67	(17.68)
37	9.39	5.48	0.00		(5.48)	(5.59)	0.00		(1.00)	10.48	(17.68)
38	9.68	5.64	0.00		(5.64)	(5.59)	0.00		(1.00)	13.56	(17.68)
39	9.97	5.81	0.00		(5.81)	(5.59)	0.00		(1.00)	16.94	(17.68)
40	10.27	5.99	0.00		(5.99)	(5.59)	0.00		(1.00)	20.62	(17.68)
41	10.57	6.17	0.00		(6.17)	(5.59)	0.00		(1.00)	24.60	(17.68)
42	10.89	6.35	0.00		(6.35)	(5.59)	0.00		(1.00)	28.91	(17.68)
43	11.22	6.54	0.00		(6.54)	(5.59)	0.00		(1.00)	33.53	(17.68)
44	11.55	6.74	0.00		(6.74)	(5.59)	0.00		(1.00)	38.50	(17.68)
45	11.90	6.94	0.00		(6.94)	(5.59)	0.00		(1.00)	43.81	(17.68)
46	12.26	7.15	0.00		(7.15)	(5.59)	(60.00)		(1.00)	(10.52)	(17.68)
47	12.63	7.36	0.00		(7.36)	(5.59)			(1.00)	(4.48)	(17.68)
48	13.00	7.59	0.00		(7.59)	(5.59)				2.93	(17.68)
49	13.39	7.81	0.00		(7.81)	(5.59)				10.74	(17.68)
50	13.80	8.05	0.00		(8.05)	(5.59)				18.95	(17.68)
51	14.21	8.29	0.00		(8.29)	(5.59)				27.57	(17.68)
52	14.64	8.54	0.00		(8.54)	(5.59)				36.61	(17.68)
53	15.08	8.79	0.00		(8.79)	(5.59)				46.10	(17.68)
54	15.53	9.06	0.00		(9.06)	(5.59)				56.04	(17.68)
55	15.99	9.33	0.00		(9.33)	(5.59)				66.45	(17.68)
56	16.47	9.61	0.00		(9.61)	(5.59)				77.33	(17.68)
57	16.97	9.90	0.00		(9.90)	(5.59)				88.71	(17.68)
58	17.48	10.19	0.00		(10.19)	(5.59)				100.60	(17.68)
59	18.00	10.50	0.00		(10.50)	(5.59)				113.01	(17.68)
60	18.54	10.82	0.00		(10.82)	(5.59)				125.96	(17.68)

王先生案例所使用的參數：通膨率3.00%；薪資漲幅3.00%；學費漲幅；3.00%；貸款利率7.00%；退休支出折扣率70.00%。

圖3-2

案例（二）

　　黃聖棠在《個人理財》一書的〈終身財富總需求〉章，開頭已經提到如何計算財富總需求，但看他的本文，卻完全沒有運用現值的計算。既然總需求可以折現求出，為何總供給（收入／資產部位），不能比照辦理？若供需都折現，就會得出客戶一生財務的淨現值，也就是本書所謂的自由度。跟陳玉罡的思路比較，黃聖棠有考慮到以現值為分析的基礎，但只有支出面，缺乏供給面的整合，也沒有整體現金流量的「未來值」列表；陳玉罡有現金流量的概念，但只使用未來值的流量計算結果，有收入也有支出，但缺少現值計算。兩方實可加以整合，並且以此計算表作為財務分析與規劃的基礎，這也正是本書中的做法。

終身財富總需求概算

許多人會問，到底一輩子要儲蓄多少錢，才能快樂終老度過一生？首先必須了解，每個人一輩子要追求的理財目標是什麼？將所有的理財目標數字化後加總起來，折成現值，就是一輩子至少要儲蓄的金額。

所以我們必須先釐清，什麼是您一輩子一定要完成的理財目標？什麼是不一定要完成的理財目標？就筆者觀點而言，人一輩子最重要的事情就是成家立業，跟著心愛的另一半，相互扶

持，健康、快樂度完此生。若是經濟能力許可，可以養育2至3位小孩，讓您的一生臻於至善。或許您會問，為何還要生小孩？您可以回想自己的父母，如何將您扶養成人的過程，所以您也要同樣的扶養您的下一代，這樣，整個社會才會世代相傳，生生不息。

我們假設您與您的另一半，約25歲開始工作，30歲結婚，婚後先與父母同住，節省下每月龐大的租金支出，假設您們每月總收入約10萬元，每年總收入約120萬元，每年扣稅與給父母的些許的孝養金與年節紅包，再加上基本的人身與機車保險等，所剩可支配所得約90萬元，每月的基本生活支出2個人總和控制在3萬元以內，所以每年生活支出約36萬元，因此每年可以儲蓄至少54萬元。

我們可以在結婚的當月就開始將儲蓄部分金額，購買年化報酬率約6%的共同基金，假設預計3年後與6年後共要生2位小孩，3年後要買50萬元的國產車，10年後要買大約500萬元的房子，35年後65歲要退休，所以必要的理財目標為2位小孩的教養金、500萬元的房子與50萬元的車子。

我們假設前3年每月投入年化報酬率約6%的共同基金4萬元，1年本金48萬元，另外6萬元緊急預備金，3年後共同基金價值約157.3萬元，緊急預備金約18萬元，您已不知不覺中存到人生中的第一個100萬元，此時您可以將其中每月1.5萬元的投資本利和約59萬元，分別用50萬元來買車、9萬元用來養育小孩與母親的坐月子，您剩下每月存的2.5萬元，投資本利和3年後約98.3萬元。

若持續在繼續每月存2.5萬元，共存10年，投資的本利和約409.7萬元，另外，從第4到6年，每月另存5000元，3年後就會有約20萬元的本金加利息，足以支付第二位小孩的來臨所需的保險與教育費用。

所以定期定額投資的威力實在很大，第1到3年，每月定期投資4萬元，第4到6年每月定期定額投資3萬元，每月減少的1萬元，轉為小孩的教養費用，第6到10年，每月定期定額投資2.5萬元，第10年後約有409.7萬元，可以運用其中309.7萬元當作房屋的頭期款，假設工作第10年的薪資也逐步調升至每月總收入12萬元，持續每月定期投資2.5萬元與繳交房貸20年額度200萬元，每月約1萬元的房貸，是足夠的。

第11到35年共25年，持續每月定期投資2.5萬元，假設每年計畫投資報酬率依舊為6%，65歲您與另一半退休那一年，您將擁有1732.5萬元，白手起家，創富人生。[25]

簡單歸納這本書中假設的案例，可以看到黃聖棠[26]在描述初始資料時，一路到65歲退休為止，包括財務的目標：生子、購車、購屋，也包括10年後的加薪到每人12萬元。這裡有三個問題提出來討論：

一、財務顧問面對客戶的資料，取得的是面談當天已知的資訊，所以並不適合一路假設所有數字到底（本例到退休時）。此例

---

25 陳登源，柯輝芳，黃聖棠（2014）。個人理財。臺北：雙葉書廊。P124～125

26 本書有三位作者，但此案例，書中特標為黃聖棠所寫，所以以下都以黃聖棠為代稱，而且為了行文之便，我對於所有作者都直稱其名字，而不用敬語與頭銜，特予說明。

實已過度假設。若要做出財務分析，我們只能就規劃當下的數據，加以計算與推演，以此例而言，假設客戶30歲剛結婚，我們開始規劃，那之後的數字與事件，都是還沒發生的可能性而已。例如十年後的加薪，就只能是種可能性，報酬率6%、生小孩、買車、購屋等，也都是預期中的目標（需求）。對客戶而言，他需要掌握的是以當下的財務狀況，判斷這些目標是否可能達成？如果我們給出了所有數據，那麼這個案例將沒有任何參考價值，除非只是想討論「如何計算」。

二、投資報酬率6%，無論如何都只是預估，但作者似乎把報酬率當作可以信賴的實際獲利數值，直接以此為收支計算的基礎。這樣的預估沒有根據，也與實際情況相差甚遠。固然長期來看，股市的長期報酬率可能不只6%，但那必須是超過二、三十年的平均報酬率，才可能達致，即使股市三十年的平均報酬率為8%~10%，也不能說每年會有6%的報酬率。這投資期間的報酬率起伏是很大的，若以作者的例子，每年6%，三年可以存下第一筆100萬，事實上三年下來也有可能是虧損的，最糟糕的情況，搞不好剩不到一半，但可以作為參數，參數也就是變數，變數的運用與實際的財務數字有很大的差異。例如：假設未來的通膨率是3%，這就是假設的參數，收入是120萬／年，這就是客戶給出的財務資料，兩者意義完全不同；而假設薪資成長率為1%，這也是參數。混淆參數與實際數字的分析，得出來的也是毫無意義的結論。

三、有些財務顧問會因為各種不同的需求，例如：購屋、旅遊、買車子等，分別安排不同的投資計畫，這種做法大概是考量

需求發生的時間與期間不一致。所以，我們可以看到本例中，某一筆投資會在特定時候提領出來，以支付購車、買房、應付生孩子的費用等。其實，就整體財務而言，投資需要知道的是每年投入的金額與提領的金額，在分析上並不需要特別指定某項開銷是由哪一筆投資支應。也許在生活實務上，我們會面臨應該動用哪個帳戶的選擇問題，但分析只需要把所有投資看成一個帳戶，這樣才能更精簡計算。除非客戶的投資有不同的特性或報酬率，不得混為一談。例如銀行存款與股票基金，屬性差異頗大，不能通算。若像本例，投資報酬率統一都是6%，就不需要分段假設數值。這樣不但可以簡化分析的計算表，也能讓客戶清楚看到收支的全貌。但這並非是非對錯的問題，而是顧問的選擇。

回應黃聖棠書中〈終身財富總需求〉一章開篇所說的總需求，客戶到底一輩子需要賺多少錢才足夠？若不將所有支出折現計算，就無法得出具體的數字。簡單加總計算表中的支出欄位，這個家庭的總支出大概是2065.57萬。當然這只是相當粗略的估算，以車子為例，稅金、維修、保險等費用並未列入計算，也沒考慮換車的問題，而孩子的費用也語焉不詳，缺少大學費用的預估值；退休後的生活費也沒有調整；更沒有列出專屬於個人開支的部分。這數字就是根據書中看到的資料，計算而得。

若把收入的項目也計算出現值，只要比較收入與支出的總數，就可以知道客戶的整體財務狀況。以此例而言，收入折現值為2378.65萬。收入減支出等於313萬元。這是在通膨率3%、投資報酬率大約

6%、薪資成長率1.84%、65歲退休的參數設定下的結果；也就是說客戶的財務總餘額有現值大約300萬，這是他額外承擔風險、投資、消費可以增加的金額上限（也就是所謂的自由度）。

但不要忘了，上述個案的投資報酬率是6%，如果投資報酬率只有1%，客戶能否高枕無憂？答案是不行。如果通膨率3%，客戶的最低投資報酬率必須不低於1.44%。換句話說，財務顧問要告訴客戶的投資／儲蓄整體報酬率，有個下限，低於這個下限，客戶的財務無法達成獨立。

此案例的計算表，我也算出來，如圖3-3：

現值	2334.16	44.49	(1017.17)	(196.10)	(167.91)	(59.98)	(374.10)	(250.31)	313.08	313.08
年齡	收入1	退休收入	生活費	子女B	子女A	購車	雜支	房貸	損益	驗算
30	120.00	0.00	(36.00)	0.00	0.00	(18.00)	(30.00)	0.00	38.16	331.87
31	122.21	0.00	(37.08)	0.00	0.00	0.00	(30.00)	0.00	98.89	351.78
32	124.46	0.00	(38.19)	0.00	0.00	0.00	(30.00)	0.00	164.46	372.89
33	126.75	0.00	(39.34)	(21.00)	0.00	(50.00)	(30.00)	0.00	159.92	395.26
34	129.08	0.00	(40.52)	(12.63)	0.00		(30.00)	0.00	218.20	418.98
35	131.45	0.00	(41.73)	(13.01)	0.00		(30.00)	0.00	280.80	444.11
36	133.87	0.00	(42.99)	(13.40)	(21.00)		(30.00)	0.00	325.73	470.76
37	136.33	0.00	(44.28)	(13.80)	(12.63)		(30.00)	0.00	383.04	499.01
38	138.84	0.00	(45.60)	(14.22)	(13.01)		(30.00)	0.00	444.20	528.95
39	141.40	0.00	(46.97)	(14.64)	(13.40)		(30.00)	0.00	509.42	560.68
40	144.00	0.00	(48.38)	(15.08)	(13.80)		(30.00)	(309.00)	251.38	594.33
41	146.65	0.00	(49.83)	(15.53)	(14.22)		(30.00)	(12.14)	629.99	629.99
42	149.35	0.00	(51.33)	(16.00)	(14.64)		(30.00)	(12.14)	337.21	667.78
43	152.10	0.00	(52.87)	(16.48)	(15.08)		(30.00)	(12.14)	384.51	707.85
44	154.89	0.00	(54.45)	(16.97)	(15.53)		(30.00)	(12.14)	434.92	750.32
45	157.74	0.00	(56.09)	(17.48)	(16.00)		(30.00)	(12.14)	488.61	795.34
46	160.65	0.00	(57.77)	(18.01)	(16.48)		(30.00)	(12.14)	545.75	843.06
47	163.60	0.00	(59.50)	(18.55)	(16.97)		(30.00)	(12.14)	606.52	893.65
48	166.61	0.00	(61.29)	(19.10)	(17.48)		(30.00)	(12.14)	671.10	947.26
49	169.68	0.00	(63.13)	(19.68)	(18.01)		(30.00)	(12.14)	739.69	1004.10
50	172.80	0.00	(65.02)	(20.27)	(18.55)		(30.00)	(12.14)	812.51	1064.35
51	175.98	0.00	(66.97)	(37.21)	(19.10)			(12.14)	904.25	1128.21
52	179.22	0.00	(68.98)	(38.32)	(19.68)			(12.14)	1001.01	1195.90
53	182.51	0.00	(71.05)	(39.47)	(20.27)			(12.14)	1103.02	1267.65
54	185.87	0.00	(73.18)	(40.66)	(40.66)			(12.14)	1189.60	1343.71
79		29.82	(153.22)						6494.03	5767.04
80		29.82	(157.82)						6747.99	6113.07
81		29.82	(162.56)						7012.16	6479.85
82		29.82	(167.43)						7287.02	6868.64
83		29.82	(172.45)						7573.04	7280.76
84		29.82	(177.63)						7870.75	7717.60
85		29.82	(182.96)						8180.66	8180.66

圖3-3

案例（三）

　　杰夫‧馬杜拉的「斯蒂芬妮」個案，則是忽略長期資金的供需搭配，只以每月的收支表，編列預算。如此步步為營，就好像乘坐高鐵，眼睛只聚焦於車窗外的近景，這樣是什麼都看不清楚的。有預算概念，但無資源配置視野，代表著眼光不夠深遠，只能看到已發生的財務活動與事件，卻無法預判將來的機會與限制。杰夫‧馬杜拉的理財方式有點像帳務管理，是以會計為核心的做法，不是財務的方式——然而會計與財務並不相等。

　　斯蒂芬妮‧斯普拉特去年大學畢業，她拿到了市場營銷學士學位。她花了幾個月的時間找工作，目前剛剛就職於一家廣告公司的銷售部門，年薪為38000美元。她很想趕快拿到工資去消費，還想徹底放棄找工作期間做過的兼職工作。

　　斯蒂芬妮計畫將每個月的一部分薪水存起來，慢慢累積自己的個人財富。她意識到自己應當制定理財計畫來限制日常消費，這樣做有助於個人財富的增加，有助於將來自己能擁有更強的消費能力。於是，斯蒂芬妮決定好好評價一下自己目前的財務狀況，確定理財目標，然後制定一份能幫助自己實現理財目標的計畫。具體訊息請看圖表1.9。

1. 建立個人理財目標

我想：

● 在一年內買輛新車；

● 在兩年內買套房子；

● 進行投資，使得個人財富可以逐漸增值；

● 在未來20年或40年期間為退休積累足夠多的儲蓄。

2. 評估個人目前的財務狀況

現在我的儲蓄額很少，還有一輛舊車。我的年收入——目前稅後年收入大概為30000美元——應當會慢慢增加。

3. 確認並評估可實現理財目標的其他計畫

由於目前個人的財務狀況不能提供充足的資金來實現上述這些理財目標，因此我要制定一份理財計畫。我要存足夠多的錢，用來支付買房或買車的首付款；在買房或買車時，我還要想辦法獲得貸款。理財計畫中我要將一部分收入用於投資。

我的貸款決策將會決定我會買哪種類型的汽車或住房，以及我手上還能剩下多少錢用於其他投資。只有這樣，我擁有的個人財富才會慢慢增加。

圖表1.9　斯蒂芬妮‧斯普拉特的理財規劃概要

4. 選擇並執行可實現理財目標的最佳計畫方案

對我來說，買車或買房時申請貸款是比較合適的選擇。我要做好預算，積累足夠多的儲蓄來支付新車的首付款。然後，我要繼續努力存錢，直到存購買房的首付款。我要確保自己有能力償還所有借入的貸款。

5. 評估自己的理財計劃

一旦我完成了預算，我要時不時地監控預算規劃的完成情況，看一看每個月的持續目標是否已經實現。

6. 修改個人理財計畫

如果我未能按照計畫完成儲蓄目標，那麼將不得不推遲買車或買房的計畫，直到我存夠了首付款為止。如果我能比預定計畫提前完成儲蓄目標，那就意味著我能提早買車或買房了。

斯蒂芬妮·斯普拉特嘗試過努力控制大學就讀期間的開銷，但是從未編制過個人現金流量表。現在她已經開始上班工作，有工資收入了，因此她想好好監控自己每個月的消費支出情況。她決定為上個月編制一份現金流量表。

斯蒂芬妮每個月的現金流入額。目前斯蒂芬妮每個月的稅前工資收入為3170美元（年薪為38000美元）。為了做預算，她想知道自己的稅後收入是多少美元。

每個月斯蒂芬妮大概要交稅670美元，因此她的可支配收入等於：

每月的工資收入	$3170
—每個月的稅負	$ 670
每個月的現金流入額	$2500

接下來，斯蒂芬妮還要考慮一下其他的現金流入來源。她沒有從股票投資那裡獲得股息收益，也沒有把錢存入任何可提供利息收益的存款帳戶。因此，她每個月的現金流入只來源於工資收入。於是，斯蒂芬妮斷定每個月的2500美元稅後工資收入就是她的每月現金流入總額。

斯蒂芬妮每個月的現金流出額。斯蒂芬妮看了看自己的支票簿，弄清楚了上個月自己都有哪些開支項目。上個月斯蒂芬妮的支出情況如下所示：

● 房租600美元；

● 有線電視費50美元；

● 電費與水費合計60美元；

● 生活用品300美元；

● 雇主提供的醫療保健計劃費用130美元（這筆費用直接從工資扣除）。

接下來，斯蒂芬妮又看了幾張信用卡帳單來估計其他幾個支出項目平攤到每個月的開銷額：

● 大概100美元的服裝購置費用；

● 大概200美元的汽車使用費用（保險、維修、汽油費）；

● 大概600美元的娛樂費用（包括到餐館就餐及加入健身俱樂部的會員費）。

斯蒂芬妮使用上述現金流出信息進一步完善個人的現金流量表。上個月的現金流出總額為2100美元。

斯蒂芬妮的淨現金流。 將每個月的現金流入額與現金流出額相減，便能求出淨現金流的值。斯蒂芬妮計算了自己的淨現金流，看一看每個月的收入是否能輕鬆地覆蓋各個支出項目，了解一下自己還能有多少剩餘資金可用於儲蓄或其他用途。上個月斯蒂芬妮的淨現金流等於：

2500-2100=400美元[27]

---

[27] 杰夫·馬杜拉（2015）。個人理財（第五版）。北京：中國人民大學出版社。P28-29

　　杰夫‧馬杜拉的做法也跟黃聖棠一樣，從斯蒂芬妮剛開始就業，編製第一份財務報表，隨著每一個章節的演進，添加收入或支出，隨時調整她的財務報表與執行的計畫。但因為馬杜拉的目的是說明，如何編制報表，與如何擬訂相應的財務執行方案，所以這種做法並無不可，反而是這本書很好的特色，用一個案例貫串個人理財的各個領域。斯蒂芬妮的財務狀況，由於有每月更新的報表監督，時時刻刻能在她自己的掌握中，若有額外支出或收入，都可以隨時調整財務目標與策略，看起來是很安全的財務管理方式。

　　但是，若站在財務顧問的角度看斯蒂芬妮，卻不能等她一天天的變化，再做判斷，必須在面談之後，就能確定她的財務狀況是否可以完成她的人生夢想，甚至還要能找出她從未想過的機會或危機。例如：她想要一年內買新車、兩年內買套房、40年存下足夠的退休金等，這些初步的理財目標，是否有可能達成？或必須在什麼樣的條件下才能達成？

　　從我為她做的計算表中看到，斯蒂芬妮的財務狀況並無法獨立，也就是說終身的收支項目經過折現之後，無法平衡，會有缺口。

　　計算時假設：通膨率2.5%、薪資成長率3%、投資報酬率1.5%、65歲時退休；但是看書中第474到475頁的每月現金流量表，斯蒂芬妮前三年的薪水漲幅超過10%，若是以此為標準計算，她的財務並沒有問題。然而，當斯蒂芬妮剛開始構思她的理財目標時，她想要買車、買房子，如果你是她的財務顧問，你會不會只教她如何編列財務的收支表與資產負債表，然後每個月好好監控，量入為出，不要透支？還是應該告訴她，她連「安養天年」都有困難，先不要想買車、買房，除非她的薪資能夠大幅提高，或支出能適量刪減，否則73歲會破產？

　　杰夫・馬杜拉提高薪資的假設，掩蓋了斯蒂芬妮的破產風險。別忘了即使以杰夫・馬杜拉所設定的薪水成長幅度，也是兩、三年之後的事情，在斯蒂芬妮初步思考其財務問題時，並不能預先確定此事。所以在最早的時刻，她應該及早因應財務不能平衡的問題，趕快調整收入與支出，提高投資的比重……總之，採行各種的改善措施，再進一步以「財務分析」測試其可能的效果。

　　杰夫・馬杜拉的做法，讓斯蒂芬妮每個月盯緊自己的財務收支報表，有時還編列資產負債表，以掌控其現金流量，但她仍不知道自己的財務實際上會有哪些問題，要等問題浮現出來之後才會驚覺，但可能為時已晚。這就是財務的「遞延效應」可怕之處。當然，第一份計算表是根據她剛開始時的收支資料編製，她後來慢慢地投入退休的資金累積，會改善她實際的退休窘境，但不可否認的是，她的整體財務後來沒有破產，關鍵在於她的薪資大幅成長，而不是因為改善了投資（她的投資規模仍然不足，無法挽救她的退休生活）。因此，關鍵是：財務顧問在初階段面談時，能否提醒她問題的所在，而不是等她自己想到要存退休金時，才開始行動。

　　杰夫・馬杜拉運用同一個案例，從頭到尾讓斯蒂芬妮經歷各種選擇，比如：買車還是租車、買房或是租屋、要不要投入資金到退休專屬帳戶、退休金的計算與準備、信用卡與信用調查……可以說人生日常會碰到的各項問題，都有討論，讀者可以看到每個財務選擇都有詳盡的思考過程，告訴我們女主角怎麼衡量利弊得失，而後得出結論。其他書籍很少這樣揭露思考的過程，這也是我為何詳細抄錄斯蒂芬妮個案細節的原因。不過，我認為斯蒂芬妮並無法做出正確的決策，從書中看到她的判斷基礎，幾乎只有她個人的好惡與直覺，沒有可以依

憑的量尺。

因此，從此案例看到，即使每個月能釘牢自己的收支變化，並且量入為出、步步為營，也不能避免財務風險，其中一個原因是：收入與支出的時間不一樣長。一般人的收入期間，主要是從開始工作之日到退休之時，但支出期間卻是從出生到死亡，特別是退休後的這段時間，很難確定需要多少花費。所以，在工作期間，每月盯梢、緊跟收支變化，並無法掌握沒有工作收入之後的支出，是否有足夠的支撐。另一個無法確定支出的原因則是：每個人的壽命長短不一，而且也未必人人都會發生特定的風險。因此，只看每個月的收支，絕對難以應付整體財務問題。

日常的預算控管是戰術層面的工作，整體資源配置是戰略高度的規劃，當已確定整體的資源如何配置時，需要以每月的預算概念，透過收支表、資產負債表，確實執行整體配置的大方向。從這個觀點，不可否認杰夫‧馬杜拉的做法對管理個人財務有其重要性，而這也是我寫作的初衷，即與其他書籍所教授的方法形成互補，畢竟沒有一本書能面面俱到，涵蓋所有層面與細節。

這個案例的計算表，請見圖3-4。此計算表是以斯蒂芬妮最早期、剛開始工作時的收入與支出編制的報表，那時候她還沒開始存退休金，已經計畫買房與買車，但尚未開始行動。從計算表中可以看到她的財務狀況，整體而言不能收支兩平，到73歲末，就已經入不敷出。財務顧問在一開始之際，必須診斷出問題所在，及早提醒客戶該如何調整策略，若不是她後來調薪的幅度高達10％，我想她一生的財務狀況，難以平衡。

現值	229.56	(33.70)	(67.40)	(22.47)	(11.23)	(14.60)	(6.74)	(5.62)	(57.25)	(3.19)	(89.15)	(81.78)
年齡	稅前收入	生活費	娛樂費	汽車費用	服裝	健保費	水電費	電視費	房租	電話費	稅務支出	損益
25	3.80	(0.36)	(0.72)	(0.24)	(0.12)	(0.16)	(0.07)	(0.06)	(0.72)	(0.07)	(0.80)	0.48
26	3.91	(0.37)	(0.74)	(0.25)	(0.12)	(0.16)	(0.07)	(0.06)	(0.73)	(0.07)	(0.83)	1.00
27	4.03	(0.38)	(0.76)	(0.25)	(0.13)	(0.16)	(0.08)	(0.06)	(0.75)	(0.07)	(0.85)	1.56
28	4.15	(0.39)	(0.78)	(0.26)	(0.13)	(0.17)	(0.08)	(0.06)	(0.76)	(0.07)	(0.88)	2.16
29	4.28	(0.40)	(0.79)	(0.26)	(0.13)	(0.17)	(0.08)	(0.07)	(0.78)	(0.07)	(0.90)	2.81
30	4.41	(0.41)	(0.81)	(0.27)	(0.14)	(0.18)	(0.08)	(0.07)	(0.79)	(0.07)	(0.93)	3.50
60	10.69	(0.85)	(1.71)	(0.57)	(0.28)	(0.37)	(0.17)	(0.14)	(1.44)	(0.07)	(2.26)	59.22
61	11.01	(0.88)	(1.75)	(0.58)	(0.29)	(0.38)	(0.18)	(0.15)	(1.47)	(0.07)	(2.33)	62.87
62	11.34	(0.90)	(1.80)	(0.60)	(0.30)	(0.39)	(0.18)	(0.15)	(1.50)	(0.07)	(2.40)	66.69
63	11.68	(0.92)	(1.84)	(0.61)	(0.31)	(0.40)	(0.18)	(0.15)	(1.53)	(0.07)	(2.47)	70.68
64	12.03	(0.94)	(1.89)	(0.63)	(0.31)	(0.41)	(0.19)	(0.16)	(1.56)	(0.07)	(2.55)	74.85
65	12.40	(0.97)	(1.93)	(0.64)	(0.32)	(0.42)	(0.19)	(0.16)	(1.59)	(0.07)	(2.62)	79.22
66		(0.99)	(1.98)	(0.66)	(0.33)	(0.43)	(0.20)	(0.17)	(1.62)	(0.07)	(2.70)	70.87
67		(1.02)	(2.03)	(0.68)	(0.34)	(0.44)	(0.20)	(0.17)	(1.65)	(0.07)	(2.78)	62.18
68		(1.04)	(2.08)	(0.69)	(0.35)	(0.45)	(0.21)	(0.17)	(1.69)	(0.07)	(2.87)	53.16
69		(1.07)	(2.13)	(0.71)	(0.36)	(0.46)	(0.21)	(0.18)	(1.72)	(0.07)	(2.95)	43.79
70		(1.09)	(2.19)	(0.73)	(0.36)	(0.47)	(0.22)	(0.18)	(1.76)	(0.07)	(3.04)	34.06
71		(1.12)	(2.24)	(0.75)	(0.37)	(0.49)	(0.22)	(0.19)	(1.79)	(0.07)	(3.13)	23.95
72		(1.15)	(2.30)	(0.77)	(0.38)	(0.50)	(0.23)	(0.19)	(1.83)	(0.07)	(3.23)	13.46
73		(1.18)	(2.36)	(0.79)	(0.39)	(0.51)	(0.24)	(0.20)	(1.86)	(0.07)	(3.32)	2.58
74		(1.21)	(2.41)	(0.80)	(0.40)	(0.52)	(0.24)	(0.20)	(1.90)	(0.07)	(3.42)	(8.70)
75		(1.24)	(2.47)	(0.82)	(0.41)	(0.54)	(0.25)	(0.21)	(1.94)	(0.07)	(3.52)	(20.41)
82		(1.47)	(2.94)	(0.98)	(0.49)	(0.64)	(0.29)	(0.25)	(2.23)	(0.07)	(4.33)	(115.10)
83		(1.51)	(3.02)	(1.01)	(0.50)	(0.65)	(0.30)	(0.25)	(2.27)	(0.07)	(4.46)	(130.62)
84		(1.55)	(3.09)	(1.03)	(0.52)	(0.67)	(0.31)	(0.26)	(2.32)	(0.07)	(4.60)	(146.68)
85		(1.58)	(3.17)	(1.06)	(0.53)	(0.69)	(0.32)	(0.26)	(2.36)	(0.07)	(4.74)	(163.29)

斯蒂芬妮案例所使用的參數：折現率1.14%；負利率1.14%；通膨率2.50%；薪資漲幅3.00%；學費漲幅3.00%；不動產增幅2.00%；貸款利率4.00%；退休支出折扣率70.00%。

圖3-4

案例（四）

　　《今周刊》1142期（2018/11/12～2018/11/18）中，陳政毅發表的兩個案例，一是36歲的小趙，如何做舉債投資的決策；二是53歲的老許，如何在十年間增加每個月3萬元的退休金。第二個例子與「退休規劃」有關，當累積期太短，不足以累積足夠退休資金時，該怎麼辦？我們只討論第一個例子，第二個案例，看起來與投資比較有關係，在財務規劃中，它是種補救退休規劃太遲的實務做法。

　　先看小趙的故事。這與上一個案例（杰夫・馬杜拉的斯蒂芬妮）的做法可以相互參照，兩位的思路可說是如出一轍，但杰夫・馬杜拉並未強調以財務比率套用於個體。此案例，是完全把企業財報搬用到個人財管的例子，不但使用公司財會常見的三種報表（現金流量表、損益表、資產負債表），還套用許多財務比率。案例內容如下，讓大家看一下這種三報表的財務管理方式，是怎麼運作的，然後我們會深入探索這麼做的利弊得失。

　　股災來襲，許多家庭財務正面臨嚴酷的「壓力測試」；年底將屆，更是對家庭財務進行「健檢」的好時機。效法企業經營，運用三張財務報表搞定「人賺錢」、「錢賺錢」兩件事，做好家庭財務長工作，即可預約一張通往財務自由的入場券！「小趙來找我諮詢，原本是想問我，向銀行借二百萬元投資股票該如何規畫？」說起不久前，老友突如其來的求救電話，陳政毅

的語氣中還是帶點驚心魄的緊張感。

陳政毅曾在上櫃公司湧德電子擔任稽核，以及侏羅紀公司財務長，現在也在臉書成立「家庭理財專業──卡爾斯」專頁，為粉絲提供家庭理財諮詢建議。而在實際看過老友、也就是小趙提供的財務資料後，「我真的嚇出一身冷汗！」

財務健全，這是好公司的最基本要件；同樣的，幸福的家庭，健全財務也扮演著穩固基石的角色。而無論企業或家庭，要讓財務安穩無虞且循序成長，關鍵都在於能不能有一位克盡職守的「財務長」。

上市櫃公司必須要有財務長嚴格把關，而在一般家庭，雖然財務的複雜程度不似企業，但因為缺乏「用財務長的腦袋」定期檢視，「家道中落」的悲劇同樣時有所聞。就像小趙的故事，這是個差點就在一念之間，把全家人未來命運一次梭哈的驚悚故事。

想借錢買股搏翻身？先把家當公司經營：
了解現金流向才能開源節流

讓小趙懸崖勒馬的，是他的老友，而財務長慣用的三張財務報表，更是一套人人都該學會、也能輕鬆上手的「金錢整理術」。

家住竹北、今年三十六歲，目前在一家網通設備廠擔任製程管理師的小趙，有兩個小孩，一個六歲讀幼兒園大班，一個三歲

由沒上班的老婆自己帶，從表面看來，其實過著最典型的中產家庭生活。小趙每月薪水實拿六·四萬元，公司每年年終獎金固定二個月。二年前，小趙除了固定月薪，還有平均每月一萬至二萬元不等的紅利、加班費、生產獎金等收入。

無奈隨著網通產業景氣下滑，每個月除了本薪之外，小趙能夠拿到的「變動薪資」跟著大為銳減。身為家中唯一的經濟支柱，還要負責財務調度的他，生活壓力漸感沉重，遂想將自住房子增貸二百萬元，投入股市。

陳政毅發現，小趙除了有二百八十幾萬元的房貸餘額外，還有一筆八十六萬元的信用貸款餘額。幾經盤問，小趙才支吾地說：「其實一年半前，向銀行借了一百萬元買股票，豈料所買的電子股暴跌，於是全部停損出場！」

但小趙旋即又說：「我覺得股市現在跌那麼慘，該效法股神巴菲特的危機入市精神。所以想用房子增貸二百萬元，買幾檔優質的好股票……。你有沒有熟識的銀行能提供優惠利率？」

二話不說，陳政毅立刻著手幫他製作財務三表：損益表、資產負債表與現金流量表。隔天，他就急著打電話給小趙：「事情大條了，你的狀況頂多再撐十八個月。打消借錢買股的念頭吧！我們先想辦法解決眼前危機。」

沒想到小趙火氣很大地回他說：「我怎會不知道自己的狀況，就是要度過這一關，我才要借錢買股搏搏看。」陳政毅勸他找老婆一起好好討論，小趙卻更火了：「我之前借一百萬元，她不知道，這次賠這麼慘，我怎麼跟她開口？」

就像面對一個想要病急亂投醫的鐵齒老闆一樣，財務長的法寶，就是用血淋淋的數字讓老闆認清現實。不想再做口舌之爭的陳政毅，於是直接攤開小趙家的第一張財報：現金流量表。「讓你無從迴避地面對現實！」陳政毅認為，這是金錢整理對個人或家庭理財的第一個重要功能。

在這張記錄每月各項收入與支出金額的現金流量表上，明確寫著計算後的悲情數字：每月淨流出一萬九千元，對比戶頭僅剩的三十五萬元存款，這是陳政毅認定小趙一家「最多再撐十八個月就山窮水盡」的鐵證。

表3-1　趙家現金流量表（改善前vs.改善後）

項目			改善前金額		預計改善後金額
2018年9月期初現金			350000.00		350000.00
家庭營業活動		現金流入	64000.00		92000.00
	現金流出	家庭飲食	(20000.00)		(20000.00)
		老大幼兒園月費	(5500.00)		(5500.00)
		勞健保費	(4000.00)		(4000.00)
		小趙零用錢	(5000.00)		(5000.00)
		保險費	(3000.00)		(3000.00)
		水電瓦斯電信等其他費用	(18000.00)		(18000.00)
		老二幼兒園月費	0.00		(6000.00)
	小計		8500.00		30500.00

家庭投資融資活動	投資現金流入	0.00	0.00
	投資現金流出	0.00	0.00
	融資現金流入	0.00	0.00
	融資現金流出	(20000.00)	(20000.00)
		(7500.00)	(7500.00)
	小計	(27500.00)	(27500.00)
本期現金流出(入)		(19000.00)	3000.00
期末現金		331000.00	353000.00

表3-2　趙家資產負債表

項目		金額
資產	現金(銀行活儲)	350000.00
	投資部位	0.00
	自住房(買進價格計)	5200000.00
負債	房貸餘額	(2849000.00)
	信貸餘額	(860000.00)
資產淨值		1841000.00

表3-3　趙家損益表（2018年1月～9月）

收入	經常性收入	576000.00
	非經常性收入	70000.00
支出	經常性生活支出	(520000.00)
	累計房貸支出	(180000.00)
	累計信貸支出	(67500.00)
	非經常性支出(所得稅、地價稅、房屋稅、保險費、紅包等)	(48000.00)
當期損益		(169500.00)

財務指標

負債比(負債／資產)	高於50%不健康
家庭融資比(投資負債／生息資產)	高於50%不健康
家庭生息資產權數(生息資產／資產)	最好高於50%
家庭償付比率(淨資產／資產)	高於60%才健康
家庭流動比率(流動資產／負債)	高於100%才健康

釐清不同階段的養錢策略：
著手製作家庭三表　搞定錢賺錢、人賺錢的煩惱事

認清困境，下一個問題，就是如何創造一萬九千元的每月流入？是要靠省吃儉用、兼職打工、投資收益或乾脆借錢應急？這部分，必須搭配**損益表**與**資產負債表**進行分析。

對於個人或家庭理財，損益表的最大意義，是讓你思考如何提高「毛利率」，應該「增加本業營收（工作收入）」、「增加業外收入（如投資收益）」，或者要從「減少成本費用」，也就是減少支出著手。在小趙家的損益表中可以看出，這家人過去九個月的「非經常性支出」僅有四萬八千元，經常性支出也無節省空間。也就是，再怎麼省，也無法填補每月一萬九千元的缺口。

算到這裡，增加收入已是唯一的路。那麼，要靠「本業」或者「業外」呢？這時，資產負債表就派上用場了。這是一張評估

財務風險程度的報表，而如果依著小趙的「借錢買股」盤算，這家人的資產負債表，將無可避免地惡化到「地雷股」的程度。

經計算，小趙原本的「負債比」（負債／資產）已高達六六‧八％，超過一般評估企業財務穩健與否的五〇％水準。而若真的用二胎房貸借了二百萬元，以年息二‧五％、二十年本息攤還概略計算，負債比將進一步攀升至七五‧六％。家庭融資比（投資負債／生息資產）竄升至一四三％，等於每一元投資中，有一‧四元是借來的，槓桿比率已到「恐怖」的程度。

就是經過這樣的分析，才讓小趙看清「借二胎房貸買股票」的尋常動作，其實竟把全家人的命運置身於近乎毀滅性的風險之上。

更重要的是，即使小趙這回的股票投資改採保守策略，買進有穩定股息收入的個股長期持有，設算殖利率為六％，小趙每年可進帳十二萬元股息，平均每月所得可額外多進帳一萬元。但，仍無法扭轉目前每月現金淨流出高達一萬九千元的危機，更何況，二胎房貸還會讓他每月再加一萬多元的新增還款負擔。

「做不到，請務必打消借錢買股念頭！」陳政毅強調：「一個負現金流的人，即使再怎麼具備巴菲特的投資知識與情操，被錢逼到，他一樣會淪為賭天九牌的投機賭徒！」

經過了一連串的金錢整理，答案呼之欲出：「借錢買股」無法

解決眼前的問題，也會讓家庭未來的財務風險置於毀滅等級，甚至，每月資金不足的情況會更加惡化，影響所及，是投資行為走調的風險居高，最後成為無可翻身的惡性循環。

別忘了，上面這段悲劇的情節，源頭只是簡單的一念之間，而也只有經過攤開財務報表的細部整理，才能看透危機。

所謂理財，說穿了就是「賺錢」、「省錢」、「借錢」的綜合結果；而賺錢又可分為「人賺錢」與「錢賺錢」，財務長腦袋的金錢整理術，就是讓你在這些諸多選項當中，釐清不同階段、不同處境之下最適當的養錢策略。

「我給他的唯一解方，就是請老婆重新工作……。」三張財務表攤開，「省錢」、「借錢」、「錢賺錢」都行不通，小趙的脫困之道只剩一條路──人賺錢。

陳政毅回想，當好友的老婆知道事實後，態度十分冷靜地說：「本來就想趁小兒子明年上幼兒園後重回職場，其實，只是早點開始賺錢，與原本規畫沒有差異。」老婆計畫重回職場，一家人的現金危機可望解除了。重新試算後，雙薪的這一家每月可結餘三千元，加上年終獎金等非經常性收入，每年估計可儲蓄二十萬元。[28]

這個案例是使用企業財務管理的概念，套入個人理財的實例。作者使用現金流量表、損益表、資產負債表這三種企業常用的報表，來為客戶整理財務。這種做法表面看來似乎相當合理，但實際上只要簡

---

[28] 陳政毅（2018）。今周刊。1142期。P120-123

單驗算就會知道，小趙終將破產，只是時間早晚而已。驗算方式，就用陳玉罡的做法：把每一年的收入支出相加減，再加上去年的損益，就會得出小趙一生的累積損益，若沒有其他收入，兩年內就出現赤字，不需任何報表也能計算出來。

陳政毅的現金流量表，跟杰夫·馬杜拉的「收支表」是同類的報表，都是企圖以控制當月的收支，掌握現金流量的變化，卻不曾把時間拉長到客戶的預期生命終點。若他們使用陳玉罡現金流量表的做法，逐年累計下去，就會輕易發現，即使每月有正的現金流，也不代表客戶能安度天年；又或者使用陳玉罡的預算編列方式，同樣使用月度的收支表，仍可能及早發現趙先生的財務結局，但這種計算比較複雜，細節待下文討論房產規劃時再詳述。

至於損益表與資產負債表，即使陳政毅極力鼓吹，在他舉出的案例中，我們也看不到這兩種報表對趙家的財務狀況提供了什麼實際幫助。他利用幾個「財務比例」，諸如負債比、家庭融資比、生息資產權數、家庭償付比例、家庭流動比例，然後「判斷」高於50%不健康、高於60%或100%才健康等等。這些比例為什麼要高於或低於多少才健康，文中並沒有加以說明，這麼短的專欄要解釋清楚自然是不可能的，或許這也是以企業財管的經驗，套用到個人財務的推論吧。

然而，這些比例是否放諸四海皆準？不同的財務結構、家庭人口數與年齡、工作（事業）型態、收入狀況等，都有相同的適用比例嗎？即使是產業界，恐怕也沒有這種一致的比例。而更應探討的是，有沒有必要使用這些比例？若能直接看最終的結果，何必看這些不知根據何在的財務比率？使用財務比率的目的，不是要為客戶的決策提供「判斷」的基礎嗎？有什麼會比直接看見「在合理假設條件下，自

己的決策結果」更有效的判斷依據？

　　損益表與資產負債表，主要是表現過去的經營績效，以及過去的資產、負債、淨值的結構。就算是觀察某一企業，光看它最近一期的兩種財務報表，也未必能解讀出此企業的發展軌跡與趨勢——一般要看三年到五年，比對報表的變化，才能深入了解企業的狀況。家庭與個人的紀錄，很少有辦法看到過去幾年的資料，即使看得到，意義也不同於企業編制的財報。損益表、資產負債表是過去的軌跡，每月收支表是現在的紀錄，對個人財務管理而言，陳政毅說的三種報表，缺少「延伸到未來的預測」，而這才是個人理財最重要的指引。齊克用在談保險規劃時，有使用過延伸到未來的資產負債表，可以參考。（《個人理財一本通》，2015年，台灣金融研訓院出版）。

　　回到《今周刊》上的例子，顧問建議太太回到職場工作，那麼從那三種報表中，如何看出她最少需要多少收入，才能使家庭財務收支兩平？趙太太的每月收入2萬8千元，加上年終獎金，一年共計39.2萬元；目前每月收支不再出現缺口，但小趙夫妻兩人，可以安度晚年嗎？若以此例，判斷退休所需的數字，或許就是每年盈餘20萬元，持續30年吧？而這也只是粗略估算，無法知道當小趙的開銷增加時，是否會造成赤字，例如兩個孩子到大學畢業的教育費（甚至包括補習費、才藝費）若加計進去，小趙夫妻的退休會不會有困難？這些支出是未來才發生的費用，損益表、資產負債表、當月的現金流量表，會如何反映這些數值？不預估這些費用，如何判斷當下的收支是否足以退休呢？

　　接下來，我們可以試著驗算「借錢買股」，是否真的不可行？或者，在什麼條件下，其實是可以的？

　　若小趙真的借了200萬元，單筆投資ETF，以陳政毅所說的保守估計每年獲利6%，到65歲退休時取回本利和，二胎貸款利率假設為2.5%，20年還清負債，讓趙先生的家庭財務的現值，多出579.10萬元。弔詭的是，即使二胎貸款利率高達6%，這筆投資仍能為小趙賺取508.69萬元的淨現值（假設折現率以銀行存款利率1.2%計算，因為小趙完全沒有投資。）

　　「借錢買股」並不能只看能否獲利，還得確定小趙進行這項計畫的20年還款期間，損益欄會不會出現赤字，若出現赤字，代表他必須額外支付利息，但經過計算，並未出現此種狀況。因此，小趙借款投資，是可行的。

　　這計畫需要擔心的，是貸款利率會不會突然飆高、報酬率會不會低於6%，或碰到家庭「風險」的襲擊，造成收支惡化，而不是「負債比」的問題。

　　假設趙太太可以外出工作，立即安排「舉債投資」，這時候所謂的「負債比」（負債／資產）其實還沒有任何變動，因為此時尚未開始償還任何負債或增添資產，也就是說，比例還是一樣遠超過50%，仍屬於陳政毅所謂的「不健康」的狀態。而「負債比」不變，只因為考慮太太可以多增加約39.2萬元的年收入，就可能改變了該不該舉債投資的判斷，可見「負債比」並不適用於所有的家庭財務結構，相同的比率，未必代表相同的財務能力。

　　當然，這預期多出來的收入，終將增加小趙家的資產總數，必然使其「負債比」降低。問題是，預期的收入還沒實現，要不要計入資產總額？資產負債表與損益表是否已經反應這種預期的資產？如果沒有計入這類資產，顯然財務比例並不會變動。這正是陳政毅與馬杜拉

這類做法的難題，因為太太的收入還沒實現，若現在同步舉債投資，萬一太太收入中斷，但多出來的債務已經存在，該怎麼善後？殊不知小趙的收入也可能隨時中斷，與太太何異？試想，若趙先生的收入在兩年後中斷，那麼此刻的財務比例告訴他可以舉債投資，有實質的意義嗎？一旦發生這種情況，與趙太太外出工作的預判有何不同？

換言之，若只以資產負債表、損益表這種代表「過去」的財務結構做判斷，缺乏剛才提到的「延伸到未來的預測」，使用財務比例並沒有幫助。就財務決策而言，應是以未來的財務潛能做為判斷依據，也就是一般財務管理的書中，用來評估某項投資是否可行的淨現值（NPV）、內部報酬率法（IRR）法。

而在原本財務狀況下，趙太太沒有增加這份薪水就借款來投資，不需任何財務比例，只要計算一下現金流的未來值，也能立即知道若必須立即償還負債的本息，撐不了兩年就會出現赤字的現金流。換言之，這項投資還來不及獲利，可能就已經破產，自然是不該貿然出手的。但與陳政毅的差別是在於：判斷該不該舉債投資，不是看負債比，而是看未來預估的收支變化。

即便不考慮「借錢買股」，若每年定時定額投資ETF，以小趙才36歲，到65歲退休還有30年，長期獲利可期；卻不知顧問建議他只考慮「以人賺錢」，不要想「以錢賺錢」，是否過於保守？

順道一提，趙家的財務並非是小趙每個月的「外快」沒了才開始出問題的。這一到兩萬元的業外收入，遠不及太太投入職場後的收入，若太太不工作，最終依然無法收支平衡。因此，並非等到家庭財務吃緊才需要診斷，能在承平時期檢視自己的財務狀況，才是最聰明的客戶。

　　最後，這家庭只有每年3.6萬的保費支出，並未提到保險的內容，不知能承受多少的風險打擊？以每年支付的保費來看，保障應該不足，若沒有足夠的保險，夫妻兩人的收入如何得到保障？若收入沒有保障，如何確保此生無虞？更遑論「借錢買股」了。顧問對此毫無建言，是否又過於冒險？

　　若決定增加保險，多出來的費用，他們付得起嗎？限度何在？顧問協助客戶做出暴險的決定，過於保守或冒險，都是對客戶的傷害。

　　圖3-5計算表，我隱藏了其他所有欄位，只留下「借錢買股」的三欄與損益欄。此計算表是以二胎貸款利率2.5%計算的結果。計算方式：將貸款、投資、二胎還款三個欄位的現值加總，得出獲利（現值）579.10萬元。損益欄從小趙36歲到55歲之間共20年，並未出現任何赤字，代表本計畫可行。

＊　＊　＊

　　以上四個案例，所呈現的是「初步分析」，各有其限制，皆不能完整鳥瞰客戶的財務狀況。第一個案例，收支都缺少現值，只有未來值；第二個案例則只有提到（也未實際計算出來）支出面的現值，沒有收入面的現值，有收支的未來值計算，但未列表；第三個案例的問題在於只有今日，沒有未來，既無現值也沒未來值；第四個案例與第三例類似，舉出此例是為了說明個人的財務管理中，財務報表與財務比率的使用，與企業並不完全相同。

　　總之，因為沒看到客戶財務的全貌，所以難以測試策略調整的可能性，重新調度資源、建立願景。這是本書不斷強調「整體性」的原

現值	200.00	603.14	(224.04)	1370.35	1370.35
年齡	貸款	投資	二胎還款	損益	驗算
36	200.00	(200.00)	(12.52)	45.02	1386.80
37		0.00	(12.52)	60.27	1403.44
38		0.00	(12.52)	74.09	1420.28
39		0.00	(12.52)	86.41	1437.32
40		0.00	(12.52)	104.46	1454.57
41		0.00	(12.52)	120.96	1472.03
42		0.00	(12.52)	135.84	1489.69
43		0.00	(12.52)	149.03	1507.57
44		0.00	(12.52)	160.45	1525.66
45		0.00	(12.52)	170.02	1543.97
46		0.00	(12.52)	177.66	1562.49
47		0.00	(12.52)	189.31	1581.24
48		0.00	(12.52)	202.01	1600.22
49		0.00	(12.52)	227.70	1619.42
50		0.00	(12.52)	260.63	1638.86
51		0.00	(12.52)	291.58	1658.52
52		0.00	(12.52)	320.46	1678.42
53		0.00	(12.52)	347.17	1698.56
54		0.00	(12.52)	371.61	1718.95
55		0.00	(12.52)	393.69	1739.58

小趙案例所使用的參數：折現率1.20%；負利率6.90%；通膨率3.00%；二胎貸款利率2.50%。

圖3-5

因。「財務分析」是「財務規劃」的基礎，是財務顧問觀看的方式，不同的觀看方式會看到不同的財務風景；分析是為了產生判斷——最基本的，是判斷客戶的財務現況與潛能，然後是判斷客戶可以採行何種財務策略，以及策略的後果。任何判斷都需要衡量的標準，不同分析方式，就會以不同的標準衡量所看見的數據，得出不同結論。比如：用「財務比例」為尺度就是個例子。

從上述四個案例，讀者或許已慢慢看出本書做法的雛形，也就是同時計算客戶財務的現值與未來值，交織成為客戶的財務世界。每一件財務活動或事件，都在這個世界中有自己的坐標，有自己造成的影響軌跡；這些軌跡彼此交會，最後匯集成為一個數字，那個數字是財務規劃的最後衡量尺度。

接下來，介紹幾個重要的「項目規劃」領域：投資、置產、保險、退休等。我們仍只引介其他人的做法，加以評論，在分項規劃中，會更具體看見不同分析與規劃進路產生的差異。本書自己的系統，則等下一章再完整呈現。

3-1 投資規劃

我們將依次介紹陳玉罡、杰夫·馬杜拉、桂詠評等人書中的內容，加以比較，透過對照研究，才能更清楚呈現彼此的特點，凸顯財務規劃的不同思路。

陳玉罡的投資規劃方式

陳玉罡書中對於投資規劃，是放在第五章〈理財規劃的步驟〉中的第六節。關於具體的規劃步驟，他一共分成八節：現金規劃、保險規劃、子女教育規劃、養老規劃、房產規劃、**投資規劃**、稅收規劃、遺產規劃。這些不只是書中章節的隨意安排，應是陳玉罡對於個人理財規劃的建議順序。底下摘錄其投資規劃：

> **投資規劃的內涵：**投資規劃是根據家庭成員所處的生命週期以及風險承受能力，為實現未來理財目標所制訂的一系列投資計畫。
>
> 從上面的定義中可以看到，理財中的投資規劃與一般的投資規劃有所不同。第一、投資規劃是為理財目標而做的，因此是「先有目標，後有規劃」。第二、投資規劃需要考慮家庭成員所處的生命週期以及風險承受能力。家庭處於初建期的時候，

風險承受能力較強，因為未來還有很長的積累財富的時間。而家庭處於退休期的時候，風險承受力較弱，因為未來工作收入將要中斷，需要靠前期積累的財富和退休金滿足生活所需。風險承受能力較強的時期可以進行一些風險較高的投資，而風險承受能力較弱的時期則只能進行一些風險較低的投資。第三、投資規劃是一系列的投資計畫，而不是單獨的拿一筆資金來投資。前文提到的子女教育規劃、養老規劃、房產規劃等中用到的基金定投，本質上也屬於投資規劃中的一部分。

投資與理財是經常被混淆的兩個概念。如果從戰略和戰術的角度去理解這兩個概念的話，理財是屬於戰略層面的問題，而投資是屬於戰術層面的問題。理財確定的是方向，而投資確定的是手段。所以，理財規劃中包含了投資規劃，投資規劃只是理財規劃中用來實現理財目標的一種手段。

投資規劃的步驟：為家庭製作完現金規劃、保險規劃、子女教育規劃、養老規劃、房產規劃後，如果家庭還有閒置資金，則可以從生命週期和風險承受能力兩個方面來考慮如何配置這些閒置資金。

第一、明確理財目標。

做投資規劃的第一步就是明確理財目標。任何投資都不應該是盲目地投資，都必須瞭解投資的目的是什麼。比如之前提到的子女教育規劃中，為了在孩子18歲儲備教育資金，可以用基金定投的方式來準備。在這個規劃中，儲備教育資金是投資的目的。為了進一步明確投資的目標，還需要將目標進行量化，比如需要在孩子18歲時儲

備60萬元的教育資金。在明確目標的這個過程中，必須列明投資時期和最終想達到的目標金額。同樣，養老規劃和房產規劃都需要先量化目標金額與投資時期。

在子女教育、養老、買房這些基本目標之外，每個家庭還會有不同的目標。這通常需要家庭成員做一個目標梳理，列出其想實現的一些目標，並將希望實現目標的時間點也列出來。然後根據目標的可變更性進行分類⋯⋯。

第二、判斷家庭的生命週期以及風險承受能力。

表5-22　家庭生命週期與風險承受能力

	單身期 24歲以下	家庭初建期 24-30歲	家庭成長期 30-45歲	家庭成熟期 45-60歲	退休期 60歲以上
經濟特徵					
理財目標	積極創造財富	結婚、生子、買房、教育、養老、買車、旅遊等	子女教育、養老、清償房貸、旅遊等	尋求能帶來穩定收入的投資、構建退休生活藍圖、旅遊	退休生活品質不下降、生病能得到好的醫療條件、其他
風險承受力	強	強	中等偏強	中等偏弱	弱
投資報酬率的預期	高	高	中等	中等	低
適合的商品	激進型	激進型	穩健型	穩健型	保守型

第三、根據理財目標和家庭所處的生命週期及風險承受能力制定相應的投資規劃。

從理財目標是否可變更來看，對於不可變更的理財目標，應配

置穩健的投資品種，以保證理財目標的實現。對於可變更的理財目標，則可以配置激進的投資品種，在投資收益實現的情況下，可達成相應的理財目標；再投資收益暫時沒能實現的情況下，可延長達成目標的時間，而不急於撤回投資。

從家庭所處生命週期來看，處於家庭初建期時可配置激進的投資品種，能夠在較長的時間內進行規劃，只要投資收益在這段時期內任一個時點達到預期目標，就可以將目標金額的投資撤回轉投風險較低的品種，從而保證理財目標可以實現。在接近或處於家庭退休期時，由於未來的現金流出通常高於現金流入，因此應減少激進的投資品種所占的比例，甚至不配置任何激進的投資品種。

從家庭成員的風險承受能力來看，對於風險承受能力不強的家庭成員，其理財目標需通過穩健的投資品種來實現；而對於風險承受能力較高的家庭成員，其理財目標可通過激進的投資品種來實現。[29]

案例5-15

魏先生，40歲，企業高管，有房有車，銀行存款200萬元。有一個兒子15歲，他已為子女教育和自己的養老做了準備。現在，他希望能更好的利用銀行存款200萬進行投資，但卻不知道如何著手。

---

[29] 陳玉罡（2012）。個人理財：理論、實務與案例（第一版）。北京：北京大學出版社。P223-225

案例分析

首先，在理財師的建議下，魏先生和家庭成員一起梳理出以下的理財目標，如表5-23所示。

目標名稱	目標金額	預期實現時間	可變更性
換車	50萬元	2年	可
資助兒子創業	100萬元	7年	不可
境外旅遊	20萬元	3年	可
重新裝修房子	30萬元	2年	不可
魏先生讀EMBA	30萬元	1年	不可

其次，判斷魏先生的家庭生命週期和風險承受能力。魏先生正處於家庭成長期，職業趨於穩定，收入也進入高成長期。此時的風險承受能力屬於中等偏強，對投資報酬的預期為中等，整體來看適宜選擇穩健的投資品種。

再次，根據魏先生的理財目標、家庭生命週期和風險承受能力進行相應的投資規劃。魏先生的理財目標有五個，其中資助兒子創業、重新裝修房子、讀EMBA的目標對魏先生來說是不可變更的，兒換車和境外旅遊的目標則是可變更的。因此，對於不可變更的三個目標，可選擇穩健的投資品種，比如偏債型混合基金或債券基金；對於可變更的兩個目標，可選擇股票、股票型基金或偏股型混合基金。

由於距離這些目標實現的時間有長有短，因此還可以根據魏先生目前的財務資源來對各項目標進行匹配。在2～3年內要實現

的目標需要迴避一定的風險，匹配這些目標的投資應以穩健為主。3年以上的目標則可以適當做一些激進點的長期投資。對於魏先生來說，換車、境外旅遊、重新裝修房子、讀EMBA是3年以內的目標，而資助兒子創業是3年以上的目標。魏先生的銀行存款有200萬元，這筆存款中可各留出30萬元用於讀EMBA和重新裝修房子，這兩個目標是不可變更的，可選擇債券基金進行投資；另外，再留出50萬元用於換車，留出20萬元用於境外旅遊，這兩個目標是3年以內的目標且屬於可變更的，可選擇相對股票型基金較穩健的偏股型基金進行投資或進行股票基金與債券基金的組合投資；對於7年才需要達成的資助兒子創業的目標，目前還剩70萬元財務資源可以動用，雖然這個目標是不可變更的，但由於這個目標是長期目標，因此也可在前期做一些激進點的投資，比如挑選一些質地優良的股票組合或股票型基金組合長期持有，在中間任何一個時間點達成100萬元後就可將資金轉為債券基金或貨幣基金等形式持有，以保證實現目標。[30]

由以上摘錄的片段，可以看到陳玉罡的投資規劃概念。簡單歸納為下列幾個重點：

　　1. 投資規劃與理財規劃是不同層級的規劃；前者是戰術、後者是戰略層級。理財規劃出方向，以投資為手段來完成。

---

[30] 陳玉罡（2012）。個人理財：理論、實務與案例（第一版）。北京：北京大學出版社。P225-226。補充說明：陳玉罡對於投資學理與產品方面的介紹，沒有放在規劃的步驟中，而是在更後面的章節才討論，與馬杜拉的安排不同。

2. 投資必須針對特定的目標。若以陳玉罡列舉的幾種目標，大概都屬於某種消費或支出。反過來看，每個花錢的目標，都必須有自己的投資計畫支撐。以目標引導投資策略的原則，與我的做法不同，稍後再述。

3. 因為投資有許多不同的目標，所以分成不同的規劃進行投資，當所有的其他規劃都安排妥當，還有餘錢時才規劃「投資」，這時用的是**閒置**資金。這當中的順序很重要，大概貼近家庭的生命週期與需求發展。即便如此，這最後的「投資規劃」，陳玉罡仍然先要客戶梳理出目標，再針對此目標，做出相應的投資規劃。這樣看來，他的投資規劃與其他規劃，除了順序放在較後面之外，並沒有本質上的不同。

4. 投資規劃要考量三個重要因素：

   (1) 理財目標：可變更性高低、金額多少、時程長短，是重要衡量標準。

   (2) 家庭成員的生命週期：大約有五個階段，且以家庭發展過程為分階段的標準。

   (3) 風險的承受能力：指投資的風險承受力，與一般保險業務員說的人身風險承受力有別。基本上就是看客戶還有多少「有工作收入」的時間；距離退休時間點越靠近，承受投資風險的能力就越低。

5. 投資分為兩類：積極型與保守型。積極型的投資有較高的報酬率，風險也較高；保守型投資則風險較低，但報酬率也較低。細看其區別，大概指的是股票與債券兩種標的。

陳玉罡的「投資」在整體財務規劃中的位置，始終都只是種手

段，其投資與理財目標一對一的對應關係，說明了這種思路。然而，其理財目標太侷限於具體的消費，從此例所列出的幾個目標，如換車、資助兒子創業、國外旅遊、裝修房子、讀EMBA等，都是花錢的項目，卻沒考慮投資本身也可以成為目標，即：賺錢。有更多錢，可以應付更多的風險，也可以創造更好的生活，更好的生活不見得就是更高的消費、花更多的錢，很多富豪的日常生活其實很儉樸，但因為有充裕的資金，生活是不同境界的安逸。

　　觀念上的差異是：投資可以不只為了現有目標的實現，而可以是種「準備」，或許有用、或許終身無所用，單純只是厚植財富；投資當然可以支撐各種消費，卻未必需要每種理財目標對應一種投資規劃（反之亦然），這是投資規劃很重要的分歧點：當有具體目標，就會有具體的金額、期限、彈性，這些在陳玉罡的投資規劃中，是非常重要的因素；若沒有具體的目標，這些因素都不存在，該如何規劃投資？

　　這是對投資的意義，有不同的體悟才能有的規劃。客戶的工作收入，並非針對特定的目標，只是盡量提高收入，再分配到各種必要的開銷，為何投資不能視為收入就好，整體的收入提高，自然能應付更多的支出，何須特別強調這筆投資要用在那個目標上？何況，短期的理財目標，像此案例中的一年內讀EMBA、兩年換車、最長也不過七年資助兒子創業，有什麼投資計畫可以保證達成目標？除了直接動用現有的200萬元資金。投資期限越短，風險越大，複利效果越低，投資項目越多，手續費等交易成本越高，進出越頻繁，也有相同的負面效應，財務顧問衡量投資績效，不能只看單筆投資，看一生的投資總和才會清楚。

本書並非反對投資與理財目標或需求之間的關連，而是站在統籌分配的角度思考問題。投資是終身的計畫，即便短期內的需求無法有合適的投資手段搭配，只要確定整體財務最終能平衡，短期需求即使借貸亦無妨，只要利息可以承擔即可。前文提到小趙的借錢買ETF，只要損益欄沒有出現負數，並不妨礙計畫的發展。

最後，規劃投資還必須思考：客戶可以承受多少損失？10%？30%？如果發生損失，對客戶有什麼影響？有何應付的辦法？這些都是規劃之初，需要探討的關鍵議題。財務顧問對於各種策略，都需要了解其影響，不僅限於投資規劃而已，而投資規劃不但要知道達成投資策略時的情況，也要知道萬一無法達成投資績效時的後果。

杰夫・馬杜拉的投資規劃方式

杰夫・馬杜拉書中關於投資規劃的章節，在第五部分〈個人投資〉，第14章到第18章。目錄如下：

第14章 投資的基礎知識

第15章 股票投資

第16章 債券投資

第17章 共同基金投資

第18章 資產分配

這些章節中，前面四章都是有關金融的知識，與規劃的關係不大。真正討論規劃的是第18章〈資產分配〉裡的：〈你的資產分配決策〉（420頁）、〈資產分配決策與個人理財計畫的匹配程度〉（423頁）。摘錄如下：

你的資產分配決策

由於每個人的個性以及投資目標不同，而且個人的資產分配方案不一定適合其他人。資產分配決策與多個因素有關，其中包括你處在人生哪個階段以及你的風險承受能力。

個人所處的人生階段

處在職業早期階段的投資者要求能夠較為容易地獲得資金，因此他們應當投資於相對較為安全、流動性較好的證券，例如貨幣市場證券。如果你估計近期內不會用到這筆投資資金，那麼可以考慮把錢投資於分散化投資組合，組合內包括股票、債券、股票型共同基金以及債券型共同基金。已經工作多年的投資者可以投資於小型企業的股票以及增長型股票基金，這兩種投資工具的潛在收益更高。反過來，臨近退休的投資者，應當把大部分資金投資於能產生固定收益的投資商品，例如債券、包含高股息股票的股票型共同基金、債券型共同基金以及某些類型的房地產投資信託。

雖然沒有哪一個資產分配方案能滿足所有人的需求，不過圖表18.5（從略）提供了各個人生階段常見的資產分配方案。請注意，在人生的早期階段，個人投資的重點是股票，因為此時個人願意承擔較大的風險，寄希望於股票投資的高收益能迅速提升個人的財富水平。隨著時間慢慢過去，個人的投資

重點慢慢轉向債券或者是支付高額股息的大企業股票。隨著組合內債券與大企業股票所占的比例愈來愈高，整個資產組合的風險水平有所下降。這樣的資產組合不太可能創造高額回報，但是能夠在投資者退休以後向其提供週期性收入。事實上，在你退休以後，資產組合創造的週期性收入將會成為你的主要收入來源。

圖表18.6以舉例的形式更加詳細地說明了個人的資產分配方案如何隨時間慢慢地更替。在職業生涯的早期，升值潛力大、風險水平相對較高的股票往往是大家的投資重心。雖然股票的市場價格也有可能會下跌，但是通常來說長期內股票投資的收益狀況還算不錯。在職業生涯的早期，個人可能願意承擔更高的風險，因為即使短時間內股票的投資效益很糟糕，但是在個人有必要賣掉股票套現之前，這些股票投資還有翻身的機會，其市場價格也許能慢慢漲回去。不過，即使是在生命週期的早期階段，你也應當持有一些流動性非常好的資產(例如貨幣市場證券)，一旦你需要用現金來支付帳單、買房的首付款或其他用途，那麼可以立即將這些流動資產賣掉套現。

圖表18.6 生命週期各階段資產分配策略的變化趨勢

生命週期早期階段的資產配置策略	生命週期中期階段的資產分配策略	退休以後的資產分配策略
中等風險，潛在收益中等	中等風險，潛在收益中等	風險相對較小，潛在收益低

20% 小企業發行的股票 40% 大企業發行的股票 20% 公司債券 20% 貨幣市場證券	30% 大企業發行的股票 10% 小企業發行的股票 20% 公司債 10% 國債 30% 貨幣市場證券	20% 公共事業企業發行的股票 40% 國債 40% 貨幣市場證券

到了職業生涯的中間階段，你要降低高風險資產的投資比例，更多地持有較為安全的資產，例如國債。等到快退休時，自己持有的證券所能產生的週期性收入足以滿足餘生的生活需求。如果那時你仍然持有大量股票，那麼這種做法要面臨股票市場價格大幅度貶值的風險，那麼資產組合將無法為退休以後的生活提供充足的支持。

個人的風險承受能力

投資者的風險承受能力不同。如果你**不願意**承擔太大風險，那麼就應當專門投資於安全的投資工具。例如，你可以投資期限較短的國債。如果你願意承擔中等水平的風險，那麼可以考慮追蹤標準普爾500指數的股票指數型基金或者是投資於超大型企業的大市值股票型共同基金。這些投資產品的潛在收益率比國債要高，但是在某些時期或情況下，它們也有可能會導致損失。

如果你**願意**為了高收益而承擔高風險，那麼可以考慮投資個股。小型技術企業的股票升值潛力較大，但是風險也非常大。

即使你承受得了較高的風險，還是應當做到投資分散化。你可以考慮投資於共同基金產品，這些基金具有較高的潛在投資收益率，組合內持有多支個股，這樣可以避免只投資於單一個股給你帶來的高風險。我們在第17章裡曾經講過，投資者可選擇的基金類型很多，例如增長型基金、資本升值型基金、甚至是各種各樣的行業基金，例如醫療行業基金或金融行業基金。你還可以選擇主要投資於公司債券的債券型共同基金。主要投資於長期高收益債券（即垃圾債券）的債券型共同基金也有助於提高你的投資收益率（當然風險水平也會相應提高）。

某些投資者對投資環境有著不切實際的幻想，並以此作為自己投資行為的理由。他們不願意承認自己冒了多大的風險。當經濟形勢較好時，他們的投資也許能創造非常高的收益，但是當經濟形勢不佳時，他們的投資業績會十分糟糕。當經濟環境有利時，這些投資者非常興奮，相信自己擁有高超的投資技巧。不過，當經濟環境陷入衰退時，這種高風險投資的收益會非常差。

某些投資者就是不願意相信經濟形勢可能會變差這種可能性。他們總是對經濟前景過度樂觀，認不清現實。也就是說，當他們投資於高風險產品時，他們應當意識到一旦經濟下行，高風險投資可能會損失慘重。如果自己無力承擔潛在的巨大損失，那麼他們應當慎重考慮選擇其他更為安全的投資工具。不過，較安全的投資工具不令人感到刺激興奮，因為它們的潛在收益不高。所以，某些投資者總是喜歡帶著賭博的心情選擇高風險

的投資產品，由此所導致的嚴重虧損最終讓他們無力負擔。

你對未來經濟走勢的預期

你對未來經濟走勢的預期也會影響你的資產分配決策。如果你認為股票市場整體將會上漲，那麼會把更大比例的資金投資於股票型共同基金。反過來，如果你認為股票市場要短暫回調，那麼會把更大比例的資金投資於債券型共同基金。如果你預期市場利率水平將要下降，那麼可以選擇賣掉主要投資於短期債券的債券型共同基金，轉而買入主要投資於長期債券的債券型共同基金。如果兩支基金屬於同一基金家族，那麼資金轉移十分方便。

如果你預測未來房地產市場的形勢一片大好，那麼可以把一部分資金投資於房地產投資信託產品。隨著時間的流逝，你的預期也會發生變化，這導致你對某些金融資產的需求會大於其他資產。慢慢的，隨著個人的市場預期、投資目標以及生命週期階段的變化，你應當適時地調整投資組合的構成結構。

因為預測未來的經濟走勢幾乎是不可能的，因此我們也很難判斷一段時期內哪種類型的投資產品的市場表現最佳。因此，根據你所處的人生階段以及個人的風險承受能力來確定資產分配決策也許是最合適的做法。然後，一旦你構建了分散化的投資組合，那麼接下來只有當你進入另一個人生階段或風險承受能力發生變化時，才需要去調整投資組合。

案例

斯蒂芬妮·斯普拉特想制定一份長期的資產分配理財計畫。尤其值得一提的是,她想大致的設定好目標:在未來十年間股票、債券以及房地產投資信託的投資比例分別是多少。由於她剛剛開始工作,還要工作30年,因此她認為現在沒有必要把大部分資金用來投資債券。她知道債券通常要比股票更加安全,但是計畫將來再考慮投資債券型與股票型共同基金。她也知道股票的風險水平要高一些,但是現階段她認為自己完全有能力承擔這麼高的風險。她計畫投資於股權收入型共同基金、增長型基金以及國際股票基金。

在未來五年間,隨著斯蒂芬妮積累愈來愈多的資金可用於投資,她準備主要投資於個股或股票型共同基金。只有當她認為美國全國範圍內的房地產市場徹底好轉時,才會出手投資於房地產投資信託產品。

20年後,當斯蒂芬妮臨近退休時,她的資產分配方案要取決於當時的市場環境,但是同時也要選擇一些較為保守的投資工具以降低風險(潛在收益率較低)。

資產分配決策與個人理財計畫的匹配程度

下面我們列出的這兩項資產分配關鍵決策應當被包含在個人理財計畫裡:

● 現有的個人資產分配策略是否合適？

● 將來你會使用哪一種資產分配策略？

圖表18.7舉例說明了斯蒂芬妮的資產分配決策與其個人理財方案的匹配狀況。斯蒂芬妮的首要目標是持有充足的流動性以及能按時償還貸款。在滿足了這兩個要求以後，隨著斯蒂芬妮積累的儲蓄額愈來愈多，她可以考慮將資金投資於多種金融資產。

資產分配的目標

1.　確保目前自己執行的資產分配策略是合適的。

2.　判斷一下隨著資金愈來愈多，將來自己應採用哪一種資產分配策略。

分析

投資商品	商品的市場價值	分配的資金比例
普通股	3000	60%
股票型基金	1000	20%
債券型基金	1000	20%
合計	5000	100%

決定

有關目前資產分配策略是否合適的決定：

目前我的資產分配方案過於集中於某一支個股，雖然投

資額只有5000美元，但是我應當選擇共同基金，這樣能實現更大程度的投資分散化。我準備賣掉個股，將資金投資於股票型基金。我已經投資了某個主要持有技術企業股票的共同基金。我準備把個股出售後所得資金投資於多個不同類型的共同基金，以此來實現更高程度的分散化投資。

未來資產分配策略的決定

一旦我修改了之前的資產分配決策，那麼就可以將4000美元投資於股票型基金，1000美元投資於債券型基金。這意味著80%的投資資金投向股票型基金，20%的資金投向債券型基金。股票型基金的潛在收益率要高於債券型基金。在接下來的幾年時間裡，我會把逐漸積累的額外資金繼續投資於股票型基金與債券型基金，並仍然保持80/20的投資比例。

圖表18.7　資產分配策略與斯蒂芬妮個人理財計畫的匹配程度[31]

乍看之下，讀者或許會以為陳玉罡與馬杜拉的規劃方式是相同的，但事實不然。

1. 兩人都強調生命週期的概念，但陳玉罡主要以家庭發展階段為生命之週期；馬杜拉則以職業發展為分期標準。

2. 兩人都以風險承受能力與生命週期為投資決策的重要因素，但陳玉罡的風險承受力，主要是指尚有收入的時間長短，也就是

---

[31]　杰夫‧馬杜拉（2015）。個人理財（第五版）。北京：中國人民大學出版社。P420-424

離退休還有多久；馬杜拉談到的風險承受力，卻是個人之意願、對未來景氣的預期、對投資專業知識的理解程度等。而且馬杜拉自己行文，也有矛盾之處，職業階段早期與個人人生階段早期的投資配置並不相同（可參考上面的引文：「個人所處的人生階段」的第一段）。

從以上的分析可知，兩人的做法實非相同的模式。

馬杜拉的做法，基本上乃以固定的原則，例如：職業生涯初期應該如何投資、退休人士應該如何投資；加上客戶個人的意願與投資知識，作為決策的根本。陳玉罡以多項目標引導投資，馬杜拉卻沒有設定投資目標，直接做預算編製與投資決策，這種方法最大的問題在於，無法判定客戶的想法是否可行，因為沒有跟目標連動，所以不知道當下的投資決策是否太多或太少，會不會超過客戶的總體財務能力。讀者從斯蒂芬妮案例中可以看到：

資產分配的目標：

1. 確保目前自己執行的資產分配策略是合適的。
2. 判斷一下隨著資金愈來愈多，將來自己應採用哪一種資產分配策略。

如何確保目前自己執行的資產分配策略是合適的？斯蒂芬妮的想法是：

目前我的資產分配方案過於集中於某一支個股，雖然投資額只有

5000美元，但是我應當選擇共同基金，這樣能實現更大程度的投資分散化。我準備賣掉個股，將資金投資於股票型基金。我已經投資了某個主要持有技術企業股票的基金。我準備把個股出售後所得資金投資於多個不同類型的共同基金，以此來實現更高程度的分散化投資。

從斯蒂芬妮的這段話中可以看到，她對當下投資是否合適的判斷，不是從未來的目標而來，而是從投資的基本常識，也就是「分散投資風險」而來。簡單說，她的投資規劃其實就是一般人所謂的投資，書中用了大量篇幅談到投資的相關知識與商品，卻只用少少幾頁談如何規劃，而實際上這少少的篇章，也沒真正觸及規劃的門檻，只比一般投資者多一點呼應自己所處的人生階段；而對照陳玉罡的做法，投資規劃固然必須考慮客戶所處的人生階段（不論重點放在家庭責任，還是工作生涯），影響的只是投資策略保守或激進，在選擇投資標的時產生作用，並非整個投資規劃的基礎。由此可見杰夫·馬杜拉的投資規劃，並不成熟。

桂詠評等人的投資規劃方式

除了上述兩種模式，還有第三種，我們看以下摘錄桂詠評等人寫的《個人理財》：

證券投資規劃程序

在制定投資規劃之前，首先要確定投資目標和可投資財富的數量，再根據自己對風險的偏好程度，確定到底是採取穩健型還是激進型的投資策略。

1. 確定投資目標

投資規劃應該圍繞理財目標來制定，投資規劃僅僅是理財策劃中的一部分，投資目標實際上也要服從理財策劃的總目標。投資目標主要包括以下幾種：

- 家庭大額消費和支出。例如成長型家庭在購房以後，考慮購車、或者國外旅遊度假等消費支出。

- 子女教育和個人職業生涯培訓和教育需要。這裡考慮子女學歷教育、興趣和素質的培養等各方面的教育費用的支出，同時也考慮自身發展過程中需要參加培訓、或者提高學歷等方面的支出需要。

- 養老、醫療等費用的需要。通過投資獲得增加養老金，以及醫療費用，對自己晚年生活有保障。

- 積累財富。這是指沒有特殊目標的、一般意義上的財富積累。

……（中略）

2. 認清自己的風險偏好和風險承受能力

按照投資學原理，投資者追求的潛在收益愈高，那麼這項投資的風險也是比較大的。……（中略）

值得注意的是，每一個人的風險偏好和承受能力都是不一樣的，金融機構的**財務策劃師一般都是通過風險測試以及根據客戶的年齡與資產狀況，來評估客戶的風險偏好程度和金融風險的承受能力**。年輕人、資金實力雄厚的個人或家庭，通常風險承受能力必較強，反之則承受能力較弱。因此，財務策劃師在為客戶進行投資組合的時候，通常對於那些風險偏好，並且資金實力比較強的投資者，配置風險較高的投資產品，以滿足其獲取高收益的投資目標。相反，對於那些風險厭惡的投資者，則配置固定收益產品，滿足這些投資者的需求。

3. 根據自己的目標確定投資計畫

要制定一個完善的投資計畫，首先就需要從自己的投資目標出發。**在設定投資目標的時候，既要考慮自身的風險偏好、風險承受能力以及自己的資金實力，同時也要考慮當時的金融市場情況**。例如，2005年中國證券市場開始啟動，一波大牛市漸次展開的時候，可以將投資目標逐步提高。相反，當2007年中國證券市場開始逐波回調的時候，自身的投資目標也將要做出相應的調整。在制定投資計畫的時候需要考慮：

(1) 明確目標，迴避不必要的風險。尤其是要跟著市場的節拍

調整投資目標。

(2) 不要長期固定在某些類型的投資產品、投資方法、投資領域，要注意市場熱點的切換，及時調整投資策略。

(3) 充分理解投資組合，不做自己不熟悉的投資。因為每種產品都有自身的投資週期，如果投資者不熟悉別人推薦的產品或者市場，就無法在準確的時間介入市場進行投資操作而造成重大損失。

(4) 投資計畫的實施……（中略）

(5) 評估和調整投資計畫……（中略）[32]

這本書中對於「投資規劃」的看法，與陳玉罡書中所述，有些地方很類似，例如：他們的投資規劃的程序，以及同樣認為投資需要確定的目標來引導、投資是理財策劃的一環等，而此書中所列出的投資目標，範圍比陳玉罡的投資目標更加廣泛，這是因為陳玉罡談到投資之前，已經大致處理保障、教育等需求。但桂詠評的書，投資目標中有純粹的積累財富這一項，若沒有這一項，投資就沒有獨立的地位，淪為其他目標的達成手段；陳玉罡似乎並沒有特別為這項目標留下適當的空間。

還有許多不同之處，例如兩本書都相當重視風險承受力，然各自對風險承受能力的看法不同。陳玉罡較重視個人所處的生命週期，主要以家庭責任或負擔，以及剩餘之工作時間長短為念；桂詠評等人

---

[32] 桂詠評、胡邦亞（2018）。個人理財（第三版）。上海：格致出版社、上海人民出版社。P139-142

則更重視年齡與資產狀況，年齡當然與所處的家庭階段或職業階段有關，但此書中並未深論究竟年齡在風險承受力中的意義，而且所謂的財富實力也很模糊，多少才算雄厚並無法確定。

不過，桂詠評等人的書中，並未涉及如何分配預算或調配資源，這與馬杜拉的做法剛好相反，馬杜拉有預算規劃，卻沒有設定投資目標；另外，桂詠評等人雖然列出各種投資目標，但我看不出來這些目標中，除了積累財富這一項之外，要如何隨著市場景氣起伏，調整其設定的目標，這麼思考下，目標反受到投資成敗的左右，與陳玉罡以具體的理財目標規範投資策略，完全不同（可謂相反）。景氣循環還有看得準或不準的判斷問題，客戶的養老金、子女教育費準備、甚至要換的車，可能隨著市場變動隨時調整嗎？他們希望客戶如何選擇目標，並且如何能確定這些目標不會超過客戶的「資金實力」？所以此書的內容，與杰夫‧馬杜拉一樣，並沒有實際上的規劃，只是運用投資知識而已，這種做法比較像是投資學的教科書，不像理財專著。或許多數作者認為，個人自身的投資條件，自己最清楚，所以不需多所著墨。

各家對於投資規劃的看法，還有個很大的觀察點，即：衡量投資成敗的標準是什麼？可有兩個不同的評量方式：

1. 以投資是否獲利為優劣。如：桂詠評、馬杜拉的做法。

2. 以投資是否能達成設定的目標為準。

第2點又可分為兩種：

　　(1) 以單項理財目標為評估標準，例如：能備妥子女教育費、
　　　　退休金等。

　　(2) 以整體財務目標為評估之標準，例如：投資的整體結果是

否能支應所有的目標與需求？

上述的(1)是陳玉罡的做法，因為他為所有投資都設定了個別的目標。

上述的(2)是本書的建議：投資以終身為期，統籌分配資源，並不特別考慮單一的目標或需求，特別是短期目標。

這兩種思考，對於如何規劃投資策略，影響深遠。

總而言之，杰夫·馬杜拉的規劃，對將來之事，抱持隨自然發展的態度，他讓客戶的意願，主導規劃的方向與節奏，沒有設立目標，導致預算編列全憑客戶的感覺。這種做法缺乏前瞻性的預警機制，要等到事情已經發生，才能採取應對策略，極為危險。只要沒有目標的規劃，就只是管理，而非規劃。馬杜拉管理客戶的財務，卻沒有為客戶做規劃；就像只請會計師記帳，卻不請他規劃公司的財務。

桂詠評等人的做法，雖有目標，但目標受投資影響，飄浮不定，視投資結果改變目標，這樣看來，他們所謂的「投資規劃應該圍繞理財目標來制定，投資規劃僅僅是理財策劃中的一個部分，投資目標實際上也要服從理財策劃的總目標。」也成了空話，反而是投資決定理財目標，「例如，2005年中國證券市場開始啟動，一波大牛市漸次展開的時候，可以將投資目標逐步提高。相反，當2007年中國證券市場開始逐波回調的時候，自身的投資目標也將要做出相應的調整。」；再者，書中也沒有預算控管的機制，可決定投資多少金額，所以這也不算規劃，頂多只是論述某種投資方法。

真正做出投資規劃的是陳玉罡的方式。他所設定的財務目標，主導了資源配置與預算編列。

3-2 綜合規劃中的房產規劃

　　不只投資規劃可有完全不同的思路，整個財務規劃，也與投資規劃類似，有不同的做法。

　　我們看陳玉罡的房產綜合規劃。他的書中對於房產規劃分成獨立規劃與綜合規劃，我們此處討論的是綜合規劃，因為綜合規劃正是其**以月度收入支出表，控制各項理財目標與需求的方法**。

　　綜合規劃中的房產規劃則需要在先考慮了保障需求、子女教育需求、養老需求等基本需求之後，再考慮房產規劃。

案例5-12

彭先生33歲，彭太太28歲，都是公司一般職員，拿固定工資，沒有額外收入。每月彭先生可拿2500元收入，彭太太可拿2000元收入。有一孩子，1歲。每月家庭月支出2500元。兩人勤儉節約，積累了銀行存款17萬元，希望為孩子準備20萬元教育費用。兩人一直想買房，但總覺得錢不夠，所以一直在想著多存一點錢後再買。沒想到房價從2006年起上漲速度加快，遠遠超過他們存款的積累速度。兩人對上漲的房價望而生畏，已不敢奢談買房的事情了。作為理財師，如何設計一個合理的方案能

讓彭先生家庭實現買房的願望呢？

案例分析

根據彭先生的年齡顯示，彭先生正處於家庭形成期。在這個時期，事業處於上升階段，經濟能力逐漸穩定，風險承受力中等。這一階段的投資目的通常是為購房、子女教育、養老等做準備。雖然彭先生沒有將買房納入需求，但仍建議彭先生在做好規劃的前提下選擇合適時機買房。彭先生家庭經濟條件並不寬裕，但並非沒有條件實現買房的願望。在平衡彭先生家庭基本需求後，通過規劃能夠有效達成願望。

理財師可以先利用資產負債表、收入支出表等工具，對彭先生家庭的財務狀況做出一個簡單的分析和診斷，然後從應急準備、長期保障、子女教育、養老準備等基本需求出發進行相應的規劃，再考慮購房規劃，並提出相應的實施策略。

第一步，對彭先生家庭財務狀況進行診斷。

（1）資產負債狀況。就目前的訊息來看，彭先生的家庭資產負債非常簡單，總資產為17萬元，全部為存款，總負債為0元，淨值17萬元。

（2）收支狀況。從彭先生家庭的月度收支情況來看，家庭的月總收入為4500元。其中，彭先生的月收入2500元，占55.5%；彭太太的月收入2000元，占44.5%。家庭收入構成

中，夫妻雙方的收入相差不大，對家庭的經濟貢獻相似，共同承擔家庭責任。從家庭收入構成來看，工資收入占到總收入的100%，顯示家庭收入的來源較為單一。彭先生可嘗試通過各種途徑獲得兼職收入、稿費收入等其他收入。

目前家庭的月總支出為2500元，全部為日常生活支出。尚無任何貸款。家庭支出構成中……彭先生還可進一步對支出進行控制，增加可儲蓄金額。目前家庭月度結餘資金2000元，年度結餘24000元……反應了彭先生較強的控制家庭開支和增加淨資產的能力。對於這些儲蓄資金，應通過合理的投資來實現未來家庭各項財務目標的積累。

（3）投資組合。通過對彭先生進行風險測試，瞭解到彭先生和彭太太風險屬於積極成長型投資者。其風險承受力較高，並期望投資能獲得高收益。這點與彭先生的家庭實際投資情況不符。彭先生家庭將所有資產都以活期存款的形式保留，沒有實現合理的資產配置和投資組合。

（4）家庭應急基金的準備狀況。彭先生家庭將過多的資金放在了活期存款上，雖然應急準備非常充分，但由於該類資產的流動性強而收益率較低，持有過多的該類資產將導致整體資產的回報率降低。所以應通過調整資產結構來減少現金、活期儲蓄所占的比重。彭先生應在專業理財顧問的幫助下，提高家庭財富管理的水平。

（5）保險狀況。彭先生家庭目前沒有做好相應的保障，因而才

需要在銀行保留大額存款以應付不時之需。這不但占用了家庭本來就不多的財務資源，而且沒有利用外部保障來降低家庭財務風險。

第二步，理順彭先生的家庭理財目標並給出相應的規劃。

（1）應急準備。為了保障家庭能應付短期風險，需要準備一筆應急資金。這筆應急資金的金額一般為3～6個月的月生活開支（含還貸支出）。根據彭先生的情況，家庭月支出是2500元，所以需要準備約7500～15000元的應急準備。

（2）家庭長期保障。除為短期風險做好準備外，還需要為長期風險做好準備。這可以通過保險規劃來實現。為了防止未來因意外倒置致的家庭收入中斷，從而使家庭陷入財務困境的情況，可以通過購買「壽險＋＋重大疾病險＋意外險」的方式來做好保障。只有做好了長期保障，家庭的風險承受能力增強後，才能考慮將剩餘的錢拿來投資。保額可以設置為家庭年收入的5～10倍，即27萬～54萬元左右；保費控制在年收入的10～15%，即5400～8100元左右。

（3）子女教育準備。由於目前國內家庭大多是獨生子女，所以對子女看得很重，讓孩子接受良好的教育是作父母的心願。彭先生希望為他的孩子籌集20萬元讀大學的費用，可以採用基金定投的方式進行，每個月投資465元，按基金的年均收益率8%計算，18年後彭先生的家庭帳戶中將有

20萬元的資金供子女接受高等教育所用。

（4）養老準備。雖然大家都有社保，但社保只能滿足基本的生活開支。如果彭先生想在退休後過的生活質量不太差，就需要另外做好養老準備。彭先生60歲退休、彭太太55歲退休，距離現在還有27年。假設退休後要保持與目前一樣的生活水平，通貨膨脹率為3%，退休後的通膨率和銀行收益率一致，則彭先生家庭需要準備166.5967萬元的退休養老生活費用。假設50%可通過社保來滿足，未籌備另外的50%的費用，彭先生家庭可通過每月定投730元，按8%的年均回報率計算可以在27年內籌備到83.2984萬元的退休養老費用。

第三步，在做好上述家庭基本財務目標規劃的前提下，再考慮彭先生的購屋規劃。

彭先生的財務資源包含已有的財務資源和每月結餘的財務資源。已有的財務資源有銀行存款17萬元，其中需要提取1.5萬元作為應急準備，還剩餘15.5萬元可動用。

做好上述基本規劃後，每月結餘的財務資源為：

月收入	4500
（減）月生活支出	2500
（減）保險費平攤到每月	675
（減）子女教育定投	465
（減）養老準備	730
月結餘	130

根據以上測算，彭先生做好保障、子女教育、養老準備後，每月的結餘就只有130元。目前彭先生能拿來買房的資金就是15.5萬元存款及每月剩餘130元。

如果以15.5萬元作為買房首付款，按首付50%來計算，則彭先生目前可以考慮購買30萬元左右的房產。彭先生需要再貸款15萬元。如果貸款利率7%，貸款20年，則每月需要還貸款1163元。

經過這樣的測算後，可以給彭先生兩個建議：第一、彭先生現在具備購買30萬元房產的能力，但需要犧牲對子女教育和養老準備的投入來滿足。第二、彭先生可以通過更加努力地工作來提高收入或從事一些適當的工作（如寫稿、兼職設計等）來獲得額外收入。當彭先生未來的收入每月能增加1000元時，就可以考慮購買30萬元左右的房了。

第四步，幫助彭先生制定實施策略。

（1）應急準備金。彭先生家庭的活期存款有17萬元，從中可拿出1.5萬元作為應急準備，另外15.5萬元可轉為其他用途或進行投資組合。

（2）長期保障。保險購買的順序是最先為家庭經濟支柱購買，最後才為孩子購買。由於彭先生夫妻雙方經濟收入差不多，所以雙方都應該做好保障。可以各購買15萬元保額的壽險、重疾險以及附加意外險。每年的保險費約為8100元，平均每月需從月支出中留出675元用以支付。

（3）子女教育準備。彭先生可拿工資卡去銀行櫃檯開設基金

帳戶，然後在櫃檯說明需要辦理定投，可選擇指數型嘉實300(代碼160706）購買，每月投資465元。從長期來看，大多數基金的收益難以超過指數基金，另外指數基金的手續費低，長期投資可節約大筆手續費。

（4）養老準備。可以按子女教育準備的方式，同樣開設一個定投，也可投資嘉實300，每月定投730元。

（5）其他資金。如果暫時不考慮買房，則結合彭先生的積極投資風格，建議將15.5萬元中的60%投資到股票基金上，投資收益可用於滿足每年的浮動支出，比如旅遊；另外40%投資到債券基金上，債券基金的風險低，投資收益可用於滿足每年的固定支出。

如果彭先生考慮近兩年買房，則15.5萬元可通過購買3～6個月的短期理財產品來保證一定的流動性和收益，並努力工作設法將每月家庭收入提高到5500元以上。[33]

　　從上面摘錄的案例中，可以看到目標順序與預算分配的實務做法：陳玉罡基本建議，滿足日常生活所需後，接著處理緊急預備金、長期保障、子女教育準備、養老規劃，等這些都分配了預算，才開始規劃房產，所以彭先生只剩下每月130元可以購屋。

　　預算的分配，就是把每月收入，扣除生活費之後，分配到各個目標中，若依照他所建議的順序，逐項扣除，最後還有剩餘才是可以

---

[33] 陳玉罡（2012）。個人理財：理論、實務與案例（第一版）。北京：北京大學出版社。P211-215

進行下個項目的資源。順序如何編排，自然是由客戶決定的，若客戶認為購屋比子女教育準備金更重要，調整順序也應該沒問題，但原理是一樣的：**以當月的收入支出表，透過預算編列，控管各項目標或需求。**若有某項目標已經沒有任何預算可以支撐，就代表客戶必須做出取捨，要麼放棄該項目標、要麼重新檢視前面已經配置預算的目標，看有沒有可以刪減的項目。事實上，客戶選擇的規劃順序就已經代表一種取捨，不是只有到了無法找到預算支撐理財目標時，才有取捨的問題。

這裡看到所有的理財目標都已經過計算，變成每月需支付的金額，比如養老金，變成每月730元、子女教育465元等，若不經此步驟，就會使得未來的目標，與今日的預算沒有臍帶關係，那麼將無法衡量目標是否不切實際，同時也造成無法以目標引領投資策略。

順道一提，陳玉罡的規劃方式與馬杜拉一樣，都用每月的收入支出表，但陳玉罡的規劃中配置當月份的預算，必須算出某項目標所需的支出額度，這些支出額度的加總，不能超過可支配的收入總額；馬杜拉的收支表也用來編列預算，但他沒有把未來目標計算出來，引導預算編製，主要是以客戶本人的意願為基準。這項差異，讓兩人的規劃能力完全不同。

陳玉罡的做法，我稱之為逐項目標的「當月收付結算」（這不是陳玉罡書中用的名稱）。透過此種方式，他讓各種目標與需求產生關聯性，而非各自獨立存在，也讓目標可以引導投資或儲蓄規劃。

這個案例所謂的綜合規劃，是指同時考慮其他數種規劃之意，但有其先後順序，先滿足生活開銷、保障需求、子女教育需求、養老需求等基本需求之後，再考慮房產規劃。這與我所說的整合性財務規

劃不同，因為這些個別的規劃，還是逐一進行規劃，唯有順序先後的差別而已。我說的是一併規劃，不分先後順序。唯有在資源不足時才需要取捨。這是以「資源配置」為主，還是以「預算編列」為先的分歧。

另外，他也使用資產負債表、收支表等工具，做財務診斷，而不是用未來的財務潛能作為判斷的依據。這與我的判斷基礎不同，倒是跟陳政毅的做法雷同。

陳玉罡的房產規劃，其實差不多包括其他所有規劃，除了稅務與傳承規劃。他為每種生活目標，在當月的收支表中，找到支付的相應資源；這與他在投資規劃中的做法一致，不管他分配的是收入還是投資本利，都是一一對應的。

每一項目標獨立計算，再以收支表控制預算，但收支表呈現的是當下的財務狀況，並不能包含未來的收支情況，例如薪資成長，而且每項需求的時程，長短不一，有的三年後結束，有的可能三十年後還沒結束。在收支與時程都處於變化的時候，如何計算？比如：目前沒有多餘的預算可以換車，但三年後某個目標到期了，可以空出一筆預算，那麼此時此刻可以規劃買車嗎？還是要等到三年後才規劃？而客戶如何預先知道自己將來有沒有能力買車？

各項競爭性支出雖然起迄的時間長短不一，若遷就各自的時限，為每一種支出編列預算，在某些支出重疊期間，恐怕會超出收入總額，這時若不放棄或刪減某項目標，就得編列赤字預算，並計算利息成本，這樣就不是「按月結算」所能輕易應付的狀況。

何況短期的投資，風險極高，根本難以規劃。即使債券的波動風險較股票低，但仍遠不如銀行存款穩定，若以債券為短期規劃的主要

工具，到時候仍可能無法實現對應的目標。若用銀行存款，又往往利率過低，這時可能需要透支未來的資產以應付今日的支出需求，代價就是利息——例如房屋貸款，就是這種運用未來資金最常見的例子，其他如車貸、信貸性質亦同。信用的規劃與管理，不管對個人還是企業（甚至國家）都是很重要的一環。既然短期投資不可測度，難以掌握，就應該以長期投資取代，利用長期投資的相對穩定性，規劃客戶的目標與需求；短期發生透支，只要終身財務不要呈現赤字即可，頂多就是多付利息，利息成本可以計算，不超過投資獲利，就沒問題。

以陳玉罡房產規劃5-12案例，若將購屋計畫延後到孩子教育費用已經繳完時才買房，那麼即使每月不增加收入1000元，還是可以買30萬的房子；或者以15.5萬元為本金，投報率8%，只需要9年，就可以翻倍（72法則），所以如果要買30萬的房子，只要願意等10年，似乎也沒有困難。可見彭先生的財務可以調整的方案，並不只有一種，當然增加收入是最好的選擇，問題是未必能如願。從這案例可以看到財務規劃的靈活。

此外，還可以有許多不同的判斷，比如：既然彭先生只要把購屋計畫延後，就可以達成目標，那麼若現在買房子，從財務角度看，只要計算提早置產，額外需支付的利息能夠付得起，也沒什麼不可以。當然實務上得看彭先生有沒有辦法借到錢。（參數設定：薪資0成長、通膨率3%、信貸利率6.9%、投資占比60%、投資報酬率8%、儲蓄部位40%、利息3.5%）。

若把所有收入與支出，不以當月為計算的基準，而是計算客戶終身的現值與終值，兩個計算法如下：

1. 把所有收入與支出項目折現成現值，直接相加減，看最後的淨

值，若等於或大於零，代表客戶的財務至少是收支兩平，亦即終身不需在財務上依賴他人，獨立沒有問題，可完成所有客戶自己設定的財務目標或滿足各種財務需求。大於零的數字，還代表客戶尚未分配用途的資金，也就是自由度。

以彭先生的案例看，他的淨值是負數，代表他無法完成所有的目標。

2. 將收入減去支出，再加上去年度的損益，得出當年度的損益。然後重複計算到客戶預定最大的年齡，比如85歲或90歲。這一系列的損益數字欄位，若畫成線圖，可看到客戶一生財務餘額每一年度的起伏變化。

以彭先生的案例看，損益欄的終值從38歲到59歲，及78歲起到85歲，出現兩段赤字。這種做法，陳玉罡在談到現金流量表時，就已經做過了，但在這個個案中，他並未再以此法進行評估。（假設薪資0成長、通膨率3%、信貸利率6.9%、投資占比60%、投資報酬率8%、儲蓄部位40%、利息3.5%、兩年後買30萬的房子）。

另外，讀者可以看到這些假設參數，若稍有變化，結果將完全不同。例如薪資成長率若調高為1%，即使兩年後就買房子，損益最終值與淨值都是正數；代表彭先生可以完成他所有目前規劃的需求，但38〜59歲（20年），每年都得借錢過日子，這時得看彭先生是否有辦法借款，以及借款的利息多寡；這還不包括彭先生願不願意這樣過生活呢。

本書的規劃方式，能給客戶更多的選擇。以彭先生來說，他清楚

知道買房子的可能性有許多種，他可以從中挑選一種來規劃。包括上述產生20年負債（這是指房貸之外的信貸）的方式，但只要借款利息不超過某個限度（此例為8.9%），他仍然可以安然度過。如果以每月的收入支出表或資產負債表來提供客戶多種選擇，並預告各種選項的財務後果，會是很困難的計算。

以現值為經，終值為緯，編織客戶的財務之網。客戶所有財務活動，都包含於這張財務之網中，所以並不特別尋找對應某項目標的當月資源，以避免許多實務上的困擾，例如剛才說到的：需求起迄時間點不整齊、赤字預算的編列、通膨率與薪資變化等。這也是「統籌分配」的優勢，只要淨現值不出現赤字，客戶的財務就能平衡，若不能平衡，也很容易找到調整的辦法；且所有計算與分配都以今日之現值直接進行，這種方式簡單許多。

這還只是就資源配置或預算編列而言，若再考慮某些時候需要計算成本效益、決策的適當規模，以統籌分配的方式去做，相信會事半功倍。

列印出來的報表是無法再調整的僵化數字，我就不再列出計算表了。有興趣的讀者可以嘗試自己做計算表，不斷測試各種可能性，為彭先生找到一個最佳選擇。過程中，會有許多挑戰與樂趣。

房產規劃在我的系統中屬於消費範疇，這個範疇包含的項目很多，包括：生活費、子女教育、非投資性的置產、購車換車、旅遊等。退休規劃以退休金為核心，但因為有退休後的生活費用考量，因此也與消費範疇的規劃息息相關，同時也具有消費規劃的特性。消費規劃有一個隱含的架構：有一段累積期，與一段消費期。累積期有時因為既有財富的緣故，可能不需要；消費期也可能是一次的支出，如

環球旅行，但不管如何，這個架構都是邏輯性地存在著。有些客戶沒有信託、稅務等方面的財務需求，但沒有任何客戶會缺少消費範疇，這是人類生活的內涵，道理淺顯易懂。

房產規劃也可看成所有消費性規劃的典型，雖然執行細節會有很大的差別。為孩子存教育費用與創業金，跟買房子是相同範疇的規劃，但兩者的貸款方式、挑選標的物的標準、需要考慮的相關行政程序並不相等。

以購屋而論，大部分的財務顧問並沒有能力深入到房子的結構、材質、設計、地點與區段、增值潛力、市場目前行情、交易手續、貸款等細節，理財書籍也幾乎沒有人談到這麼細項的內容，大都聚焦在資金調度方面的規劃。從這案例可以知道，財務顧問對每個獨立範疇或分項規劃，都少有能力能深入其中、完整地協助客戶完成必要的抉擇與執行。

不僅購屋如此，投資與保險何嘗不是？

相對而言，子女教育費用的準備，單純得多（若有助學貸款就稍微複雜）。但兩者都是相同消費範疇的財務活動，因此規劃架構並無二致。

陳玉罡的房產規劃，也體現了消費規劃的架構，他考慮彭先生的頭期款與每月付貸款能力，消費規劃的累積期若以購屋為例，可有購屋之前累積——頭期款；之後累積——分期貸款；兩者合併才是完整的累積期。助學貸款與車貸也有相同的屬性。

本書將所有的消費合併為一消費範疇，正是因為消費的特性是共通的，而彼此之間有競爭資源的關係，一併考量，期望能夠周全。

3-3 保險規劃

接下來，我們要探討保險規劃——所有個人理財書籍都會討論這個重要的領域。在此我引用陳玉罡、齊克用兩位書中的相關章節，進行比較研究。

陳玉罡的保險規劃方式

陳玉罡的書中，從174到184頁談保險規劃。我們只引述其中某些片段，他的書提綱挈領，以簡馭繁，很值得讀者參考。

一、保險規劃的內涵

保險規劃是通過對家庭成員的**經濟狀況**和**生命週期**進行診斷後，根據家庭經濟狀況配置相應的保險產品，以**防範未來意外事件對家庭財務造成衝擊**。

……

人的一生中面臨的風險可以歸結為人身風險、財產風險、責任風險。人身風險是指由於生老病死或者殘疾所導致的身體上的風險。這種風險不但會對身體造成損害，也會增加家庭的財務負擔，比如……需要花費高額費用進行治療。財產風險是指造成實

物財產的貶值、損毀或者是滅失的風險。這種風險直接影響到家庭的財務狀況，比如房子遭遇火災、地震等。責任風險是指因自身或者被監護人的行為對他人造成傷害或者損失而必須承擔責任的風險，比如司機因意外撞傷了行人，需要承擔賠償責任，會計師因工作疏忽給公司造成了損失需要承擔賠償責任等。

並非所有的風險都需要通過保險規劃來規避。**保險規劃只是管理風險的一種方式。**管理風險可以通過風險控制、風險迴避、風險分散、風險保留、風險轉移五種方式。風險控制是指人們在風險發生之前，採取措施消滅風險發生的條件，降低風險發生的概率，比如為汽車安裝防盜系統。風險迴避是指不去做可能導致風險的事，從而避免某種風險的發生以及由此帶來的損失，比如從不賭博。風險分散是指設法將同一風險分散到相關的多個個體上，從而使每一個個體所承擔的風險相對較少，比如兩個家庭成員不在同一家公司工作，就分散了失業的風險。風險保留是指自己承擔風險可能帶來的損失，比如一支鋼筆丟失的風險。風險移轉是指將風險及其可能造成的損失，比如移轉給他人，比如通過購買保險將風險轉移給保險公司。從這裡可以看出，保險規劃主要是規劃如何轉移風險。

……

二、保險規劃的步驟

……

保險規劃是從家庭的經濟狀況和所處生命週期入手進行科學分析，並在此基礎上診斷出家庭未來的風險暴露程度，從家庭的實際需求出發規劃風險轉移。**科學的保險規劃遵循下面六個流程：診斷、規劃、產品分析、選擇、執行、跟蹤。**

保險規劃的第一步是診斷家庭的保險需求。並非所有的保險都要購買，也並非所有的家庭都要購買保險。要診斷出家庭的保險需求，必須先瞭解保險對家庭的意義。……

一是轉移風險的功能、二是投資功能、三是儲蓄功能……以上這三項功能都是不同保險產品所提供的。但如果從家庭理財規劃的全局來看，保險還具有一個非常重要的功能，即做好保障的前提下釋放家庭財務資源。……

究竟如何確定家庭的保險需求呢？

以下從**人壽保險需求**來進行分析，養老保險需求放在後文養老規劃中進行分析。

在計算人壽保險需求時，經常用「雙十」原則來推算保險需求和保險費支出金額。所謂的雙十原則指的是一個家庭的壽險需求應是家庭年收入的5～10倍，保險費支出金額控制在年收入的10～15%左右。這種計算方法是一種簡單粗略的方法。其原理是壽險需求應覆蓋意外出現後未來10年的家庭收入，使得家庭成員能依靠這筆收入維持正常生活10年左右。

……

專業的理財規劃師或人壽保險代理人常常使用另外一種複雜的

需求分析法來診斷家庭人壽保險的需求。診斷流程分成三個步驟：第一步，估算家庭成員的所有經濟需求；第二步，計算家庭成員現在和未來確信可得的財務資源；第三步，用經濟需求和財務資源之間的缺口作為人壽保險的需求。這種方法需要先假設家庭主要經濟支柱，如果明天去世的話，家庭其他成員還需要多少財務資源來應對未來的需求？

這些需求包括：

1. 維持家庭收入……

2. 債務償還……

3. 身後費用……

4. 子女撫養教育費用……

5. 父母贍養費……

6. 流動性需求……

現有的財務資源或者確信可得的收入可以通過對資產負債表和收入支出表的分析得到。它包括當前的金融資產、公司提供的保險、社會保險、商業保險、配偶的收入、投資收入。

計算出未來需求和已有財務資源後，看是否有需求缺口存在。如果財務資源滿足不了未來需求，就存在需求缺口，還需要通過購買人壽保險來彌補缺口。如果財務資源足夠覆蓋未來需求，則不需要再購買人壽保險了。

……

案例5-4

夏先生32歲，開出租車，月收入3000元。夏太太28歲，在某公司從事會計工作，月收入2500元。兒子8歲，讀小學2年級。每月家庭開支為2500元。夏先生家庭存款有100000元，貸款買了房，還有120000元貸款未償還。夏先生未購買任何商業保險，僅有公司按國家規定繳納的社會保險，帳戶金額120000元。夏先生和夏太太都期望兒子將來能接受高等教育，希望能為孩子準備100000元的教育資金。夏先生和夏太太的父母都健在，都有社會保險。夫妻給父母的贍養費每年5000元，目前的身後費用為15000元。不考慮通貨膨脹，根據以上訊息，診斷夏先生的壽險需求（假設保障到孩子18歲）。

夏先生壽險需求分析		
	初步計算金額 10年	調整後金額 5年
家庭保障需求		
維持家庭收入	（3000+2500）×12×10=660000	（3000+2500）×12×5=330000
債務償還	120000	120000
身後費用	15000	15000
子女撫養教育費用	100000	100000
父母贍養費	5000×10＝50000	50000
流動性需求	0	0
其他需求	0	0
小計	$945,000.00	$615,000.00

家庭財務資源		
當前金融資產	100000	100000
公司提供保險	0	0
社會保險	120000	120000
商業保險	0	0
配偶收入	2500×12×10=300000	2500×12×5=150000
投資收入	0	0
其他收入	0	0
小計	$520,000.00	$370,000.00
壽險缺口:	945000-520000=425000	615000-370000=245000

夏先生未來十年家庭保障需求是945000元,家庭財務資源520000元。需求缺口還有425000元。夏先生還需要補充壽險才能覆蓋未來十年的缺口。

通過以上分析,夏先生覺得依靠自己目前的經濟實力無法承擔上述保障需求,希望將自己的收入保障降低為未來五年,但孩子的教育保障需求不變。重新調整後的家庭保障需求為615000元,財務資源為370000元,壽險缺口為245000元。這個缺口是夏先生目前能承擔的。

除壽險外,重大疾病險、意外險、醫療保險等的需求缺口計算思路相近,即先計算出保障需求的金額,在計算出已有的財務資源,然後計算出缺口,根據缺口和自己的經濟實力最後進行調整。

......

在診斷過程進行完之後，需要理財師根據診斷情況開出藥方，這個藥方就是「**規劃**」。在規劃過程中，有幾個要注意的關鍵點：

1. 保障順序。首先應為家庭經濟支柱做好保障。保險最核心的功能不是保障自己，而是保障家人。保險不是保障自己不生病、不出意外，而是保障在生病和遭遇意外情況時，家庭有足夠的財務資源來維持穩定。所以對家庭貢獻最大的那個人是最需要保障的。做好了家庭經濟支柱的保障，家庭的財務風險就降低很多。

2. 保險是承擔家庭責任的一種方式。由於保險的核心功能不是保障自己，而是保障家人，因此做好保險規劃是家庭成員承擔責任的一種體現。

3. 購買保險要量力而行，不宜太多，也不宜太少。保額設置太少，家庭保障將不足，遭遇意外情況時抗風險能力也就不足。保額設置太多，則會出現財務資源浪費的情況。

4. 先做好險種規劃，再在不同險種和不同產品之間進行優化配置。

5. 各種不同保險產品之間的搭配組合能起到優化資源配置的作用，同樣保額的情況下保費較低的組合為最優組合。

做好險種規劃後，就可以按規劃來配置組合相應的產品。由於各個保險公司每年推出的保險產品並不一樣，所以需要理財師和各個保險公司的代理人進行充分的溝通，獲得新產品的詳細信息後才能進行比較分析。一般來說，每個保險公司的優勢產品都不一樣。在同一家保險公司購買保險的好處是方便管理，

但不一定買到的所有產品都是最合適的。正因為這樣，第三方理財才具備其生存空間：為客戶挑選最優的產品組合，這個組合可以包含各家不同保險公司的產品。理財師進行的這個過程就是產品分析過程。

在對各個產品進行分析後，理財師一般可以出兩套方案供客戶選擇。兩套方案中應說明各自的優缺點，讓客戶能在獲得這些充分信息後做出決定。這個過程是選擇過程。

當客戶選定方案後，理財師還應協助客戶執行，比如填表、開戶、協助繳費等。這個過程是執行過程。

執行完畢後，並不意味著工作就結束了。理財師還需要定期與客戶溝通，看是否需要調整規劃。這個過程是跟蹤過程，也是服務客戶避不可少的過程。[34]

　　陳玉罡書中，廣義的保險規劃分為六個步驟，其中「選擇」指的就是客戶的「財務決策」，狹義的「規劃」則是「診斷」之後開出的藥方，也就是針對診斷所發現的問題，提出的解決方案。

　　解決方案必須思考用到的策略與產品，例如風險自留還是轉嫁？若決定轉嫁，使用哪種產品？例如壽險或是失能險？若是壽險，採用定期壽險還是投資型壽險、終身壽險？這就是險種的選擇，但到這裡為止，雖然考慮到險種，還沒到具體商品，包括保額、保費、年期等。

　　從陳玉罡的案例分析看，他只用最簡易的壽險保額計算方法，以十年收入與支出合併計算出所需保額。客戶認為他只能負擔五年的保費

---

[34] 陳玉罡（2012）。個人理財：理論、實務與案例（第一版）。北京：北京大學出版社。P178-184

成本，所以縮小保額。在實務上，產品分析的階段，客戶的意見必須參與進來，因為剛才所說的各種考量，沒有客戶同意，無法繼續進行。但陳玉罡書中因為簡略的關係，沒有提到保費金額，若客戶不知道每種產品的費用多寡，是很難做出決定的。從診斷到選擇，這四個步驟是財務顧問或保險業務員最主要的「戰場」，至於執行與跟蹤，屬於行政手續的完成，以及後續的服務問題，不如前面四個流程的重要。但是，誠如陳玉罡所說，若沒有後續的追蹤服務，不算合格的理財師。六個程序構成完整的服務系統，流程重要與否是就財務規劃而言的。

另外，風險管理與保險規劃是獨立的範疇，保險規劃只是轉嫁風險，是風險管理的一部分。這點陳玉罡的書中講得很清楚。不過，我認為保險規劃不只是風險管理的一環，風險管理並未能完全涵蓋保險規劃；在我的系統中，風險管理即是財務安全規劃，與保險規劃同樣沒有整個重疊或相互涵蓋的關係。保險規劃的範圍有超出風險管理或安全規劃之處：例如贈與稅與遺產稅的規劃，也會用到保險商品。這涉及保險的目的，大多數財務顧問談到保險規劃時，先入為主的觀念，總認為保險的目的就是保障（轉嫁風險），對與風險無關的保險目的缺乏認識。

節稅或籌措繳稅資金都可能使用保險產品，而保障本身也有程度上的差異，如上引陳玉罡案例，客戶要保障未來十年還是五年，就是程度不同之例。

這問題不只是簡單的選擇，客戶的需求會因為年齡、身體狀況、家庭結構、經濟條件、工作等的變遷而產生變化，有些不可能事前掌握、在規劃之初就考慮周全，但也有些必須在一開始規劃就注意到，例如：家庭成員的年紀越來越大，需要的保障會隨之改變，孩子成

年，就不受撫養了，父母年邁可能需要奉養；收入的未來預期值，也會隨著即將退休而遞減，這些都是保險規劃的重要考量。單純只說保障十年還是五年，並沒有辦法涵蓋這些重點。十年後，客戶還需要十年或五年的保障嗎？保額是一個要素，但保期多長也是不能忽略的要點。不同險種對於保額與保期的規劃，考慮點可能完全不同。再加上通貨膨脹會侵蝕保額，也必須於規劃之初就計算進來。

我也不贊成陳玉罡所認為的，各種保險需求的規劃思路相近的說法。壽險額度的決定，可基於收入與支出計算，然而醫療險如何計算？失能險更加複雜，因為它同時保障收入與支出，這些都是很專業的規劃技術，不能輕易帶過。關於保險規劃較完整的闡述，我們放到本書實際討論自己的保險規劃案例時，再詳細說明。在此只指出多數財務顧問對於保險規劃的侷限性，而這不僅是因為對保險這獨特領域的瞭解不夠透徹，也可能基於對客戶的財務狀況瞭解不足導致。所以，對於保險規劃的基礎——客戶財務狀況，以及保險可以解決什麼難題——顧問需要更多的掌握。

保險的目的與能力

客戶的保險目的影響保險的規劃。例如：轉嫁風險、贈與、籌措繳稅資金、儲蓄與投資、股東互保，穩定股權、釋放資金、保障投資計畫、增加信用度等。保險的目的乃從客戶的情境中發掘出來，種類繁多，不是只有風險轉嫁而已。目的不同，規劃的結果可能就不一樣了。而且，相同的目的，期望的程度也有差異，例如：同樣是想保障遺族生活，但想維持既有的生活水準，還是足以生活即可？期望不同

保額當然也就不同。不同的險種可能有不同的目的與期望,例如:壽險以維持最低生活所需來計算保額,但失能險則以維持目前生活水平來計算。所以夏先生這個例子,只以簡單的十年保障為壽險額度,忽略很多重點。簡易年收入倍數法,現在已經成為保險業務員通行的保額計算方式,但這種方式的本意,是給家庭一段適應變故的時間,像是等配偶找到工作,或許他還要先經過短期的職業訓練等。所以,早期我在美國壽險推銷學院看到的資料,都是以五年收入為保額,但後來卻看到雙十原則,這種做法無法準確,也無法隨客戶家庭需求變化而改變,因此並不建議使用。

客戶的財務能力當然也影響其保險的規劃,但有錢不只可以買更多保險,也包括有錢可以不買保險,這一點在陳玉罡的保險規劃中說過了。

我不使用資產負債表、損益表分析客戶的財務狀況,而是使用這個簡單的財務計算表,計算出客戶的保險需求:險種、保額、保期、保費等。把陳玉罡夏先生的案例代入計算表中,先看夫妻兩人收入的部分(圖3-6):

從表中可知先生的收入是每月3000元,年收入若不計年終獎金,就是3.6萬元。太太每月2500元,一年3萬元。假設每年薪資成長率為1%,各自工作到60歲時退休,若以每年存款利率2.5%來折現,不考慮退休金部分,夏先生的工作收入現值為85.58萬元;夏太太78.97萬元。當然,這數字並不精確,一則都假設為年初收入,但實際薪資是每月領的;二則薪資的成長率與折現率是個假設參數,所以不可能準確,但我們用同樣的標準衡量夏先生的收入與支出,可以畫出他們家庭未來的現金流量圖。

現值	85.58	78.97	0.00	0.00	164.55	0.00
年齡	先生收入	太太收入	支出1	支出2	損益	驗算
32	3.60	3.00		0.00	6.77	0.00
33	3.64	3.03			13.77	0.00
34	3.67	3.06				
35	3.71	3.09				
36	3.75	3.12				
37	3.78	3.15				
38	3.82	3.18				
39	3.86	3.22				
40	3.90	3.25				
41	3.94	3.28				
42	3.98	3.31				
43	4.02	3.35				
44	4.06	3.38				
45	4.10	3.41				
46	4.14	3.45				
47	4.18	3.48				
48	4.22	3.52				
49	4.26	3.55				
50	4.31	3.59				
51	4.35	3.62				
52	4.39	3.66				
53	4.44	3.70				
54	4.48	3.73				
55	4.53	3.77				
56	4.57	3.81				
57	4.62	3.85				
58	4.66	3.89				
59	4.71	3.92				
60	4.76	3.96				
61		4.00				
62		4.04				
63		4.08				
64		4.12				

圖3-6

　　我們先擱置這兩問題，回到保額計算上來看，先生的整個收入是86萬左右，將86萬扣掉他個人支出的折現值，就是他今天需要的壽險保額（淨貢獻度），也有人直接以他的總收入為保額的，這種做法保額相對較高，保費就會較多。

　　他的保額會隨著時間經過，需求遞減，10年後，若其他參數假設不變，則他的收入折現後的數字大約為52萬元（圖3-7）。

　　這是因為同樣到60歲退休，他的經濟價值減少了前面已經過去的

現值	51.86	78.97	0.00	0.00	130.83	0.00
年齡	先生收入	太太收入	支出1	支出2	損益	驗算
32	0.00	3.00		0.00	3.08	0.00
33	0.00	3.03			6.26	0.00
34	0.00	3.06				
35	0.00	3.09				
36	0.00	3.12				
37	0.00	3.15				
38	0.00	3.18				
39	0.00	3.22				
40	0.00	3.25				
41	0.00	3.28				
42	3.98	3.31				
43	4.02	3.35				
44	4.06	3.38				
45	4.10	3.41				
46	4.14	3.45				
47	4.18	3.48				
48	4.22	3.52				
49	4.26	3.55				
50	4.31	3.59				
51	4.35	3.62				
52	4.39	3.66				
53	4.44	3.70				
54	4.48	3.73				
55	4.53	3.77				
56	4.57	3.81				
57	4.62	3.85				
58	4.66	3.89				
59	4.71	3.92				
60	4.76	3.96				
61		4.00				
62		4.04				
63		4.08				
64		4.12				

圖3-7

10年收入所致。也就是說他對家庭的貢獻度，逐年減少。所有薪資階級者，大都是這種遞減形態，經商者就未必如此。可見保險規劃也必須考慮客戶的收入型態。

　　針對此案例，我只計算他的保額，並沒有深入分析夏先生的家庭財務狀況，但看起來似乎很難收支兩平。當客戶的收入不足以支應其所有支出時，應該如何規劃保險？保險費用增加後，會讓原本捉襟見肘的財務問題，雪上加霜。我看到許多書籍探討保險規劃，並未將保

費實際算出來，再置入客戶原本的財務結構中，所以往往不能確知新增加的保費對客戶的影響。這個問題，也待後續實際討論我們自己的個案時才進一步分析。

圖3-8的計算表可以看到夏先生家的生活費，即使60歲之後打七折，還要157萬的現值（通膨率：3%）。夫妻兩人的收入，若不計社保的退休金，只有多出7.21萬元。在未計入子女教育費用、房貸等支出的狀況下，他們只有10萬元的存款，似乎難以應付多出來的保費，這時財務顧問會如何處理？陳玉罡書中給的數據不足以計算夏先生家的整體財務狀況，但這種可能無法繳納保費的情形相當普遍，並非特例，因此財務顧問要有所準備。這屬於客戶信用範疇，也就是借貸款的問題，也是預算編列的問題，可放在赤字預算的領域探索。

現值	85.58	78.97	(157.34)	0.00	7.21	7.21
年齡	先生收入	太太收入	生活費	支出2	損益	驗算
32	3.60	3.00	(3.00)	0.00	3.69	7.39
33	3.64	3.03	(3.09)		7.45	7.57
34	3.67	3.06	(3.18)		11.27	7.76
35	3.71	3.09	(3.28)		15.16	7.95
36	3.75	3.12	(3.38)		19.12	8.15
37	3.78	3.15	(3.48)		23.15	8.36
38	3.82	3.18	(3.58)		27.23	8.57
39	3.86	3.22	(3.69)		31.39	8.78
40	3.90	3.25	(3.80)		35.60	9.00
41	3.94	3.28	(3.91)		39.88	9.22
42	3.98	3.31	(4.03)		44.21	9.46
43	4.02	3.35	(4.15)		48.61	9.69
44	4.06	3.38	(4.28)		53.06	9.93

圖3-8

齊克用的保險規劃方式

接下來簡單介紹齊克用的保險規劃。先看他書中的目錄安排：

第九章 稅務與保險規劃

9-1 所得稅的稅務規劃

9-2 贈與行為的稅務規劃

9-3 遺產稅的節稅規劃

9-4 自用住宅節稅規劃

9-5 富爸爸的保險規劃

結論

從以上的目錄可以瞭解，他對保險規劃的著墨極少。以下摘錄
9-5〈富爸爸的保險規劃〉：

一、全生涯資產負債表與保險需求

把個人的資源視為一種營生資產，把個人對家庭的責任視為一
種養生負債。當資產減損而負債依舊時，要針對負債額買保
險；如房子不幸遭遇火災，房貸還是要還的，因此金融機構會
要求借款人買火險，以該機構為受益人來規避此風險。同樣
的，把家計負擔者未來收入能力視為營生資產，把其他家人未
來需要的生活費支出視為養生負債，當營生資產減損時，養生
負債依舊。因此，比照房貸買火險的觀念，也要針對養生負債

額投保壽險，而將營生資產與養生負債均列入家庭資產負債表中，做成「考慮未來收支的資產負債表」，即可導出保險的需求……

二、計算保險需求

1. 淨收入彌補法

   應有壽險保額=未來收入折現值-個人未來支出折現值……

2. 遺族需求法

   這種算法是以被保險人死亡時，遺族終其一生的需求為基準，扣除被保險人生前儲蓄所累積的淨值，就是應該投保的額度……

3. 所得替代法

   在正常情況下，人們是以工作收入來支應家用支出，但在保險事故發生後，是以理賠金所產生的利息為生。

   理賠金×存款利率=遺族生活費用

   應有保額=遺族生活費用/存款利率

   如：遺族生活費用是每年50萬元，存款年利率為5%。應有保額=50萬/5%=1000萬元。此種方式未考慮以理賠本金部分支應遺族生活費，所以保額應比前述兩種方法來得高。但因此比較容易瞭解，且理賠本金可當通膨預備金或留作遺產；若投保的預算充裕，不妨用此方法簡單算出應投保的金額。若有房貸負債，保額也要再累加上去。[35]

　　從上面的引文中，可以看到齊克用對於保險規劃，只談到壽險保額的計算方法，沒有提及其他如醫療險、失能險等的保額該如何計算，也沒有探討保險的意義與功能，因此我們也只簡單引述。相較於陳玉罡的相同篇章，可以看到兩者都把保險視為風險轉嫁的工具，屬於風險管理的一部分，沒有談到保險在風險管理之外的價值；沒有算出保費與保費對客戶財務狀況的衝擊；也沒有計算保額與保期的關連性；更沒有探討壽險之外的保額該如何規劃。

　　這是很普遍的情形。絕大多數的個人理財書籍，關於保險規劃的篇章，都只介紹保險的意義與功能、保險的種類、如何計算壽險保額等，對於保險在轉嫁風險之外的其他價值（保險的目的）、險種的選擇、成本效益、不同險種的保額如何計算、保障需求的變遷、保險的侷限性等，少有著墨。保險規劃的目的，就是解決某個問題或達成某種目標，保險本身只是手段而不是目的，保費往往是執行策略的成本，因而規劃保險，要掌握客戶的需求與問題，還要知道解決此問題的成本，對客戶整體財務的衝擊。

　　陳玉罡的保險規劃有六個步驟：「科學的保險規劃遵循下面六個流程：診斷、規劃、產品分析、選擇、執行、跟蹤。」[36]然而，他在退休規劃中也使用一樣的流程，所以這並非專屬於保險規劃的步驟。我們看一下桂詠評主編的《個人理財》一書中245頁的引文，可以補充陳玉罡的程序。

[35] 齊克用（2015）。個人理財一本通。臺北：台灣金融研訓院。P264
[36] 陳玉罡（2012）。個人理財：理論、實務與案例（第一版）。北京：北京大學出版社。

三、保險計畫的制定……

第一步：明確購買保險的目的，即為什麼買保險。……

第二步：明確誰是保障對象，即給誰買保險。……

第三步：選擇適合的保險種類，即買什麼。……

第四步：明確保險期限，即保障多長的時間。……

第五步：明確保險金額，即買多少。……

第六步：選擇購買保險的渠道，即在哪裡買保險。……[37]

　　這段文字說明，保險規劃的實際步驟，跟陳玉罡的六步驟並非同一層次的東西，陳玉罡那六個流程比較屬於通說性質，不管是風險管理還是退休規劃都可用，但桂詠評等人所列出的，是他們認為的具體的保險規劃步驟，專屬於規劃保險，兩者意義不同。我自己的保險規劃與桂詠評的做法相近，差別在於：保險的目的是一切步驟的基礎，不論保障對象、險種選擇、保險期限、保額，幾乎都與保險的目的有關，只有第六步選擇購買保險的渠道，比較沒有直接的關係。

　　保險的目的，是「財務分析」後的判斷結果，它是規劃的基礎，因此我的系統中沒有「購買保險的目的」這一項，但多了「保費多少」這項，因為保費高低，直接影響客戶購買能力，也影響整體財務減少幅度，若保險規劃沒有考慮保費，客戶恐怕難以決策，顧問也無法確定自己的建議，對客戶有多大的影響。另外，「購買渠道」的問題，乃是執行面的問題，這裡談的是規劃，因此我也沒有把這步驟列

---

[37] 桂詠評、胡邦亞（2018）。個人理財（第三版）。上海：格致出版社、上海人民出版社。P245

入其中，卻多出「繳費多久」與「由誰繳費」的項目，繳費期間可長達數十年，月繳與年繳也有差異，更重要的是，由誰繳費涉及保單在整體財務結構中的位置，跟要保人、受益人同樣舉足輕重。

另外，這六項對我而言，不是步驟或程序，而是類似檢查表的作用。保險規劃的步驟，要先找出某一個目的，是保險能夠達成或解決的，再針對此一目的設計保險方案，再以檢查項目檢視方案，最終要讓保險方案融入客戶整體財務中，觀察成本效益如何，並取得客戶的支持。保險規劃與其他規劃不同之處，也在於它是分別規劃的，沒有統一的目的，只要保險功能所及，都可以試著規劃，但各種目的卻未必會有一致的內涵。客戶可能買十餘種保單，每種都有其目標要完成，唯一能統合這些保單的或許是願景吧。

有趣的是，桂詠評書中這些步驟是這章的結尾，此書前面花了頗多篇幅討論：保險的定義、風險管理概念、保險的原則（保險利益原則、最大誠信原則、近因原則、損失補償原則、保險代位求償原則、重複保險分攤原則）、人身保險保費包括純保費和附加保費、保費的計算基礎、保險產品的分類與種類等。規劃保險的部分所占的分量很少，就是上面所引述的六個步驟，及其說明。若照其書中的體系，真正的保險規劃應該從此展開，這是探討規劃的起點，前面所有的論述大致上是保險學與風險管理的知識，不論知識、資料、訊息都不能取代規劃，規劃也不是熟稔這些知識就能自動掌握的技術，因而我們會在實際案例中，以操作規劃的步驟讓讀者瞭解如何規劃。

倒是齊克用談到的「考慮未來收支的資產負債表」，這是很好的觀念，對於財務分析與規劃，具有實質的幫助，不限於保險額度的計算。但齊克用的書中並未討論折現率的問題，但若不討論此問題，就

無法計算他所謂的未來收支，他上文提到的淨收入法也無法計算，從
這角度思考，也能了解機會成本的意義。

3-4 退休規劃

接著看退休規劃的案例。

齊克用的退休規劃方式

下面先舉《個人理財一本通》一書中關於退休規劃的章節安排，給讀者參考。有時候作者的章節安排，就已告訴讀者，作者所著重的是什麼。

7-1 退休規劃的重要性

　一、高齡化社會的來臨

　二、老人家庭與生活概況分析

7-2 退休金需求分析

　一、退休後的年度支出

　二、退休後的餘命

　三、計算出退休金總需求

　　1. 簡易法

　　2. 實質報酬率折現法

　　3. 等比遞增年金數列法

　　4. 退休生活費分段計算法

從齊克用書中安排的章節，可看到他的退休規劃，會談及許多法規、社會福利、人口結構變化等資訊，且對各種不同身分的退休人士

---

[38] 齊克用（2015）。個人理財一本通。臺北：台灣金融研訓院。

適用各種不同法規，都有詳細的說明。這些都是非常重要的資料，這些資料在規劃中自有用處，但規劃並非資料的堆疊，再重要的資料，也無法取代規劃。本書中關於規劃退休，他主要的著眼點是如何算出退休金總額：

一、退休後的年度支出

有三種算法，以案例的方式說明如下：

張大同先生40歲，打算60歲退休，目前月薪資7萬元，月支出5.4萬元。

1.根據目前的生活水準做調整，退休月支出現值調整率的概念

退休後的生活費現值＝目前的生活費-退休後預計可減少的支出項目與金額（如子女生活費、教育費、房貸、保費、上班通勤費、治裝費）＋退休後預計會增加支出的項目與金額（如休閒娛樂費、旅遊、醫療保健、看護費）。

表7-1顯示一個目前月支出5.4萬元的家庭，退休後只要有3萬元現值的月支出，就可以維持與目前相同的生活水準，退休年支出調整率＝月退休支出現值30000/目前支出54000元＝55.56%。

表7-1

支出項目	目前月支出額	調整原因	增減額	退休後月支出
生活費	30000.00	子女獨立	(10000.00)	20000.00
通勤費	5000.00	不用上班	(4000.00)	1000.00
房貸	12000.00	已繳清	(12000.00)	0.00
保費	2000.00	繳完	(2000.00)	0.00
旅遊休閒	3000.00	更多休閒時間	2000.00	5000.00
醫療保健	2000.00	老年病痛多	2000.00	4000.00
合計：	54000.00		(24000.00)	30000.00

以此種方式算出來的退休生活費用，是現值的觀念。要換算成退休後第一年的生活費用，還必須考慮從現在到退休這段期間的通膨率。

假設離退休還有20年，平均通貨膨脹率為3%，退休後屆時的月支出=30000×(1+3%)^20=5.4183萬元，看起來與目前的生活費類似，實際上已經過現值支出型態與通貨膨脹率調整了。

2.根據退休時的收入作調整，退休後的所得替代率觀念

……（退休時的收入是假設值，可用每年調薪多少金額或每年調薪多少百分比計算）……按照世界銀行的建議，60%的所得替代率為合理標準，因此退休後第一年的月支出=退休前一年月所得*60%=70000×(1+2%)^20×60%=62410元。……

3.不管目前的收入與支出，完全按照自己的理想重新計算退休後所需……

二、退休後餘命

算出每年要花多少錢後，還要算出要準備多少年，才能算出退休金總需求。平均餘命意指一般人在某個年齡之下尚可存活的年數期望值，所以每個年齡的人口均有其各自預期尚可存活之年數。一般我們所說的平均餘命多是指嬰兒出生時的預期壽命……依照2011年內政部的統計，男性於出生時的平均餘命為75.96歲，女性為82.63歲。然而隨著每個人的年齡增長、各個社會的生活條件以及體質不同，每個年齡層皆有其不同的平均餘命……如果能夠依照目前勞退新制所規定的60歲便能開始請領退休金時，其平均餘命，男性尚有21.26年，女性尚有25.25年。若能活到80歲，男女性平均餘命，各還有8.53年與9.97年。

三、計算出退休金總需求

綜合退休後首年月生活支出與退休後餘命，可以依照下列方式計算退休金總需求：

1. 簡易法

假設退休後採取非常保守的投資方式，投資報酬率等於通膨率，此時退休金總需求＝退休後屆時月需求×12×退休後餘命。如張大同退休後餘命22年，退休後屆時月需求54183元，54183×12×22＝1430.4萬元。

2. 實質報酬率折現法

退休後的投資報酬率-通貨膨脹率=退休期間的實質報酬率，以此為折現率，將退休後首年度支出視為年金，求取年金現值即為退休金總需求。假設張大同退休後的投資報酬率為5%，通膨率為3%，實質報酬率=5%-3%＝2%，退休後年支出=54183×12=650196元，EXCEL函數PV(2%,22,-650196)=1148.11萬元……[39]

3. 等比遞增年金數列法

這個方法在同時考慮退休後，投資報酬率與通貨膨脹率時，比實質報酬率折現法算出來的結果更為精準。

……（我刪除了原文的計算過程）

4. 退休生活費分段計算法

……（我刪除了原文這段落的說明與計算）[40]

上述引文，我省略了部分內容，有興趣深入瞭解者可以去看原書。為什麼引用這些內容？因為作者很有系統地介紹如何計算退休金的總需求，這是財務顧問的基本功。在此簡單說明。

退休後的年度支出，這是齊克用首先要算出來的數字，意思是張大同退休的那一年（60歲），他需要多少退休金？書中提供三種計算

---

[39] 實質報酬率用「投資報酬率」減「通貨膨脹率」是近似值，若要精確可用除法：（1+投資報酬率）/（1+通貨膨脹率）-1=（1+5%）/（1+3%）-1=1.94%

[40] 齊克用（2015）。個人理財一本通。臺北：台灣金融研訓院。P156-165

方式：

第一種是根據目前的生活水準來調整，先把今年當作60歲那一年，把某些支出刪除或降低，再加上屆時可能增加的費用，調整後會出現一個新的數字，在張大同這個案例裡，那個數字就是每月3萬元的支出（參閱引文中表7-1）。再把這數字，以通貨膨脹率調整為20年後的數字，就能得到張大同60歲當年度每月退休金額，只要乘上12個月，就可換算成年支出金額。

計算式：30000×(1+3%)^20=54183元，換成年收入為650200元。

第二種方法是先算出收入成長到張大同退休那年，每月有多少收入。計算方式很簡單，一個是假設每年每月加薪2000元，經過20年，每個月等於增加20×2000=40000元，加上原來就有的70000元，因此張大同60歲時，月薪為11萬元。另一個是每年增加固定的幅度，如2%，以70000元為起點，逐年增加2%直到20年後60歲。可以用Excel的函數：FV(2%,20,,-70000) 算出70000元20年後的未來值是104016元；也可以直接用計算機算：70000×(1+2%)^20，答案是一樣的。得出這個60歲時的月收入後，乘上所得替代率，齊克用書裡是以60%為例，用什麼數據其實並沒有特別的規定。把104016×60%=62410，這數字換成年收入為748920元。

第三種方法我就不多說明了。

第一與第二種方式算出的數字差了大概十萬元，這是因為估計的關係，並沒有哪一個數字比較正確。

以上是退休當年度需要退休金的計算方式。我們知道了張大同退休那一年的年收入，接下來要知道的是，退休金需要準備幾年？齊克用以平均餘命為基礎，計算退休金總需求，國人60歲的男性平均餘命

為22年，根據此一數據，最簡單的方式就是假設投資報酬率與通膨率相等，直接把剛才算出的60歲退休金數字乘上平均餘命，這就是齊克用書中說的簡易法。然而，剛才算出兩個不同的退休首年度的退休金數字，應該選用哪一個？書裡用的是65萬，這也沒有硬性規定，端看你剛開始是用哪種方法求得60歲時的年度退休金，顧問平常不會把兩個數字都計算出來給客戶，會挑一個自己比較熟悉的計算法。簡易法很方便計算，所以很多書上也只用這種方式計算客戶的退休金需求，但必須假設通膨與投報率相等。

齊克用的「實質報酬率法」與「等比遞增年金法」計算方式，主要是在投資報酬率與通貨膨脹率不同的時候採用的，若兩者相同，就用簡易法了。他認為等比遞增年金數列法，比第二種實質報酬率折現法，更為精確。其實這是誤解，兩種算法得出的結果是相同的數字。

實質報酬率折現法的意思是，假設每年的退休金金額都相等，看成平準的年金數列，以張大同這個案例而言，就是算出60歲時的退休金額後，每年都固定這個金額直到82歲為止；等比遞增年金數列法則是假設每年的退休金都會根據通貨膨脹調整，也是到82歲為止。

我用計算表給大家看（圖3-9），很容易就明白了。

年齡	等比遞增年金數列法	實質報酬率折現法
61	(650196.00)	(650196.00)
62	(669701.88)	(650196.00)
63	(689792.94)	(650196.00)
64	(710486.72)	(650196.00)
65	(731801.33)	(650196.00)
66	(753755.37)	(650196.00)
67	(776368.03)	(650196.00)
68	(799659.07)	(650196.00)
69	(823648.84)	(650196.00)
70	(848358.31)	(650196.00)
71	(873809.05)	(650196.00)
72	(900023.33)	(650196.00)
73	(927024.03)	(650196.00)
74	(954834.75)	(650196.00)
75	(983479.79)	(650196.00)
76	(1012984.18)	(650196.00)
77	(1043373.71)	(650196.00)
78	(1074674.92)	(650196.00)
79	(1106915.17)	(650196.00)
80	(1140122.62)	(650196.00)
81	(1174326.30)	(650196.00)
82	(1209556.09)	(650196.00)

62409.79
(11776002.47)
1.94%

(11776002.47)   (11776002.47)

圖3-9

　　這兩欄數據，左邊的是等比遞增年金數列，每年增加通貨膨脹率3%，右邊的是平準年金數列，所以整欄的數字都一樣是650196。

　　這兩欄的折現值都是：11776002.47。並沒有不同，只是等比年金數列使用的折現率是投資報酬率的5%，實質報酬率折現法的折現率是：（1+投資報酬率）／（1+通貨膨脹率）-1=（1+5%）／（1+3%）-1=1.94%

　　如果財務顧問手上有Excel計算表，使用哪種方法計算並不會有什麼差別，但如果手上只有財務計算機，使用實質報酬率折現法會比較容易。

為什麼齊克用會說第三種方式比較精確？因為他在計算第二種方法時，折現率用的是：投資報酬率 減 通膨率，所以5%-3%=2%。

　　這種折現率只是近似值，自然不夠精準，但這與方法無關，純粹是折現率計算上有誤差值，兩種計算法應該得出的答案完全相等。（書中計算的期末年金現值，而我計算的是期初年金現值，所以數字會有一點誤差。）

　　底下是用Excel的函數計算出兩種方法的現值：

　　我們使用兩種Excel函數：PV與NPV，輸入的參數不同，NPV函數只需要利率與要計算欄位的起點與終點，並不管欄位中的數字是否相同，張大同的這個例子中，把PV函數改為NPV函數，一樣可以算出答案，但反過來卻無法把等比遞增年金用PV函數計算。

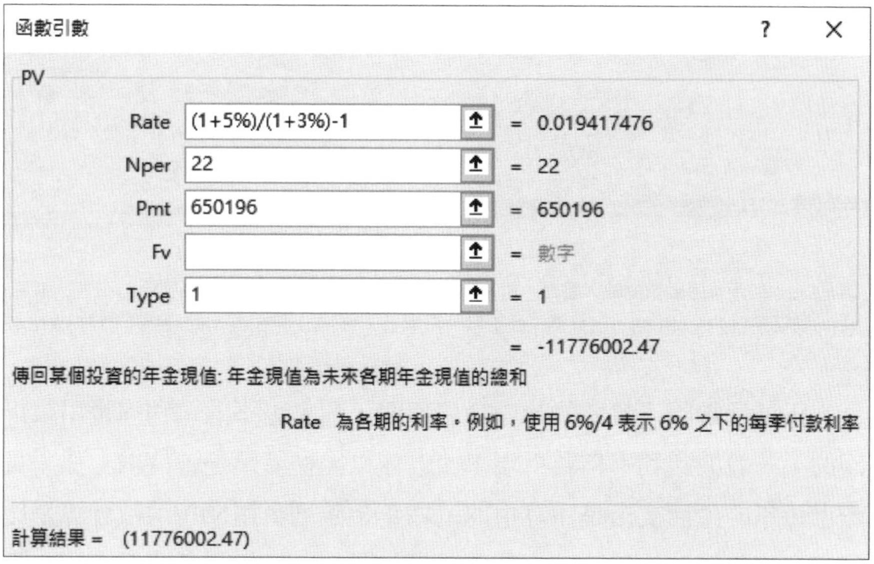

函數引數				?	✕
PV					
Rate	(1+5%)/(1+3%)-1	⬆	= 0.019417476		
Nper	22	⬆	= 22		
Pmt	650196	⬆	= 650196		
Fv		⬆	= 數字		
Type	1	⬆	= 1		

　　　　　　　　　　　　　　　　= -11776002.47

傳回某個投資的年金現值: 年金現值為未來各期年金現值的總和

　　　　Rate　為各期的利率。例如，使用 6%/4 表示 6% 之下的每季付款利率

計算結果 =　(11776002.47)

圖3-10

這是使用Excel現值函數輸入畫面，計算實質報酬率法的現值。

函數引數

			?	×

NPV

Rate	5%	⬆	=	0.05
Value1	J2:J23	⬆	=	{-650196;-669701.88;-689792.9364
Value2		⬆	=	數字
Value3		⬆	=	數字

= -11215240.45

在已知貼現率、各期付款值(負值)及收入(正值)的情況下,求出某投資的淨現值

Value2: value1,value2,... 為 1 到 254 個付款或收入的組合。並且這些付款或是
收入平均地發生於各期的期末。

計算結果 = (11776002.47)

圖3-11

這是Excel的淨現值函數的輸入畫面,計算等比年金數列的現值。利率:5%,Value1輸入J2:
J23。結果是11215240.45,這是期末的數字,再乘上(1+5%)則是期初的數字:11776002.47

　　兩種函數除了輸入的參數項目不同,利率也不同。利率是用來折
現的,一般把此利率稱為折現率。退休以後物價還是會持續上漲,實
際上每年的生活支出是不等值的遞增年金數列,用NPV函數計算是比
較符合實際情況的做法。但我們只是為了求出退休那年到張大同82歲
的退休金總額,並且以他60歲時的現值來表現,答案會是一個數字,
而非一個數列,所以用PV函數也可以。

　　PV函數輸入的參數比較多,但優點在於,它的年金因為設定為
相同數字,所以只需輸入一個數字即可;而NPV函數雖然只需輸入兩
種參數,但它必須把年金數列整個輸入,你可以用A1:A100這樣的
簡化輸入法,也可以從A1到A100逐一輸入。所以,NPV能處理年金

不是同一數字的數列，輸入卻較為麻煩，而PV函數無法處理年金數列不等值的狀況。

張大同的例子，若是使用NPV函數，它的年金數列已經先隨著通膨率逐年調整過才輸入，所以它的折現率只需單純使用投資報酬率即可。若使用PV函數，它的年金還未經過通膨率調整，因此它的折現率必須把通膨率與投報率同時考慮進去，也就是必須使用實質投資報酬率（名目利率扣除通膨率之後的淨利率）來折現。把名目投資報酬率轉變為實質報酬率的計算：

（1+名目報酬率）/（1+通膨率）-1＝實質報酬率

有些時候為了簡化，會直接用名目報酬率–通膨率，得出近似值。

陳玉罡的退休規劃方式

接下來我們在看陳玉罡書中199頁的案例5-8，這個例子剛好把上面的幾個計算整合起來，構成完整的運用示範。

小李30歲，30年後退休，目前年生活支出為5.5萬元，通膨率4%。退休前可進行較高風險的投資，投資報酬率為8%；退休後要降低投資風險，投資報酬率為6%。退休支出每年年初需要準備好，假設小李退休後還可以活25年的話，則小李退休前每月月底應投資多少才能準備足夠的退休金（不考慮社保，全部由自己準備）？

案例分析

這個案例比較複雜一點，其複雜之處在於各階段的投資報酬率不一樣，而且要考慮各個階段的通貨膨脹率。我們運用「先需求、後規劃」的原則還分析這個案例。

……

案例5-8中有幾個關鍵點，這幾個關鍵點與貼現率有關：

第一個關鍵點是要計算考慮了通貨膨脹後的退休生活支出，這時需要將當前的生活水平按通貨膨脹率計算出退休時，保持現有生活水平需要的生活支出。

第二個關鍵點是計算退休後的總生活支出。這時用的貼現率是考慮了通貨膨脹的實際收益率。

第三個關鍵點是計算從現在起如何進行投資為退休做準備，這時用的貼現率是名義收益率。

第一步和第二步計算的是養老需求，第三步計算的是規劃，遵循的是「**先需求、後規劃**」的原則。[41]

針對此案例，我刪除了中間詳細的計算過程，從後面的關鍵點說明，可以看出陳玉罡的計算過程與齊克用的程序是一樣的：

首先，把今天的支出以通貨膨脹率調整為30年後的數字，每年5.5萬元的支出，30年後：FV=5.5×（1+4%）^30=17.8387萬元。

齊克用是把每年的收入，扣除退休時應已不再支付的費用，加上

41　陳玉罡（2012）。個人理財：理論、實務與案例（第一版）。北京：北京大學出版社。P201

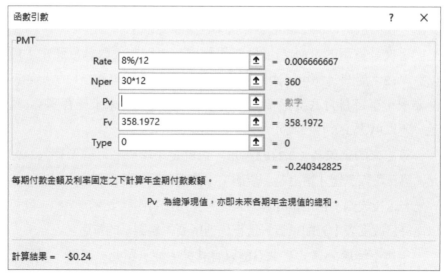

圖3-12

圖3-13

屆時可能新增加的費用，得出的數字再以通膨率調整為退休時的應有收入。

比較陳玉罡與齊克用兩位的做法，程序上是相同的，但陳玉罡是以今日的支出為基礎，計算退休時的年度支出；齊克用卻是以今日的收入經過調整後的數字為基礎，計算退休時應有的年度收入。

陳玉罡接下來計算從小李60歲活到85歲的25年時間裡，總共需要準備的生活費用。計算法：以17.8387為年金、實際收益率為折現率、以退休後生活25年為期間、採年初準備好退休費用，所以是以期初來計算。這就是齊克用所謂的「實際報酬率法」。我們可以簡單用Excel函數來計算PV值（圖3-12），得出小李生活總費用：358.1972萬元。

接下來計算籌備這筆費用，他每個月底需要存多少錢？

這次要計算的是年金，把小李每個月要存的錢看成一系列的年金支出。我們還是以Excel的函數來計算（圖3-13）：

這次計算用的是8%名目投資報酬率，但因為要改為月利率，所以除以12；期間為30年，因為要改為月付金額，所以乘以12；另因案例要求小李每月月底提撥準備金，所以Type為0；未來要存到358萬元，所以FV為358.1972萬元。

算出來的結果為：0.2403萬元，也就是小李每個月底要存入2403元。第三段陳玉罡才稱之為「規劃」，前面兩段的計算則是「需求」，「先需求後規劃」也是指計算的順序。算出每月應該提存的金額，就可以從每月收支表中分配預算。這正是他所謂「規劃」的意思。

規劃不等於計算，至少不是只有計算。陳玉罡此一原則，只是把退休金總額與準備這筆總額需求的每月提撥金額算出來，這並非完整

的規劃。規劃還要談到：用什麼方式、商品來提撥？存到預期退休金總額之後，如何管理、持有？這種以每月的收支表來掌控預算，並以預算分配掌控理財目標的做法，我們在討論陳玉罡的房產規劃時就有談過。

每月的收入分配到各個理財目標，這種方式很難應付變動的收入與支出，比如：假設薪資成長率5%，今年可以分配的收入跟明年可以分配的收入就會不同，若經過十年，差距會像複利一樣擴大；支出的通膨率可以透過計算，納入需要分配預算的理財目標中。小李這個案例，每月要提存2403元，這個數字已包含退休生活的通膨率，但收入卻沒有考慮薪資的成長——薪資成長率也是種通膨率，亦即工資的通膨。只採計支出面的通膨，忽略收入面的通膨，計算出來的結果會有很大的誤差，若據此規劃客戶的財務策略，怎能周全？何況客戶的可分配資源並非限定只有收入而已，還有存款、投資、不動產等，光看收入支出表，並不能完全涵蓋這些資產，勢必得將資產負債表也納入，那麼預算編列就不只是「收支表」可以完成的了。

回到案例，此例與齊克用的做法幾乎相同，但齊克用沒有計算張大同在退休之前每個月必須存多少錢。陳玉罡的案例看起來比較簡單而且完整，同時也告訴我們，計算退休首年度的生活費或是年收入都可以，並不是只有一種基礎。

另外，除了用實際收益率（實際報酬率）來計算，我們當然也可以改為等比遞增年金來計算，事實上我比較常用這種方式，尤其當我們不只要算出退休金總額與每年該存入的金額，還要考慮退休規劃與其他規劃競爭資源時，更是如此。齊克用的書裡還有一個規劃上的重點：退休需求的層次與開始規劃退休的年齡不同，所產生的影響。

一、按照需求層次來準備退休金

1. 第一層次：退休後的基本生活需求。可用最確定屆時可領現的養老險或年金險來儲備，即使其他的投資績效都不如預期，這部分的收入可以讓你維持基本需求……

2. 第二層次：退休後維持與目前同水準的生活。可以投資型保單或定期定額投資基金來儲備。一般的退休規劃多是以維持同樣水準的生活為目的……

3. 第三層次：退休後想過較目前水準更高的生活。對於尚有多餘資產或儲蓄者，可投資國內股市個股組合，或科技、新興市場等風險較高的基金……

4. 第四層次：為子女拼遺產。一輩子都用不到的錢，可以提早規劃贈與，讓子女自己決定如何投資，或者選擇投資標的時已節稅為第一考量，可以考慮投保終身壽險……

二、不同年齡層準備退休金的資產配置

1. 目前30歲以下年輕人（以60歲退休計算）：離退休還有30年以上，勞保＋勞退＋6%自提入退休金帳戶，足以供應基本需求。其他部分因為投資的時間長，可冒較高的風險，目標報酬率要比通膨率高出6%以上，投資工具以國內外股票型基金與投資型保單為主。每年需要的額外投資額不到5萬元。

2. 目前30～40歲者：離退休還有20～30年，勞保＋勞退＋6%自提，能供應70%左右的基本需求。此時額外年投資額應該增

加到5萬元至10萬元，以穩健型的投資組合為主，目標報酬率要比通貨膨脹率高出4%～6%。投資組合中可加入20～30年的長期債券，與20～30年的養老險來降低原來以股票型投資工具為主的風險。

3. 目前40～50歲者：離退休只剩10～20年，勞保+勞退+6%自提，只能供應40%左右的基本需求。且超過45歲者，滿60歲時新制年資不到15年，只能選一次領回，無法以年金方式領到勞退金。此時額外年投資額應該要增加到10萬元至20萬元，以債券型基金為主。如10～20年的中期債券，及股息較高的績優股來提高報酬率，其目標報酬率要比通貨膨脹率高出2%～4%。

4. 50歲以後才開始準備者：離退休不到10年。勞保+勞退+6%自提，因時間短只能供應不到20%左右的基本需求。此時額外年投資額應該要增加到20萬元至40萬元，10年以內短期債券+定存+10年以內儲蓄險的保本組合應占一半以上，投資報酬率的最低標準要比通膨率高出2%以上。

三、（略）

四、如果退休金累積不如預期時的調整方向

1. 延後退休年齡：如原訂55歲退休延為60歲，才足以累積築夢

餘生養老金，但若延到一般退休年齡的上限65歲還不夠的話，則應調降現在或退休後的支出額。

2. 降低退休後的生活水準期待：如年費用50萬元縮減為40萬元以因應現實狀況。

3. 提高退休前的每月儲蓄，如增加每月定期定額投資額度，由5000元提高到8000元。

4. 若以往投資過於保守只放定存，可以多元化投資組合的方式，設法提高投資報酬率。[42]

　　以上引文在計算退休金總需求之外，談到了不同年齡層準備退休金的原則，也談到退休金累積不如預期時的調整方向。這兩項問題是不同的層面，先看一下他對各年齡層開始規劃退休的做法，有幾點可以想一想：

一、開始規劃退休金的時候，也許客戶已經50多歲，但他的勞保與勞退可能因為工作的關係，很年輕就已開始累計，並不一定是從50歲以後才開始投保勞保。若勞保加勞退可以支持基本生活開銷的70%以上，那麼額外投資的部分，壓力當可減輕。

二、年齡越靠近退休，若使用越保守的投資工具，如定存、短期的養老險等，客戶將需要更多的本金，而往往客戶沒有趁早規劃退休。當然，有些人是因為沒有這方面的觀念，但也有不少是因為沒有餘力規劃，若到快要退休之齡，還要準備

---

[42] 齊克用（2015）。個人理財一本通。臺北：台灣金融研訓院。P192-195

更多本金才能滿足他的退休所需，我想實務上能辦到的人不多。而要求投資報酬率高過通膨率至少2%以上，若以通膨率3%計算，那麼客戶的短期投資報酬率要達到5%以上才合格，如非長期投資，我認為這是相當困難的條件。

三、這些規劃年齡只到50歲，忽略了已經退休者的規劃。有人確實是已經退休才考慮該如何規劃往後的生活，此時使用的工具或商品是什麼？有沒有再規劃的可能？

四、規劃退休沒有考慮到風險。或許因為寫作篇幅有限，把有關風險的問題，放到保險規劃中處理，但保險規劃與退休規劃有重疊之處，單純考慮保險規劃而不涉及退休規劃，是不行的。例如：安養問題。安養要處理老年風險，還要處理退休金因為存活年齡超過預期而造成資金不足的可能性，因為所有退休規劃都必須假設身故的年齡，但那只是預估值，萬一活得遠超過平均餘命，該怎麼處理？這是風險，卻很難直接從保險規劃中計算這部分的保額與成本，勢必與退休規劃同步考慮才行。退休規劃沒完成，傳承與稅務規劃也很難進行，這又造成另外的風險。

五、退休規劃並非橫空出世，它與其他規劃並存於客戶的財務世界裡，必須考慮彼此的影響。基本上，退休的規劃就是消費範疇的規劃，所有支出，除了消費性支出外，包括稅負、投資虧損、醫療費等，都相互競逐有限的資源。有些支出具有強制性，客戶能選擇的空間不大，唯獨消費性支出，由於客戶可以決定項目與額度，所以更是規劃時的要項，顧問必須掌握輕重緩急。

　　至於投資績效不如預期的調整，我想這是不得已的狀況，能調整的也只有這些方向，齊克用這些部分說得並沒有錯，但這已不是規劃的問題，而是執行後發生狀況的應變，即使不經思考，客戶也會這麼做。若從規劃的角度看，事前就必須決定當投資績效不如預期時，客戶的應變方式。

　　退休規劃本身是組合式的結構，拆開來看，它似乎不存在。個人理財書籍的大部分作者，只著墨於退休金的計算，其他有關退休風險，已經被保險規劃吸收了，累積退休金又被投資或儲蓄規劃吸收，根本找不到專屬於退休規劃的東西可以深入開展。這一點很有趣，跟保險規劃正好相反，保險規劃因為要照顧的層面太多，每個問題的解決，都可能運用保險這個工具，大部分的作者無法全面展開，因此大都聚焦在壽險保額的計算，單純地把保險規劃視為風險管理的一部分，忽略保險規劃超出風險管理的價值。兩種現象表面上看來似乎差不多（以偏概全），但造成的原因其實是不同的。

　　以上說明了退休金的計算方法，也評論了退休規劃的某些缺口，那麼究竟應該如何規劃退休呢？

　　退休生活是人生的一個階段，若將人生粗略分為三個段落，第一階段是從出生到就業，第二階段是從開始工作到退休，第三階段從退休到身故。一般人第一階段與第三階段的期間大致差不多，約20～30年。真正可以掌握的人生階段是第二、第三階段，雖然退休看似可能是個明確的時間點，比如65歲，但實質上除了沒有工作收入之外，生活是連續不斷的過程，所謂的退休規劃，不能單獨切開前面的人生階段，要把原有的生活繼續下去，需要評估的是到退休時，客戶有多少累積的資源（包括政府、企業提供的退休金），以及客戶累積的淨資

產（包括動產、不動產），退休後能否維持基本生活、還是維持現有
生活水平，甚至更好的生活品質？這得看屆時剩餘的資產（以及退休
後資產的運用方式），與他的開銷數字之間的比例；開銷不只是生活
費，還有各種費用，例如：有些保單可能還沒繳完、有些貸款或許還
要繼續繳費、孩子可能尚未獨立（這不一定能從年齡判斷）等各種費
用。

　　換言之，退休是整體生活的縮影，而且與之前的生活連續不斷，
無法分離。因此，規劃退休就是透過整體評估，若資產足以應付退休
後的所有花費，需要考慮的就是該不該把退休準備金獨立儲備，還是
放在一般帳戶就好？有沒有更好的準備方式，可用更少的本金，獲取
更好的效益？這筆資金在累積的過程中有沒有風險？若資產不足以應
付退休後的花費，有沒有補救之道？補救之道與客戶面對問題的時間
有很大的關係，客戶35歲就知道問題何在，與到了55歲才面對問題，
能選擇的調整方式就會有很大的不同。不管如何，開源與節流是調整
的基本原理，實際規劃要看客戶具體的狀況才能評估，而時間、本
金、能力是最關鍵的調整因素。

　　除了資金面的診斷與規劃，風險面的考量是另外一個重點。退休
生活固然延續之前的生活，但人的身體狀況日益衰老，難以規避。醫療
保健的支出、看護照顧的支出、失能失智的可能性、活超過預期年紀的
問題、家人的健康與財務變化，這些都是退休規劃的重點。風險之所以
稱為風險，就是因為事故是否發生、發生的時間點、發生的規模、次數
等，無法操之在我。這些因素構成規劃退休的難題，甚至比資金面更難
解決。因為資金有無容易計算，風險卻在計算之外。轉嫁或處理風險都
需要成本，不但消耗資金，有些風險即使有錢也難處理。

275

　　風險層面問題，也是保險規劃的領域，但若不經由退休金來思考問題，客戶將無法知道他有多少籌碼可以用於風險上，也可能無法確定需要處理哪種風險與風險的規模。

　　退休規劃的第一步，並不是計算退休生活總額，而是分析整體財務狀況。最早什麼時候可以退休、退休需要多少資金、能夠轉嫁多少風險、有沒有傳承與稅務方面的問題、要不要信託……這些都能從整體財務分析中探得答案，而且並不一定需要特別去計算。在第一章〈財務管理概論〉中，我們把客戶的財務生活分成八個範疇，但其中並沒有「退休」範疇，因為在本書的系統中，退休是種生活，底下可以切割出各種範疇，退休的所有問題都會被各種範疇吸收，但那些問題還是會帶有退休的獨特印記，不會與其他生活階段的議題混淆。

　　有關客戶的本金不足以退休，或距離退休的時間太短，無法透過投資獲得退休所需的報酬時，該怎麼規劃？若從財務分析的角度觀察，只有把退休獨立出來規劃，才會這樣提問，若把退休視為財務整體的最後階段，就變成資源調度的問題。這並不是說客戶不可能資源不足，而是說它會先變成一種調整的過程，當所有可以調整的方式都無效，那就是客戶的財務實況，既然如此也沒有問題需要解決了；及早判定問題是否能夠處理，不糾結在不能處理的問題中，也是顧問需要學習的。反之，若有調整的可能，就會變成投資或其他的範疇，一併規劃。若把退休抽離客戶整體財務背景，單獨計算，即使算出每個月應該提存多少錢到退休專用帳戶，還是無法確保這筆錢不被其他支出占用，因為獨立規劃退休，沒有辦法事先排除競爭性支出。所謂的調整方案，相當複雜，這裡只是以述評為主要目的，兼及少部分的財務計算問題，等到下一章實際規劃案例，會把退休規劃的做法更清楚的展現。

第4章
財務規劃

財務規劃是個人財務管理工作的核心。

分析、規劃、執行都是動詞做專有名詞使用，指稱財務管理體系中的三種活動。分析是種觀看的方式，透過計算，產生判斷，但唯有執行才能產生改變，而執行需要一份藍圖，規劃包含目標、策略與計畫的擬定、資源的配置，規劃也可說就是設計，亦即繪製整體財務的藍圖。本書缺乏討論執行面的完整章節，只把重心放在規劃，這是執行的基礎。執行需要許多相關的知識、經驗、技術，這些東西掌握在不同的專家手中，每個領域或項目都需要專書才能探討。分析與規劃本是各自獨立的活動，然本書的規劃，乃以分析為基礎，故實務上也可看成規劃統攝分析，不過分析並不只用於規劃，在某些需要判斷的情況下，也用得到分析的技術，例如：買房子還是租房子划算？

財務管理與財務資料的整理，意義不同。網路上許多公開的財務規劃案例中，規劃者通常是收集客戶相關資料後，編制損益表、資

產負債表，然後計算各種財務比率。使用何種資料整理方式，沒有硬性規定，然而，身為財務顧問應切記，收集、整理、記錄資料，並不能取代分析與規劃。使用各項財務比率、各種會計報表都無所謂，但必須清楚知道根據何在。再者，選擇哪一種分析與規劃方式，還有範圍廣窄深淺的問題，操作的便利性也是考慮的重點。本書寫得相當複雜，但實務操作卻是極為簡單。

4-0 財務規劃的內涵

財務規劃做些什麼呢？

一、掌握客戶的財務現況；

二、確定客戶能接受的願景；

三、擬定投資策略；

四、規劃保險；

五、退休安排；

六、傳承與稅務的規劃；

七、信用管理；

八、信託的運用；

九、判斷策略的優劣，計算計畫的成本；

十、單獨設計某些專案。

這些列舉未必能窮盡規劃的所有功能，本書建議的規劃順序，則大致依循上面所列項目之排序，不過並非所有項目都必須規劃，還得看客戶的實際狀況；前五項幾乎所有客戶都能進行，後五項則因人而異。第一與第二項是整體規劃的基礎，其他分項為重要的範疇，所有分項在規劃時，都必須參照第二項的願景，而每位顧問的規劃順序未必一致，同時也可能反覆進行測試，而非直線進行，例如保險規劃，往往到了處理退休或稅務問題時，又必須回頭安排新的保險[1]。

---

[1] 第一與第二項，實際即為「分析」，放在規劃中，視為規劃的基礎；投資策略的規劃，實務上也常與退休規劃一併處理，順序上反倒是以保險規劃為始點；稅務規劃是獨立的範疇，若與傳承規劃一

　　規劃需要一個目標，有了目標，規劃才有方向，可以引導策略與計劃的設計。缺乏目標，任何策略都如無根之萍，漂浮不定；有目標、沒策略，寸步難行；有目標與策略，卻無資源與預算的配置，就只是空談而已。所以，規劃始於尋找一個恰當的目標，止於擬定執行的計畫，中間則是策略的分析與思考。

　　本書所謂客戶的目標，是經過規劃程序而產生，較少是自然存在的。有些專家把客戶主觀的意願或需求當作目標，主要的依據就是客戶的情境或想法，這樣的目標往往是各別獨立的需求，本身並不具備整合與提升客戶整體財務狀況的力量，跟本書所指的目標，意義不同。需求是必然存在的，只是各人需求的種類與程度不同，而目標則否，它是經過設計才產生的。

　　本書的系統，在發展目標之前，先測試與調整，嘗試改善或提升客戶財務狀態，了解其可能性。未調整之前的是客戶財務現況，調整之後的是客戶的願景，願景也可視為客戶的總目標，願景（總目標）乃是根據客戶的潛能規劃，而非基於財務現況。

　　這樣的總目標，本身常帶有整合的意義，所以才稱之為「願景」，而且這種「目標」並非客戶直觀產生的，多半是經過「財務分析」的反覆測試而來。這種目標不是一個點（例如準備退休金的具體數字，或買房之類的具體需求），而是一個整體，所以底下還必須有各種策略目標，才能具體完成這份藍圖。就好像裝潢設計師畫好整個房舍的設計圖，底下還有水電、管路、木作、泥水、家具、燈飾、裝飾等細項需要完成，那些細項也有各自的目標，但這些細項的目標，

起處理，主要只考慮遺贈稅，不管其他稅務問題；第九項屬於評估工作，嚴格說也是「分析」的一環，分析與規劃原本就是一體的。

必須整合在整體藍圖之下，不能隨意配置，要受到總設計圖的約束。

財務的規劃至少有兩種完全不同的進路：

1. 以客戶的目標或需求之發生順序、重要性等考量，直接規劃各個分項目標與需求，例如保險、子女教育準備、養老規劃、購屋、換車、旅遊等。這種規劃方式，常聚焦在客戶的當月收入支出表，以預算的編列為手段，掌控財務規劃的樞紐。

2. 從整體到分項的規劃策略，把規劃分成「整體」的財務規劃，例如願景的確立、資源的配置等；以及各種「項目」的規劃，例如退休規劃、保險規劃等。總之，整體與項目規劃之間，具有相互辯證的關係，不是單以某種需求依序進行規劃，而忽略整體影響，這樣的進路是以統籌分配資源為手段，掌控財務規劃的方式。

本書採用的是第二種規劃方式，這種方式強調整體與各別項目之間的聯繫，重點在於資源配置過程的分析與測試；也注重項目與項目間的互動關係。

項目之間的關聯性有一部分是表現在資源競逐。資源的競逐作用於資源配置與預算編列上，換言之，分項間的互動，其實也透過調整資源來反映。

編列預算與調配資源，但這兩個概念在本書系統中是不同的意涵：

1. 預算是在已經配置資源的範圍中，具體編列採購或執行某種商品與活動的經費；

2. 資源配置並不見得有採購活動，一般只是種資源的調度，給出各個「分項目標」可用資源的限額而已。

　　例如，確定投資的比重是多少，使客戶每年對於投入「投資」的金額，有所依循，這就是資源配置；但具體投入各個投資標的之金額多寡，並非資源配置的範圍，而是預算編列的問題。

　　如何做出實際上的資源配置？主要透過財務計算表不斷測試，比如先看看，如果客戶在現有的情況下買一棟1000萬元的房子，財務結果如何？買一份年繳20萬元的保險，會有什麼影響？在不斷測試的過程中，逐步確定各項目可用的資源額度，並確保客戶的最終財務結果，能達到終身的收支兩平，或與客戶既有的財務結果兩相比較，檢視是否對客戶的財務有所提升。

　　這個過程結束，客戶的願景才會浮現出來。換句話說，並不是有一個明確的目標之後才按圖索驥，逐一配置資源，反而是透過資源配置的過程，觀察並探索客戶財務上的潛能，最終確立他的總目標。

　　各項目之間除了資源競爭之外，分項目標與需求也常有重疊或相互影響，例如：風險轉嫁會用到失能保險，但失能險也可能是退休規劃重要的一環，所以即使在分項規劃的階段，各項目的規劃也不太可能完全各自獨立，要同步考慮到相關的分項目標與需求，以求最有效率的資源運用。

　　另外，由於本書的「財務範疇」分類的關係，子女教育、購屋、購車、生活費用等，都看成同一範疇，也就是「消費」，這些其實就是生活的內涵，可說是最重要的範疇了。不過，我們並沒有單獨處理這些需求，而是統合在消費範疇中規劃，有時也會列為專案，特別處理；常見的是購屋，因為金額龐大，需要考慮諸多層面，如資金調度與信用問題。

　　某一項財務活動，要看它在整體財務活動中脈絡，才能確定其實

質的意義，光看表面形式，有時並不能掌握它的規劃要點。例如購屋到底是投資還是消費？買基金是投資還是退休規劃？

退休在本書架構中並未獨立為單一範疇，它是綜合性的領域（或說跨範疇的主題），可能跨越工作、消費、投資／儲蓄、風險管理等數個範疇，退休規劃之先，在整體財務階段就必須判斷客戶是否有退休能力，即使尚未進行退休本體的規劃，客戶也能知道自己能否安穩地退休。確定退休可用資源多寡之後，才能考慮具體的退休策略。

另外，財務安全也並非獨立的範疇，和退休一樣是綜合性的領域，安全規劃的核心即是保險規劃，但是並不限於保險。保險只能轉嫁部分風險，有許多影響客戶財務的不確定性波動，保險無能為力。例如：流動性風險、通貨膨脹的侵蝕、地域政治的風險、失業、貸款利息飆升等。安全規劃不一定用到保險，保險辦不到的事情，其他管道未必也束手無策，例如：社會福利。而若某一風險，找不到保險可以處理的辦法，那麼解決這難題也可以變成是財務規劃的目標，值得努力尋找解決的方案。

安全規劃的核心是保險，安全考量即風險考量，這部分的保險規劃，是各種策略執行時的「成本項」，所有策略都有其代價，這當中有些必須包含保險費用，因此，我們常需要計算保險的成本。

這麼說並不代表所有保險規劃都是以風險轉嫁為目的，在討論保險的功能時，已列出有些功能與風險轉嫁無關；有些保單的設計上也無法轉嫁風險，這類似於長期存單的有價證券，但就法律上看還是保單。所以，安全規劃的核心雖是保險規劃，卻不能反過來推論所有保險規劃都是安全規劃。以投資為例，購買ETF，並長期持有，也可說是安全規劃的一種型態，不是只有保險規劃才與安全性有關。

　　安全規劃以保險規劃為核心，卻無法拆成固定的項目來分別處理，再組合成單一的主題；它處理的是個別問題，以增加整體的安全，但安全不是可規劃的單一對象，而是許多需要分別評估考慮的項目。若就安全本身而言，規劃之初可以先知道的是，客戶整體財務有多少應付風險的能力，這是安全規劃的本錢，盡量在不影響其他規劃的限制下，選擇增進安全的策略。

　　退休規劃時，由於無法事先確定會活多久，因此也不知道該準備多少資源──這就是「活太久」的難題。保險處理「活太久」的風險，主要依賴「年金」商品，所以談到退休時，必須考慮「年金」的概念；年金是國人比較少關注與了解的保險商品，購買所謂利變型年金保單的人非常多，但很少人知道年金商品的價值，多半是把它當作儲蓄險，而不使用年金也必須有替代的計畫，否則難題並不會自動消失。

　　保險處理「活太短」的問題，主要就是壽險，消費者對壽險並不陌生，只是台灣民眾對壽險的接受度遠不如儲蓄險，尤以定期壽險為然，殊不知壽險是攸關財務穩健的最重要工具。當然，客戶本身活得太短，並非他的退休問題，但卻可能是其父母或配偶的難題。

　　退休規劃除了年金之外，還需要考慮信託，信託是退休規劃的另一個重要工具；信託除了退休之外，與安養、節稅、傳承、投資、創業亦有緊密的關係。與保險或年金有關的信託，主要有兩種，即：金錢信託與保險金信託。其他更複雜的信託，需有專書才能深入討論。

　　本書所謂的安養問題，指的是針對無法照顧自己的人，如何安排照顧所需的資金。包括某些年長者與其他身心殘障的失能者、年幼的子女等，這些人的難題極為相似，都是無法確定所需準備資金的年限

長短，以及自己沒有能力管理資金。其解決方案相近（保險+信託），但使用的保險商品卻未必相同，比如壽險、年金險、失能險等。

退休是人生的尾聲，若不能善終，其他一切努力都將因而遜色，看看清朝康熙皇帝，可謂雄才大略，但晚年卻因諸子奪嫡，搞得灰頭土臉。尋常百姓家，即使不是家財萬貫，亦可能因為自己的退休與傳承規劃沒處理好，貽害子女。所以財務顧問亦應注意傳承之規劃。

傳承規劃未必有稅務問題，兩者是分別獨立的範疇，但往往糾結極深。沒有稅務問題的傳承，一般人不認為需要規劃，事實不然，分配不公常帶給後代子孫無窮紛爭；給得太早，自己承受風險，若是給得太晚，則來不及妥善分配。如何拿捏，不是三言兩語可說的清楚，總之在客戶有能力時，提早安排，就是最佳選擇。

實際上可傳承的財富必須扣除其退休生活所需，傳承發生的時序上，雖比退休階段更晚，但執行上未必如此；若能提早規劃，就能在退休時，甚至退休前就開始執行財富的移轉。

正因為扣除退休所需，因而也能提早瞭解客戶剩餘的資產多寡，這是規劃遺贈稅務的基礎；同時也能看見退休規劃與稅務或傳承規劃之間的相互關係。

財富的傳承與稅務規劃涉及許多外部的知識，例如稅法、民法、洗錢防制法等諸多法律，也牽涉許多人情世故、風俗習慣，亦與信託、保險、其他金融商品等密切相關，顧問的專業能力是否足以全面應付？尤其涉及跨國資產分布的時候，牽涉的專業知識更是驚人。

規劃必須與顧問本身的專業搭配，因為我們只能在自己瞭解的領域發展策略與計畫。但也不應受陷於專業，以保險業務員為基底的財務顧問，常會犯的錯誤就是一切都以保險優先；以投資為基底的財

務顧問，可能會以投資為最主要的規劃目標，這種偏執對客戶未必有利。

所以，在財務規劃上，擁有優質的團隊不但可補個人專業知識的不足，更可相互關照彼此的盲點與疏漏，提供客戶更完整的建議。

接下來以一個案例，探討規劃的實務。

吳律師的個案研究

底下是吳律師的基本資料，我們將先評估他的財務現況，也就是順著他原本的財務做法，看看結果會怎麼樣？即使客戶很滿意他的現況，顧問也可以再測試一下其他的可能性。

吳律師的基本資料

執業律師、年齡41歲、妻子41歲、兒子10歲、女兒6歲。

本人的年收入約380萬元；妻子是全職的家庭主婦。

每年生活支出約180萬元，律師個人花費大約占每月家庭支出的15%～20%。

稅35萬元。

勞健保費用20萬元。

定期存款1800萬、活期存款500萬、基金500萬。

不動產2000萬。

沒有負債。

子女教育費（大學）準備50萬／年（含住宿交通），但不考慮

大學之後的費用。

希望55歲退休,退休後生活費折扣率為70%。

預計準備生活費到85歲。

假設的參數

銀行存款利率:1.2%

投資儲蓄比:17%:83%(且假設一直維持這個比例不變)

投資報酬率:6%

通貨膨脹率:2.8%

薪資成長率:1%

學費漲幅:3%

不動產增幅:2%

借貸利率:6.5%

(所有收支都假設為年初發生)

原始資料中,包括了客戶財務數據與假設的參數。

4-1 財務規劃的第一步：
初步分析（原始狀況分析）

　　計算出客戶的原始狀況，是衡量的基礎。顧問的建議，若不能比原本什麼都不做更好，那麼何必多此一舉呢？

　　問題是，如何知道最終結果好不好？

　　原始財務狀況，我們稱為現況，以收支兩平為「及格」，也就是個人財務獨立的狀態，往後的測試與調整就要以新的結果為基礎，繼續追求更好。

　　這個案例中的主人翁，屬於專業人士、高收入族群，扣掉稅捐與支出，每年可以淨剩餘大約145萬，沒有負債，流動資產近3000萬，總資產有5000萬元。

　　將所有數值加以計算，吳律師現金流的未來值從81歲起，出現透支，到85歲時透支達1881萬，如以現值表現，不計算借款的利息大約為負683萬元（若以借款利率6.5%計算，淨現值為負766萬元），距離平衡（獨立）顯然還有段距離；因而他也沒有任何多餘的財務資源，去做其他需要花錢的規劃，例如：買保險、額外支付孩子出國留學的費用、隨興而起的旅遊等。若依循他目前的運作方式，其自然的結果就是80歲後入不敷出，需要依賴他人才能安度晚年。以上數據皆不包括客戶的不動產，因為自住的房屋，暫不考慮其變現價值。

　　本書的計算方法，分成三部分：

算出淨現值

例如：他的收入380萬，若不考慮薪資成長率，從41歲到55歲之間，共15年，若以銀行利率1.2%折現，這筆收入等於今天多少金額？答案是6801.83；若以5.04%來折現，收入現值為4957.49萬元（不包括退休後收入）。但我們不只計算其收入，而是把所有項目都折現，包括：他的資金、生活費、孩子的教育費、退休金等，每位客戶的項目多寡不同，同類項目可先編制明細表，例如：保險明細表、生活明細表，在總報表上只需呈現小計或合計即可。

算出未來值

例如：他的收入第一年為380萬元，第二年若不考慮增幅，那就仍然是380萬元，若增幅為3%，第二年則為391.4萬元，然後逐年計算各個年度的金額。現值只有一個，未來值則可能有若干個數字，要看各項目的性質而定。未來值可能只出現在未來的某幾個年度，不是所有的項目都是從今以後直到85歲，例如：子女的大學費用。未來值需要根據通貨膨脹率調整，包括薪資漲幅、學費漲幅等。

完整的財務報表

把所有項目的現值、未來值加起來，得出「損益欄」的數字；以現值為經，未來值為緯，交織成客戶完整的財務報表。損益欄的現值

只有一個數字，但未來值每年都會產生一個數字，所以從41到85歲，吳律師有45個未來值。這個欄位是合計，所以代表客戶財務的整體狀況，其他個項目則分屬八個範疇。項目就是會計的科目。把損益欄的**未來值**畫成「折現圖」（如圖4-1），可以更一目了然。

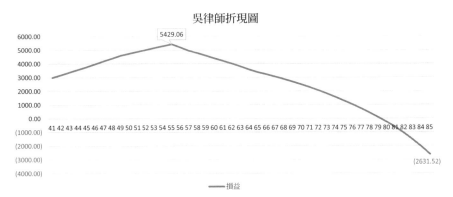

圖4-1　吳律師的未來值折現圖

　　但是吳律師的財務好壞，並不能只看他初步分析的結果，必須看他調整後的財報，才能確定。初步分析是審查他的財務結構，順其原來運作方式所呈現出來的結果；調整的測試，則是想掌握他的財務能力，那是憑藉他的財務條件能夠做到的各種可能性，也就是包括其潛在能力的評估。若只考慮原始報表而給出建議，可能出現大錯。

　　以保險業為例：大多數保險業務員可能只看原始情境（連原始報表都沒有），就直接給出建議。在課堂上我測驗過數百名保險業務員，吳律師該做何種保險規劃？有人說要以失能險為第一考慮，有人重視醫療險與重大疾病，有人認為他有遺產稅問題，應該先做壽險……也有人建議做儲蓄險，為退休盡早規劃。每一種說法都有充足

的「理由」支撐，但沒有人先評估吳律師的財務，確認他是否有錢買保險。

為什麼業務員的見解會眾說紛紜呢？因為大多數業務員，是根據吳律師現在有錢、沒有保險、41歲、子女還小、太太沒外出工作、沒有負債等具體的**情境**為基礎，提出建議，而不是根據客戶的財務狀況與目標來規劃保險。

保險本身不是財務目的，只是種手段，必須整合到更高層次的財務藍圖中，方能發揮其最大的作用。原始數據並非就是客戶的財務藍圖，要經過分析、規劃之後才會形成藍圖。

保險是如此，其他任何規劃亦同。例如有些銀行理專或證券經紀人推銷基金或其他投資商品，也從未深入瞭解客戶的財務狀態，只要客戶有錢就好，這和前述保險業務員犯的都是同樣的錯誤。

回頭再看此案例：吳律師的實際財務狀況，到80歲是否必然破產？即使不考慮外在環境變化，答案仍是「否定」的。客戶沒做任何財務規劃，但人會隨著財務狀況變化，而本能地調整支出額度，所以，當他警覺到帳戶資金降低到某個水位以下，就會開始減少花費，以保障他的財務底線；也有可能直覺地提高投資比重，但並非有計畫的長期投資。

這跟棒球的外野手抬頭接朝他飛來的高飛球有點相似，憑著經驗與本能，接到那顆球，而非精細計算那顆球的飛行軌跡。許多人認同這樣的譬喻說法，認為不需財務規劃，生命自會找到自己的出路。

這也是絕大多數民眾處理自身財務的既有模式。

這種模式無法真正接到球，因為一般民眾忽略了，未經嚴格訓練的球員，多半都是漏接的，能接到球是運氣好。不然那些球星憑什麼

領取高薪？

　　吳律師若順其自然走到最終點，他可能剩下小部分資金，或因為碰到某些不可抗力的事情（例如：家人重病而花費高額醫療費用、因為失智而需要他人看護或依賴子女照顧），導致他無法把握自己的財務終局，這都要看他的運氣如何。

　　財務顧問的使命就是幫他減少運氣的成分，增加可以掌控的部分；收支平衡並不是財務顧問的最終目的，提高客戶財務福祉、止於至善才是使命。

4-2 財務規劃的第二步：調整與配置資源

　　以吳律師的狀況而言，有許多種調整的方式，都能讓他的財務達到「平衡」，甚至超越「獨立」。例如：延後退休、增加投資規模、減少生活開銷、增加工作收入等。

　　盡可能測試、評估各種調整方案所能產生的改善效果，觀察某種調整能否解決問題，也應該比較不同方案的成本與效益，看哪種調整是客戶最能接受、對客戶最有利的；同時不排除有些情況下，多種調整方案並用，以達到最佳狀況。這些都要經過分析與計算方能確知。

　　先簡單把各種調整後的淨值與終值列出如後：

1. 延後三年退休：淨現值288萬、終值707萬元（延後兩年已經差不多快收支平衡）。

2. 延後到65歲退休：淨現值2444萬、終值6001萬元。

3. 減少生活開銷，約從每年180萬→每年164萬元（每年大約減少16萬生活費支出），淨現值大約等於零，也就是收支平衡。

4. 若減少生活費是從退休後開始（56歲起），生活費折扣率必須降為60%，比原先的70%少10%，實際數字大約每年190萬→每年160萬元（以未來值計）。

5. 減少子女學費開支，從每年50萬→每年30萬元，淨現值約為負502萬，終值為負1350萬元。

6. 增加收入，每年380萬→每年429萬元，每年大約必須增加50萬

元收入（共15年），才能平衡。

7. 增加每年投資比重到29%，收支可以平衡（目前是17%）；若增加投資比例達到50%，淨現值930萬、終值4571萬元；若投資比重為100%，淨現值2243萬、終值30883萬元。

以上數字整理如下表（單位：萬元）：

編號	調整方案	淨現值	未來值	備註
1	延後三年退休	288.00	707.00	
2	延後到65歲退休	244.00	6001.00	
3	減少生活開銷： 每年減少16萬元	0.00	0.00	從180降到164萬元
4	減少生活開銷： 從56歲起，每年減少10%	0.00	0.00	未來值每年減少30萬
5	減少子女學費開銷：50萬降到 30萬／每年	（502.00）	（1350.00）	只能減少透支， 無法平衡
6	增加收入： 380萬增加到429萬元	0.00	0.00	（共15年）
7	增加每年投資比重：達到29%	0.00	0.00	目前投資比例為17%
8	增加每年投資比重：達到50%	930.00	4571.00	
9	增加每年投資比重：達到100%	2243.00	30883.00	

以上所列出之各種調整，可分為四種模式：延後退休、減少開銷、增加收入、調整投資比重。

這裡沒有考慮讓吳太太去找一份工作，僅以數字的變化為主要討論範圍，不涉及原始情境的改變。若要知道吳太太外出找份工作，她需要多少收入才能平衡家庭收支，可以假想太太外出工作的收入，等於吳律師為達到財務獨立所須增加的收入。亦即：如果其他條件不變，吳太太外出工作，其收入下限每年不能低於第6項增加收入所列

出的金額：大約50萬、持續至少15年。當然，正式的工作一般會有退休福利，若計入這個部分，每年所需的金額還會下降。

上面列出的現值與終值，若要比較吳律師經過調整後的改善幅度，請看終值，不要看現值，尤其是調整投資比重時，更是如此。

這些都是假設其他條件不變，僅變更其中單一項目時的財務現值與終值。若同時改變兩項收支條件或更多項目，影響當然也會隨之不同。客戶可以選擇的調整方案越多，基本上也代表其財務能力越好。但任何調整都必須考慮可行性、風險與成本，當客戶選擇某個方案後，必須經過重新驗證計算。

同時，以上的調整列表並未改變**參數**，例如：通貨膨脹率若改為1.5%，其他條件不變，現值從負683萬，變為正的1050萬元，終值也從負的1881萬，變成正的2580萬元，終值來回相差4460萬；或每年薪資成長率從1%變成2.76%，其他條件不變，也能達到收支平衡的財務獨立狀態。但參數大多不能由客戶決定，不管通膨率、報酬率、利率、薪資成長率都是外在因素決定的，所以參數的調整要考慮外在環境因素的現實狀況。另外，在進行財務調整測試時，參數的估計盡可能保守，比如通膨率估計3%，就比2%保守；薪資漲幅估計1%，就比估計3%保守。保守估計值可以給客戶更多的應變空間，在有得選擇的情況下，顧問應該趨於保守。例如：對未來利率與通膨率走向的預估。（別忘了，財務分析的意義不在於準確估算出客戶未來的實際財務狀況，而是為客戶提出一個假設的前提，以此前提隨時**判斷**財務變化的良窳。）

另外，計算時因為簡化的關係，將所有收支都假設發生於年初。如果都發生於年中或年尾，又或收入在年尾、支出在年初，甚或收入

在年初、支出在年尾，都會造成最後的結果改變。最保守的做法，就是把所有收入假設發生於年尾，支出則都在年初。本書中的案例皆取其中道，收支都以期初計算，而且所有的「每月收支」，都直接乘以12，改為年化數據。（這樣做並不能精準，特別是碰到像房貸繳款時，會有明顯的誤差值，如果要更精準，也可以按月輸入數據，但這樣過於繁瑣。）

因此，調整方案有非常多種選項。為什麼要測試各種調整方案呢？主要是為了解客戶財務的彈性與極限，看看潛在的可能性，以及不同的調整方案對財務結果的影響。接著與客戶討論，確定最適合的調整方案，以此為基礎，發展願景，進行整體財務的規劃。影響所及：

1. 目標的設定可能不同，同時整套的策略發展會有很大的差異。例如：如何投資，或是否延長工作年限。

2. 進行任何評估與決策都會有所差別。例如：保險的險種、額度、年期、成本等的決定，或某個策略的成本效益的估算。

除了評估「調整的效果」之外，若盡量以「不直接影響客戶的生活品質」為前提，看哪種方式可以改善客戶的財務結果，則是另一種選擇調整方案的標準。上面提到的各種調整辦法中，減少生活開銷、增加工作收入，都會直接影響當下的生活品質；而延後預計退休年齡、改變投資的規模，或減少退休後生活開銷，都是能夠影響其財務結果，但不會立即影響生活品質的辦法。延後退休影響了客戶的生涯規劃、減少退休後生活的開銷，將會降低未來的生活品質，因此若成本效益差不多，客戶也能接受投資增加的風險，就應以「改變投資規模」的策略為優先。

　　顧問也可以用「風險高低」來權衡該採用何種方式調整。採不同標準，當然會直接影響選擇的調整方案。從這些選項也可看出，財務顧問本身的信念、經驗、專長、風格等，會影響他的專業建議。

　　增加工作收入、延後退休年齡、減少某項開銷，都很容易了解，必須考慮的主要問題就是「極限」。增加收入不可能隨心所欲，總有一定的限制，退休年齡也受到法律規範、體力負荷等的侷限，生活花費也只能降低到社會一般水平，再低就會陷入貧窮線以下，難以為繼。

　　唯獨改變投資策略與規模，需要深入探討，這種改變比較複雜難計，而且風險也增高許多。

　　什麼是改變投資規模？

　　從吳律師的財務資訊看到，2800萬的流動資產，有500萬在基金，其他在銀行存款。也就是投資與儲蓄的比例，大約是17：83%（不計保留部分現金以應付緊急事故的部分，也不考慮銀行存款中有活期存款與定期存款）。

　　若是提高投資的比例到50：50%呢？對最後的財務結果產生多少影響，已如上表所列的4571萬元終值，但提高35%的投資，客戶是否能承擔多出來的投資風險？投資比重的極限是多少？怎麼判斷？他的投資本金，一開始就有2800萬元，加上每年餘額大約145萬元（15年），這筆錢虧損多少，會讓他的財務產生問題？他有多長的期間可以投資？他至少需要多少的報酬率？這些問題的答案，直接影響他的投資規模，也連帶影響其他所有目標的設定與策略發展。

　　上述投資比重的意思是，在客戶可支配的金融資產（基本上不包括不動產，尤其是自住的房子；也不包括自家公司的股權）中，

每年維持客戶的投資與儲蓄比例，若客戶的資金有1000萬，比重要求50%：50%，就是要投入500萬到投資項目，而且每年都維持這樣配置比例，若隔年帳戶有1200萬，就要調整投資帳戶到600萬元，固定投資與儲蓄部位的比例。

這投資比例是一種表現客戶資金運用能力的方式，也是衡量客戶財務活動的「成本效益」量尺。例如：購買保單的成本、買房租房的比較等。但客戶的實際投資，並不一定採取每年調整投資比重的方式，如果採取定時定額或單筆投資，而非每年調整投資比重，則報表的表現方式就會不同，但要計算「成本效益」時，還是會換算成投資比重的形式，因為我們計算成本時，需要折現所有收支項目，折現率在本系統中，即代表客戶的「機會成本」。這些涉及較為複雜的報表欄位安排與計算，我們暫時先擱置，僅討論每年調整比重的方式，這種方式可稱為「固定比率投資」，也就是每年可動用資產，固定多少比例在投資、儲蓄、持有現金等項目上，並由此產生一個「綜合利率」，這綜合利率也可看成客戶的「機會成本」，用以衡量其他財務活動的成本，與策略優劣的比較。

若以節省生活開銷為主要平衡收支的手段，從什麼時候開始減少開支？是當下立即開始還是退休後開始？不同的選擇，會產生不同的結果。如上所示，從現在開始節約生活開銷，每年要省下16萬（現值）左右；若等退休後才開始刪減生活費，每年要減少30萬（未來值）支出。

調整客戶的財務狀況，不外乎增加收入與減少支出。

增加收入的項目基本上有：

1.增加工作年限。

2. 增加每月收入。

3. 增加工作人數。

4. 增加投資比重。

5. 其他，如：受餽贈、遺產分配、中樂透……

如上面所說，增加投資比重，要考慮的因素最多，客戶承擔的風險最大，但也最不直接影響客戶當時的生活。

然而，並非所有客戶都有機會這麼做，有些客戶沒有多餘的錢可以投資，或資金可投資的時間很短，很快就會動用這筆錢，也有的已經投資太多，不適合再增加投資比重，諸如此類都限制客戶採行此種調整方案。這還不包括客戶的性格屬性，有些客戶對任何市場波動都會驚慌失措，讓他沒辦法接受調高投資的做法。

減少支出基本上就是「消費項目」的刪減，例如：生活費、購屋、交通、旅遊、治裝、學費、才藝費……該減少多少額度、哪個項目優先減少、何時開始刪減、持續刪減多久等等，都是需要經過計算，並配合客戶的主觀意見（價值觀），才能定案。有些支出具有強制性，並不能由客戶自由選擇調降，這些當然不能列入考慮，例如：稅負、勞健保費等。

什麼是價值觀？例如：有些客戶對子女的教育，絕無妥協餘地，其他所有開銷都可以省，就是孩子讀書補習費，一毛都不能少；但也有客戶，可以申請助學貸款後，就不想再支出任何學費，這就是價值觀產生的差別，未必是財務能力上的窮與富問題。財務顧問的工作，雖然以財務管理為主，但也深深受到客戶的價值觀之影響。

各種調整方案的利弊得失與最終結果，仔細向客戶匯報後，等待客戶決定他希望達成的「願景」，這階段的測試工作就算完成。

4-3 財務規劃的第三步：
願景式目標與其策略

　　假設吳律師決定延後退休到60歲，投資比率為80%，不準備更努力接案子來增加每年收入，也不刪減生活支出。我們以此調整後的財務狀況為藍圖，進行規劃。延後退休是種調整，投資才需要進一步的策略規劃，所以主要策略是投資，包括投資的比重與投資的方式的決定。

　　調整後的現值為2809萬元；終值為25678萬元。（客戶願景的產生，是他在之前的財務調整過程中，選擇了他要的方案，而不是先有一個目標，再按照此目標，調整財務資源。目標是過程中逐步成形的。）

　　客戶一旦確定他能接受的「願景」，資源就已經同步做完粗略的配置，主要目的是協調各個子項目的收支，使其「各安其位」。

　　居家的房舍設計，也是同樣的道理，在細部規劃與施工之前，絕對要有整體的藍圖，配置各種空間、設備、通道等。財務的規劃，也需要一張藍圖，指引客戶配置資源，各項目就好比空間或設施，若先分頭設計，等所有細部施作都規劃完成才思考整合的問題，萬一扞格不入，要不將錯就錯、勉強使用，否則就得打掉重做，工程浩大，成本的浪費可想而知；而財務方面的問題，更關係到客戶一生福祉，若使用的資源，超過其**財務極限**，到最後客戶的生活必將無以為繼；若未充足運用其**財務潛能**，客戶原本可以有更好的生活，卻白白虛度此生。

　　但同時也不能忽略，所謂的願景建築在所有分項目標之上，並沒有額外真實存在的「整體」，就好比剛才舉的例子，設計房屋需要房間、廚房、浴廁、客廳、儲物、玄關等項目配搭，這些骨架構成整體房屋的樣貌，至於各項目可以有的空間與成本，則是必須綜合考量的東西，使用Excel計算表，才能同步調整各項目的配置，對整體的影響，在增減斟酌中，趨近於理想。

　　另須注意，財務規劃很少是從零開始，往往顧問必須面對既有的現況，例如：客戶已經買的保險，繳費一半，是否該調整？這個抉擇，涉及評估需求與成本，還有客戶的各種條件（年齡、身體狀況等），複雜度比新購保單更高。概括承受原有的計畫，是財務規劃不可避免的難題，特別是不理想的計畫。

　　這張藍圖並不僅僅是一個結果，當吳律師接受「願景式」的目標時，不光是接受最終的25678萬元，他還必須接納整張藍圖的其他部分，例如：必須終身持續投資、工作到60歲。所以再三強調，願景式的目標，並非一個「點」，而是某種整體的狀態。

確認主要的調整──「投資比重」是否可行？

　　從客戶最初給的資料與參數中，我們看到原本的退休年齡預計為55歲，調整後為60歲、投資比例調高到80%，不變更投資報酬率等等的參數，也不變更其他收支項目的數字。

　　在進入吳律師的「項目規劃」之前，我們先在此沙盤推演，確定其「願景」能做得到。

　　我們實際計算他的投資資金可以使用多少年。作法是把每年的

收支相減，得出淨額，再將此淨額按照投資與儲蓄預定的比例分配額度，吳律師預定的儲蓄是20%，將此淨額乘以20%，再逐年以儲蓄利率累計其儲蓄部位總額。假設投資與儲蓄部位各自獨立計算，不採取「再平衡」調整兩方水位，若收支淨額為負數，則優先由儲蓄部位扣除。這樣可以看出投資部位可以純粹投資的年數。以吳律師的案例計算，直到65歲當年度，都可以不動用投資部位，也就是他從41歲到64歲之間，投資不會受到支出干擾。

儲蓄部位的比例越高，客戶可用的投資年限自然越長，但因為投資部位金額較少，所以最終獲利也較低。所以我們盡可能調整儲蓄/投資比例，讓客戶有足夠的時間投資，但又不損害投資規模。

以上是假設投資與儲蓄部位，各自獨立來計算資金可用年期，實務上我們傾向每年調整兩方的比重，也就是當投資虧損，會以儲蓄部位挹注投資部位，反之亦然。吳律師若以此種方式測試資金的可用期限，那麼終身也不會出現赤字，除非整體投資/儲蓄的綜合利率，一生的平均值低於1.25%。

儲蓄與投資對我們的系統而言，都是存錢，只是承擔風險與獲取報酬有所差異，雖然實際上投資與儲蓄有本質上的差異，但兩者仍可以其共通屬性：存錢，視為同性質的財務範疇。

財務規劃就是要調整客戶資金運用的能力，透過『資本配置』的方式，而非投資，投資是資本配置底下的活動[2]。

機會成本的概念並不同於客戶的實質投資能力，而是客戶的財務

---

[2]　本書中所有的「淨資產配置」、「資產配置」、「資本配置」，都指的是損益欄位的金額，斟酌配置於儲蓄或投資的比例；而「資源配置」則指的是對各個收支項目，斟酌調配，以觀察對損益欄位的影響。

結構中,可以配置的比例,此比例包括各種儲蓄與投資項目。大致上
分為存款、固定收益、股票、其他等項目。

在可以配置的限制條件內,還要考慮客戶的主觀意願。

投資策略簡述

測試過吳律師的財務能經受這樣的比例之後,接下來思考,該
採取什麼樣的投資策略及商品、經由什麼管道取得、該不該多樣化投
資、何時開始進場……這些問題,需要投資方面的專家才有辦法完整
回答。我瞭解自己的專業侷限,所以只提供簡單的意見:

1. 財務顧問衡量投資報酬率,要以「終身」的尺度計算,不能只
   看某一期間或單筆投資的結果;

2. 投資必須打敗大盤指數,才值得自己操作(請人代操也一
   樣),否則就應該直接購買大盤指數。

根據以上兩個原則,若客戶沒有更好的投資顧問,又對投資事務
不內行,就請他選擇購買追蹤美國股市的標準普爾,或是台灣股市加
權指數的ETF。然後恪遵:「**除非萬不得已,不要提領,直到設定的
提領時間點**」的「傻瓜原則」。

選擇ETF是希望降低系統性風險、減少投資成本、排除人為操作
的道德風險。

投資是非常專業的領域,即使只選購ETF,也涉及許多選項,例
如:要不要配置債券的ETF、要不要買新興市場(包括中國大陸)的
ETF等;有些客戶資金較多,除了股市的ETF之外,可能會考慮不動
產的投資或某些特別看好的產業ETF。另外,從何處取得投資標的、

何時進場投資，也都必須考量成本、便利性、安全、稅賦規定等條件，以及投資的過程中，是否需要調整投資標的，這些都有賴投資顧問的專業意見。

若找不到足以信賴的投資顧問，就該以最簡單易行的方式投資。由過去的歷史紀錄可見，時間會攤平成本與風險，並且創造最大的複利效果，所以建議客戶買股票與債券的ETF後，可以進行股債平衡的簡易操作，每年維持固定股與債的配置比例，例如股70：債30。除此之外，投資的其他事項，寧願當個傻瓜。這種策略的關鍵，不是投資的專業知識，而是在客戶的心理因素，心理因素不外貪婪與恐懼，還有從眾而行。

「能堅守既定策略，持之以恆者勝。」

想瞭解ETF相關利弊，可購買專書來閱讀參考。一般個人理財類書籍，要在短短的篇章中，講述完整的理論與商品介紹，是不可能的事情。除了相關的投資類書籍，還可以參看指數投資類的書。至於巴菲特之流，或者技術型線圖投資，我並不推薦給一般讀者，因為那些需要投入許多時間，還要具備相當的投資專業知識，才能操作。該交給專家的事項，還是讓專家來吧。

若年輕人資金不多，可以選擇保險公司提供的投資型保單，當作投資的平臺，每月定時定額投入（例如每月3000元）。這麼少的投資金額，在保險公司的商品中，仍能同時購買股與債的ETF，進行「再平衡」之操作。年輕人有長達數十年的投資時間，正適合採用長期投資策略。

退休後的投資

相對於投資專家，財務顧問更關心「提領」的方式，例如：「零存整付」或是「分期提用」。吳律師的投資，應該何時開始提領，要一次領還是分次提用？這個決定，會影響到投資的策略，特別是退休後的投資選擇。

我並不認為退休後應該保守投資。因為任何時候都應該注意投資的風險，並非只有退休後才需要特別關注。考慮退休後調低投資報酬的期望值，改採更安全的投資標的，例如銀行定存、儲蓄型保險、公債等固定收益的商品，這種做法，主要考量應該不是市場的風險，而是退休的人沒有時間與收入可以承擔風險；但如果一生的財務經過整體規劃，知道用錢的時間點與金額，還是可以繼續投資，不要因為顧慮「來日無多」，放棄獲利的機會。

退一步想，現代人退休後可能還有20到30年以上的歲月，跟工作時期相較，不遑多讓。若早早轉入低報酬率的固定收益商品，對客戶的整體財務將會造成很大的壓力，尤其面臨高通膨率的時期，更是如此，例如：若要準備退休金，調降投資報酬率的做法，將需要準備更多的投資（或儲蓄）本金。就投資而言，我們希望客戶所用到的退休生活費，至少能經過25年以上的「發酵」，才領出來花用（所以準備退休金要趁早，越晚開始，投資的風險變大且複利效果變差）。

投資是永恆的事情，沒有結束的一天，所以吳律師的投資，直到85歲時，也未必需要調降其投資比重。若你考慮父子間財務的連續性時，更應該把終生投資視為常態。即便調降投資比重，也應該在年紀

更大的時候，或身體狀況明顯變差時，而非單純因為退休。

投資與世代薪傳

父子兩代人的財務狀況，並非完全獨立，互不相干。父親這代人不但應該把自己照顧好，若行有餘力，也可以幫孩子多考慮一步。雖然不是主張給子女留下大筆財富，才是最好的規劃，但認為有能力選擇要不要留財，才是最好的人生。若把子女的財務與父祖輩看成持續不斷的整體，許多做法可能一夕改觀。實際上，父子兩代，甚至包含孫輩的財務狀況，是相互影響極深的。父親的財務決策所造成的最終結果，除了他自己承受之外，怎可能不影響子女？以吳律師的案例而言，他原本的財務做法，跟調整後的財務結局，相差甚遠；他自己的生活影響或許不大，因為我們沒有調整其家庭生活花費（所以吳律師夫妻兩人的生活品質影響有限），但對子女卻有天壤之別：父母年老時需要孩子來照顧，或是有兩億的遺產可繼承？孰優孰劣不言可喻。

這與是否要留下財產給子女無關，你得要有財富可傳承，才該考慮這問題。反過來說，子女的財務狀況，也往往影響到父母親，假如孩子結婚後，不幸早逝，子女的孩子（孫），身為祖父母的你到底要不要接手撫養？若要的話，自己還有多少時間與金錢可以承擔這額外的重擔？更別提日本目前社會流行的啃老族等現象了，子女財務若發生問題，對父母而言，也會是個龐大的負擔，子女若財務破產，父母的退休也可能崩潰。

保險與世代薪傳

以上，是從兩代人之間的財務作為相互的影響層面考慮問題。除此之外，還可以從其他角度思考：

兩代人之間的財富規劃，並不只有投資或傳承、稅務問題，保險也是重要規劃項目。孩子年幼時，若父母親懂得保險規劃，為子女設計適當的保險計畫，對他們的好處是非常大的，若每一代人都抱持這種想法，此一家族的風險都在最有利的時間點做好規劃，保障涵蓋時間不但最長、成本最低，可保性也最高。投資需要越長的時間越好，跟保險一樣，在子女小的時候開始投資，是最划算的投資規劃。資產的傳承與稅務規劃，並不是等發生繼承時，才可以規劃，而是越早開始越好。這些是將家族財務視為連續體，一併規劃的好處，我們在吳律師的項目規劃中，會舉例說明保險的成本問題。

以吳律師案例而言，他的「願景」與原初的財務結果，有很大的差距，主因是他可用以投資的資產龐大。但是，並非所有個案都是如此，很多時候，客戶沒多餘的資金投資，整體財務可以調整的空間很小，只能微調，保持現狀反而成為「願景」，這時投資就未必是主要策略；另外，沒足夠時間發酵其投資的客戶，退休規劃怎麼做，也會是另一種考量。這兩種客戶的規劃，程序未變，願景與主策略卻可能很不一樣。

而能否有投資餘力，也是評估客戶財務能力的重要指標（額外創造利潤的能力或調整的空間）。

上面所述，若考慮吳律師60歲後採取更保守的投資方式操作者，

就有必要計算出他夫妻二人的退休整體需求金額，在退休當時轉換為即期年金以確保退休後的生活無虞。年金固然是很好的退休規劃工具，但因為年金開始給付之後，保單將不能解約與貸款，許多客戶不能接受，所以常用投資型壽險搭配月配息商品的做法，以提高退休者可使用的生活費，等身故後以保額給付，做到還本給子女的目的；唯使用這種方式必須承擔投資風險，與年金險的穩定性不同。

　　投資的範疇，最要注意的是：投資本身有財務層面與投資層面之分，不可忽略，混為一談。我們做的是確定吳律師的投資比例，檢驗其使用資金的期間與限度，這些都是屬於投資的財務面向，並沒有真正涉及投資方法與標的、進出場的時機等，實際的投資規劃。只有簡單敘述長期投資的傻瓜原則，這未必是最佳策略，但肯定是簡單而易行之道。

4.4 財務規劃的第四步：
保險與退休規劃

保險規劃

保險規劃的特性，總是針對某項需求、解決特定問題，它不是一**個**規劃，而是一**類**規劃，在保險規劃中，存在多個規劃。

保險規劃，不但要看發生風險事故時的理賠是否足夠，也要看沒有發生事故時的成本耗損狀況。

保險規劃，必須是針對某項問題的解方，它本身不應成為目標。

保險是安全規劃的核心，但保險規劃未必就屬於安全規劃。雖然保險存在的核心價值，確實是為了解決風險轉嫁的需求，然而像純粹的儲蓄險，本身就只是有價證券，沒有轉嫁任何風險，也跟客戶的整體財務安全無關，或許停泊資金，也或許遂行套利，總之與安全規劃下的保險，有本質上的差別，屬於儲蓄與投資的一環。

因此安全規劃的範圍與保險規劃並非完全相互涵蓋。但是，這裡要探討的保險規劃，主要聚焦於風險轉嫁，絕大部分都屬於安全規劃底下的一環。

另外，稅務規劃或許也會用到保險商品，但要經過詳細計算，才知道是否划算；即使用到保險商品，也不能算是安全規劃的部分，那屬於稅務範疇的規劃，只是實務上也有可能與保險一起規劃。

　　評估保險商品在稅務規劃中是否划算，主要是指：壽險給付若有指定之受益人，雖有不計入遺產總額之規定，但還要算出保險的「報酬率」要達到多少，才能符合經濟效益，否則可能還不如直接繳稅。

　　坊間常以儲蓄險來準備將來繳稅所需資金，但儲蓄險一般的報酬率與銀行存款相近，若經過時間太長（身故時日與投保日期相距較遠），雖然保險可不計入遺產總額，但因為報酬率太低，反不如長期投資，改以投資獲利來繳稅更為有利（即使投資必須計入遺產總額）。另外，以保險準備繳稅的資金，要注意不要觸犯實質課稅原則。

　　這部分說來複雜，若以財務計算表來看，只要把兩種方案分別置入計算表中，再計算扣完遺產稅後的資產餘額，就會知道該如何抉擇。此外，若考慮贈與，那麼問題會複雜一些，不只是單純繳稅與買保險兩種方案的比較而已。

　　吳律師的財務「願景」與「投資比例」既然已經確定，接下來我們討論其保險需求。但首先，我們會先瀏覽一遍普遍性的保險規劃要點，才進到保險規劃的做法與建議。

　　不要把「規劃要點」與保險目的混為一談，它也不是保險規劃的程序。程序是找到保險可以解決的問題，設計具體的保險解決方案，再衡量其成本效益，以確定是否執行。「規劃要點」比較類似檢驗用的提醒。

　　客戶的保險需求，因人、因時而異。保險價值乃客觀之存在，唯解決問題的情境不同，所以帶給客戶的利益有別。例如：保險給付，若有指定受益人，依法可不計入遺產總額，這是保險的價值，但對沒有遺產稅問題的客戶，這項價值並沒有利益。這是規劃保險必須認識的前提，也就是不要一視同仁，好像所有客戶都能得到保險的所有好

處，事實並非如此。

保險規劃有幾個基本要點，條列如下：

1. 對象。要保障誰？旁及要保人、受益人的安排。

2. 險種與商品。保險分為產物、人身保險；人身保險又分為壽險、醫療險、意外險、年金險等，如何確定客戶需求與順序？

3. 保額。壽險保額是被討論最多的險種，有簡單的雙十原則、生命價值法、淨貢獻度法、總需求法、特定需求法等各式各樣的計算方式。但其他險種的保額如何計算？例如：醫療險、年金險、失能險等。

4. 年期。保障多久，終身或是直到某個年齡？中間需不需要調整，遞增或是遞減保障？

5. 繳費。

   (1) 繳費多久？就像買房子要考慮貸款20年或30年，繳保費也有各種選擇，從躉繳到終身繳費都有。

   (2) 繳費週期？了解月繳、季繳、年繳等的差異。

   (3) 由誰繳費？除了要保人，根據保險法115條，所有保險的關係人都可以繳費；保險法22條，保險費應由要保人依契約規定交付。信託業依信託契約有交付保險費義務者，保險費應由信託業代為交付之。前項信託契約，保險人依保險契約應給付之保險金額，屬該信託契約之信託財產。

6. 保費。這項支出的總成本，以及對家庭財務的影響；小心區別單張保單與所有保單的計算差異。保費是客觀的，但成本卻是相對的，財務規劃中，更在意成本數字。

　　保險商品化就是保單，投保即是購買保單，一般人習慣說買保險，其實指的就是買保單。但並不是客戶希望買什麼就能買什麼，除了要有錢之外，還受到許多限制。許多人並不瞭解投保也是一種權利，你的職業、收入、身體狀況、年齡、生活習慣（例如抽煙、喝酒、吸毒）、居住地區、過去投保的紀錄等，都可能影響你的投保權利，而且所有保單都有可購買的上下限，並非客戶想買多少就能買多少。

　　雖然剛才列出了保險規劃的六項要點，但保險規劃主要是根據目的與預算來進行，絕少直接從這些要點著手，這些反倒像是保險規劃的檢驗點。目的確定後，須轉化為具體的目標，目標才有可供計算的數字。目的指出一個方向，目標給出達成的程度，例如：某君投保壽險是以「保障遺族家庭生活」為主要**目的**，但他的保額設計是以維持家人在事故發生後，最低的生活水平，而非現有的生活水準，這就是從**目的**轉成**目標**之例。保險本身很少成為目的，總是為了達到某項需求，或解決某項難題而規劃。在此因為寫作的緣故，我們先按照上面條列的六項來進一步探究保險規劃，並略以吳律師的案例作為背景。

一、投保對象

　　首先，要確定考慮投保的原因。一般人買保險的目的，主要是尋求發生風險事故時，能有額外財源挹注，保護家庭經濟的健全。若是從這角度出發，投保對象最優先考慮家庭主要經濟來源者，是毫無疑問的。但保險的目的，並非只有保障家庭經濟，若是為了節稅或籌措繳稅資金，投保的對象可能就不是家庭主要來源者，而是有財產可被繼承的人。就吳律師個案看，目前我們還是以他為保險對象。

　　除了吳律師本人之外，其他人需要保險嗎？這點還是得看投保的目的。但除了目的之外，還涉及另外一層考量：如果家庭可以承受得起的風險，例如醫療費用，是否需要轉嫁這種風險？又如，家庭中的孩子，目前是純粹的消費者，他們沒有收入，是否需要買保險？這些屬於成本或家族整體財務的考量，更為複雜。若思考保險傳家的利益，又可發揮成另外的購買動機，不限於保障而已。

　　以吳律師本身為投保的對象，指的是以他為被保險人。但受益人與要保人如何安排？這與遺贈稅有關，也與財富的傳承有關係。這些都在保險規劃項下的投保對象中考慮。我們看到吳律師將來的財務數字，可能有遺贈稅問題，規劃之初是否要納入考量？或是將來適當時機再改換？

二、吳律師家該以什麼險種最優先考慮？

　　吳律師最迫切的問題是什麼？這問題衡量的標準，不一定所有業務員都相同。例如：以對家庭傷害最大的優先、以發生頻率最高者優先、以客戶最容易接受者優先……不同的標準當然會影響規劃的順序。表面上看，這應該不是太難的抉擇，但實務上卻常常造成業務員的天人交戰。

　　保險業務員在險種選擇上，可能與客戶的利益產生衝突。例如：壽險還是醫療險優先？一般而言，客戶發生身故對家庭的傷害最大，但一般業務員常以醫療險為最先推薦商品。這未必是考慮到個人利益的選擇，而是壽險雖然造成最大損害，但發生機會小於醫療險，當客戶住院需要醫療費用的彌補，卻發現自己只有壽險保障時，業務員難逃責難。反過來說，若客戶只有一筆預算，先做醫療險，即便客戶發

生身故事件，客戶家屬也很難責怪你的規劃有問題，畢竟醫療也很重要，何況還有發生頻率的考量；住院情況可能發生許多次，身故畢竟只一回，已身故的客戶也難以再活過來，責備業務員失職。這種情境會不會影響業務員的建議順序？

若是客戶預算較無限制，也常看到業務員只規劃了醫療險與儲蓄險，很少規劃足額的壽險，主要原因是終身壽險的保費，讓客戶望而卻步，而業務員也樂得順水推舟，避重就輕。這種情況，業務員有沒有職業道德上的瑕疵？恐怕亦見仁見智。

另一種疑慮，是佣金高低帶來的代理人風險，業務員是否可能優先挑高佣獎的商品推薦？或者明知有更好的商品，但此商品卻非自己服務的公司可提供，這時他要不要告訴客戶？

這些業務員保險規劃的操守風險，都是吳律師的顧問或業務員可能要面對的問題，唯考量本書篇幅有限，無法深入討論，然實務上，卻是不能忽略的，這也是不銷售金融商品的獨立財務顧問存在的價值。

吳律師的財務狀況分析結果，只要收入不中斷，他對萬一發生疾病所產生的費用，可以承受的額度頗高，因此應該優先規劃收入方面的損害轉嫁，例如：壽險與失能險。壽險較為單純，而失能險針對的風險，比壽險對家庭傷害更嚴重，因為吳律師一旦因為疾病或意外，失去工作能力，不僅收入受到衝擊，支出還會增加，與一個人身故導致支出隨之減少的狀況迴異。

安定客戶的財務狀況，主要可分為收入替代、支出彌補兩項。收入中斷的可能原因有：

1. 身故。
2. 重殘與重疾。

3. 失業。

第一項原因：身故，主要是以壽險為主要轉嫁風險的商品，輔以意外傷害險。台灣的壽險不但針對被保險人身故給付約定保額，對於「全殘」亦視同身故。

第二項重殘與重疾，包括重大疾病、失能、重度殘障等，都會造成無法工作的情況，若客戶的收入不依賴其工作，影響就比較輕微，例如：包租公（婆）。若必須依賴工作才有收入者，一旦發生第二項的收入中斷原因，對家庭打擊可能超過身故。身故固然收入中斷，但其個人開銷也隨之減少。人若仍存活，卻因重大殘疾而無法有收入，往往伴隨鉅額醫療花費或長期的看護費用。這對家庭的傷害，自然遠勝於直接身故。台灣目前應付此類風險，主要商品有失能險與長期照護險（至於重大疾病類的保險，固然也能應付收入中斷，但一般而言，額度上很難買到足以應付收入替代的完整需求，所以歸類於支出的損害彌補）。兩種保險都含有特殊年金，在規劃上，要特別留意兩個問題：

1. 失能險同時轉嫁收入中斷與支出暴增的風險，但必須彌補完增加的支出之後，才有餘力可以替代收入。所以額度的考量，要分別計算兩種需求。

2. 收入替代的期限，一般比支出彌補的期限短。收入替代只需到退休年齡，或最小被撫養人成年即可，但支出的彌補卻可能考慮到個人身故為止。所以，同樣是失能險或長期照護險，可能同時使用兩種不同的商品，例如：以定期型失能險轉嫁收入替代風險；以終身型失能險應付支出彌補問題。但如果條件許可，收支兩方面都以定期險來規劃，就必須有配套措施，例如

長期投資計畫，保障定期型失能險到期後，有充分應付風險所需的財源。

這裡沒有深入討論失能險與長期照護險的優劣。兩種險種的目的大致相同，但商品結構與費率差異頗大，優劣互見，很難說哪一種比較好。市場觀點一般傾向失能險。但失能險並無法完全涵蓋長期照護險的保障範圍，也是需要注意的[3]。

失能險對年輕族群的保障，可能優於長期照護險，也是市場對失能險更為青睞的原因，不單純只是保費較為低廉而已。

另外，早期所謂的失能險，是以喪失工作能力為給付條件的保險，目前台灣市場上所謂的失能險，是以失能等級為給付條件的保險，兩者並不是相同類型的保單。早期失能險，目前市場上已很少見。

至於失業導致的收入中斷，我們不予討論，主要因為律師的工作，除非自己決定不做，或身體出狀況，否則較少發生失業的狀況。再說，目前商業保險也沒有提供失業的保障；一般而言，失業更依賴社會福利政策或社會保險。

吳律師的財務計算表顯示，收入中斷與支出暴增的風險，在其一生中，影響力並不是相等的，41歲時的風險與65歲時的風險，會有所不同。年輕時的收入替代，重要性比支出高很多，但等60歲過後，其生涯規劃走到退休階段，這時支出的彌補，重要性慢慢超越收入的替代。所以規劃其保險，剛開始要注重收入萬一中斷的替代收入，但到

---

[3]　自2021年起，市售的失能險，將面臨重大改變，因為金管會認為這類商品的理賠，將造成保險公司巨大的虧損，且據說再保公司也拒絕某些失能險的保證給付條款。總之，將來失能險的保費增加，給付條件變差，大概是確定的趨勢。這樣一來，失能險與長照險的優劣，又必須重新評估。

退休以後，就要偏重他的支出彌補需求。此部分已經進入退休規劃中的風險與安養問題了。這種傾斜並不是瞬間發生，而是逐步推移，但是，受限於保險公司的風險與行政成本考量，保單很難逐年調整，還要考慮客戶也無法隨時盯住自己的財務狀況變化。因此，若有需要，財務顧問會採取階段性調整。例如：每五年到十年，或退休時再檢視調整。

再者，吳律師的財富，若根據他的願景，可能有遺贈稅問題，在此刻是否就要一併考慮？這部分不僅要保人、受益人之安排需要特別規劃，也影響使用的險種，例如：單純只要收入替代，不考慮將來的稅務規劃，使用定期壽險是最便宜的選擇；但若要同時考慮稅賦問題，定期險可能就不如終身型壽險（包括投資型保險的壽險）。

自己承擔得起的風險，如何判斷該不該投保？例如：醫療險，或子女的壽險。以吳律師的財富，醫療費不會成為他的難題，但還有其他考量：

1. 自己負擔醫療費，還是花錢請保險公司承擔醫療費風險較「划算」？

2. 當某些特殊處境（例如：失能）時，擁有健康險會不會比其他資產更好？

3. 孩子目前不必煩惱家庭經濟，但將來必然有他們自己的家庭負擔，現在幫他們買壽險，不但成本較低，身體的可保性也較高。

如何抉擇？這都是可以放在險種規劃中考慮的重點，也可以在保費的項目底下衡量。

三、保額多少？

　　計算保額是很複雜的問題。先介紹各種壽險的保額計算方式，另外也要談到醫療險等其他險種的額度規劃。

壽險保額

1. 雙十原則：用十分之一的年收入，買十倍年收入的保障（保費大約為年收入的10%）。這種計算保額的方式，優點是簡單，缺點則是不能為各種不同條件的客戶，提供準確的建議。與此相似的，據說美國勞工部建議美國勞工至少要買五倍年收入的壽險保障。這種做法的目的，並非以滿足完整的保障為目的，而是提供發生事故家庭五年的應變資金，讓家人能有時間調整應變，甚至學習新的技能，賺取生活費用。雙十原則之所以廣受推薦，或許因為簡單易懂，而其原型大概就是這種簡易「年收入倍數法」。

2. 生命價值法：人的生命固然無價，但若就一個人從規劃當時起到退休日為止，大概能有多少收入，卻不可能是無限的。這筆收入折現的數字，就是客戶的生命經濟價值。例如：發生車禍死亡時，賠償金額往往都會計算這個數字，另外或許再加上精神方面的撫慰金等其他要求。

　　這種方式要注意的是：

- 必須經過折現，而折現利率的選擇不只一種，如何選擇？若碰到像剛才所舉例的車禍事故理賠，對折現後的數字更是影響極大，採用較高的折現率，會得出比較小的現值，若未經

折現，會出現較大的現值。除了年收入倍數法，大概所有壽險的額度計算，都會計算出折現值，只要涉及折現，就會有折現率選擇的問題。

■ 這種方式沒有扣除吳律師個人的開銷。一個人對家庭的貢獻並非他賺到多少財富，而是扣除他個人的花費後的數字，才是實際貢獻。若以收入為基礎計算保額，他的家庭在他發生事故後，反而比他存活時有更好的收入，這樣容易產生道德風險，亦不符合保險的精神：收入替代或損失彌補。

這兩種問題都可能虛增保額，增加投保壽險的成本。

3. 「淨貢獻度法」：也就是把剛才的生命價值減掉個人的開銷，以吳律師的案例看，他個人支出占整個家庭支出的20%，要把這個數值扣除，才是需要投保的額度。當家庭發生事故，是否需要維持原有收入，還是只計算最低生活水平所需的資金即可？依據不同目標計算，會產生不同的結果。

4. 總需求法：這就是根據上面所提到過的，以需求面的折現總額，來規劃保險的額度。客戶可以把所有的未來「支出」項目折現，也可以適量刪減某些需求額度，但不刪減項目。對於收入高於支出的家庭，採此種方式計算壽險保額，會比純粹以收入計算的壽險額度低；何況，總需求當然必須扣除身故者的本身花費。這種做法的潛在假設也是發生保險事故，希望維持原有的生活水準。

5. 特殊需求法：這種做法是挑選一定得支出的項目，加以保障，其他的就擱置不論。例如：只把房貸、子女教育兩項支出予以折現，其他如生活費，以及配偶的退休需求，都交給配偶自己

籌措。這種方式，往往用於雙薪家庭，而且常挑選夫妻共同負擔的項目優先保障，因為只挑選最重要的支出，給予保障，所需的保險額度會更低，成本也就相對較少。這做法並沒有考慮個人財務能力的經濟價值，而是以當下的財務負擔為主，很多小家庭採此方式。

6. 其他：以上介紹並未含括所有方式。例如：收入替代法。

本書對於保額的計算，直接在財務計算表上，計算客戶所需的壽險保額上述各種方法，都能輕易計算出來；這實際是包含以上，除了「簡易年數法」之外，幾乎所有計算壽險保額的綜合方法。

從以上介紹的各種方法中，可以發現不外以收入或支出為基準，來計算壽險的保額，只是各有偏重，隨客戶對於當下負擔與對未來生活的期望而調整。不管用哪種方式，大約都要經過折現計算，否則就會虛增保額，增加保費負擔。折現率有四種常用的利率：

- 銀行定存利率：是種無投資風險的利率，任何人只要把錢存入銀行，就能得到這種報酬。若選用此種利率折現，計算出來的保額會最高。
- 通貨膨脹率：用這種利率是為維持保額的購買力。
- 法定利率：這在有可能涉及訴訟時最為常見。
- 客戶的機會成本：以客戶儲蓄與投資比例計算的綜合利率，代表客戶操作其資金的能力。這是比較能反應客戶實際財務能力的選項。

用哪種折現率，以及該選擇哪一種方式計算自己的壽險保額，基本上要看客戶投保的目的與付費能力；此能力是客戶能負擔的保費限度與意願，目的是客戶想做什麼與維持什麼樣的生活水平。例如吳律

師投保的目的，如果是「保障財務願景」，或在風險發生後「保障家人的生活」，保額會因目的不同而有所差異。

保額計算法

吳律師的年收入380萬元，從41到55歲，共有15年。若不計退休後的勞保年金，他的收入等於今天的多少錢？

這就需要折現，把連續15年的收入，轉換成今天的現值。以Excel計算表的PV函數計算：

在儲存格上輸入　=PV（0,15,-380,,1）

得到答案　5700萬元

這個數字，和你用計算機380×15＝5700是一樣的，因為上面PV函數的利率是0，換句話說，如果不考慮折現率，就等於是把15年的收入合計。

如果我們用銀行定存利率1.5%當作折現率呢？

在儲存格上輸入　=PV（1.5%,15,-380,,1）

得到答案　5146.48萬元

兩者差距　5700-5146.48=553.52萬元

這數字就是1.5%的未來15年的利息。

如果我們用通貨膨脹率2.8%當作折現率呢？

在儲存格上輸入　=PV（2.8%,15,-380,,1）

得到答案　4731.62萬元

這數字是把通膨率當作報酬率，預先扣除。如果把收入扣掉未來通膨率，就是排除通膨影響所得到的數字，亦即把這數字當成維持實際購買力所需的最低額度。

　　如果我們用綜合利率5.04%當作折現率呢？

在儲存格上輸入　=PV（5.04%,15,-380,,1）

得到答案　4131.88萬元

　　綜合利率是吳律師運用資本的能力，也就是假設他實際上投資與儲蓄的獲利率，這數字比以通膨率當折現率低了599.74萬元。

　　以上的計算，都是使用PV函數。

　　這三個數字，哪一個正確？

　　實際上三個數字都正確，但意義不同。我們規劃保險時，要用哪一個數字當作生命價值法的壽險保額？

　　若用銀行利率，主要是考慮萬一吳律師身故，他的家人是否有能力投資？採取保守做法就是假設萬一風險發生，家人只要把保額存入銀行定存，就能達到保險當初規劃的目的。這種計算方式，需要買5146.48萬元的保額。

　　若以吳律師原本的投資比重所假設的利率計算保額，是假設發生事故後，家人繼續原本的投資策略，長期投資且維持原有的投資比重。這麼計算的話，需要4131.88萬元的保額。

　　若採用通膨率來計算，目的是保持保額的購買力，且因為數字介於銀行存款與投資報酬率之間，算是中庸之道。這種方式需要4731.62萬元保額。

　　保險需要保費，而越保守的計算需要更高的保額，當然也就需要更多的保費。如果客戶選擇以投資報酬率計算保額，但他的實際投資報酬率只有銀行利率時，他將短缺1015萬元的保額（5146萬－4131萬＝1015萬），亦即他的家人所需之開銷會不足一千多萬元。

反過來說，客戶以銀行利率計算保額，但實際上他的家人卻投資獲利遠勝過銀行利率時，他的保額將超額甚多。

哪種利率較適合客戶，要看客戶的實際情境。若是做完「財務規劃」的客戶，我會建議他採實際投資報酬率來計算壽險保額。

用生命價值法來計算壽險保額，並非最理想的辦法，但因為這是以純粹的收入面為考量，所以較單純易懂。若扣掉吳律師個人支出的部分，加上收入下降所連帶減少的部分（例如所得稅）而得到的保額，稱為淨貢獻度法，保額比生命價值法低，而且合理。但淨貢獻度法同時計算收入與支出面的項目，若用計算式來做，比較複雜。

以上計算都是假設客戶的收入在年初就入帳了（期初），實際上當然不太可能都是如此，若要改成年末入帳（期末），在PV函數的最後一個參數「1」改為「0」即可。

剛才的計算，年收入380萬元，沒有考慮他的薪資成長率，如果吳律師每年薪資成長1%，那麼如何以PV函數來計算保額？

差別不大，只要把PV函數的利率（折現率）改用實質利率就可以了：

（1+5.04%）/（1+1%）- 1 = 4%，這是計算實質利率的算法。

如果本來要用5.04%的報酬率來計算保額，只要把PV函數的利率改用4%就能算出收入每年增幅1%時的壽險保額。

生命價值法計算保額，是以收入為基礎，特定需求法則是以支出為基礎來計算壽險保額。但這次我們不用PV、FV、PMT函數計算，改用NPV函數。

使用Excel計算表，我們可用「排列」的方式計算需要的數據，而不完全使用計算式。

　　一般計算退休金時，會先算出退休當年度的退休金需求，再計算退休年度到假設身故的年度之間的退休需求，算出退休總需求在退休當年的現值，最後把總需求分攤到準備退休金的年度中。

　　這三段計算的第一段，可用FV函數計算今天的收入或支出，到退休時的未來值；第二段可用PV函數計算退休期間的總需求在退休當年度的現值；第三段再以PMT函數計算每年該提撥多少退休準備金。這種算法我稱之為「計算式」。我們也可用Excel計算表的特性，以排列的方式來計算所需要的數字，這種做法我成之為「排列式」。排列式無法用財務計算機計算，只能用Excel或相似的計算表。

　　假定客戶只考慮以壽險來保障：生活費、退休生活費、子女教育費、投資等四項支出。

　　這個計算其實已經包含退休金，如果不算出退休金需要多少錢，怎麼以保額覆蓋這個需求？讀者可以對照用「三段計算式」計算退休金的方法。

　　請看如圖4-2的計算表。先假設四個欄位：生活費是100萬、學費是30萬、退休後生活費是退休當年度的70%、投資為定時定額、每年10萬、通膨率3%。如果我們要為這幾項支出購買壽險，那麼保額是多少？

　　我們把這四項支出逐一輸入計算表，要注意第二年度輸入的公式，例如第一年度的生活費是100萬，那麼第二年度因為包含通膨率，所以輸入的公式要把上一儲存格乘上1+通膨率，亦即：「=b1*（1+3%）」，等於103.00萬元，往下就只要複製剛才的計算式，不需再逐一輸入。這做法的第一年其實並未計入通膨率，第二年才加計。

　　退休金的第一年有兩種做法：一、把生活費的退休前一年數

字，直接乘上70%，就等於退休後打七折的生活費，將之輸入C12儲存格。二、如用計算式，就在C12儲存格輸入「=100*（1+3%）^9*70%」，等於91.33萬元。用計算式時要注意，「指數」用的是9而不是10年，因為第一年度生活費100萬沒有計入通膨率；若第一年就以通膨調整，那麼第一年輸入的數值就是103萬，這樣的話，剛才的計算式指數就是10而不是9年了。這個判斷並不難，計算式的指數是幾年，就看你用通膨率調整過幾次。除了以算式直接算出來，也可以在C12儲存格輸入「=FV（3%,9,,-100）*70%」用函數來計算，相同的道理，N是9而不是10。

至於教育費，它出現在第六年度，總共有4年，第六年度因為前面沒有可以直接調整的數字，只能在D6儲存格使用計算式「=30 *（1+3%）^5」或函數「=FV（3%,5,,-30）」，等於34.78萬元，往下輸入就跟生活費一樣「=D7*（1+3%）」，等於35.82萬元，接著複製公式即可，不必逐一輸入，這是Excel計算表的簡單而有用的操作，可節省許多時間。

最後的投資，每年10萬元，定時定額，共投資15年。

圖4-2計算表，可以看到輸入完成後的樣子，而圖4-3計算表則是以NPV函數折現的結果。折現還分為期初與期末兩種假設，算出來的數字略有不同，期初與期末數值，相差正好是折現用的報酬率1.5%。

使用NPV函數時，空白的年度要補上「0」，例如教育費與退休金的前面幾年都是空白，沒有數字的，但讀者看到計算表上，卻都是0。

年度	生活費	退休金	教育費	投資
1	(100.00)	0.00	0.00	(10.00)
2	(103.00)	0.00	0.00	(10.00)
3	(106.09)	0.00	0.00	(10.00)
4	(109.27)	0.00	0.00	(10.00)
5	(112.55)	0.00	0.00	(10.00)
6	(115.93)	0.00	(34.78)	(10.00)
7	(119.41)	0.00	(35.82)	(10.00)
8	(122.99)	0.00	(36.90)	(10.00)
9	(126.68)	0.00	(38.00)	(10.00)
10	(130.48)	0.00		(10.00)
11		(91.33)		(10.00)
12		(94.07)		(10.00)
13		(96.90)		(10.00)
14		(99.80)		(10.00)
15		(102.80)		(10.00)
16		(105.88)		
17		(109.06)		
18		(112.33)		
19		(115.70)		
20		(119.17)		

圖4-2　支出計算表

用NPV函數來計算支出項目的現值如圖4-3：

1.50%	(1053.39)	(829.02)	(130.07)	(133.43)	(2145.91)
年度	生活費	退休金	教育費	投資	
1	(100.00)	0.00	0.00	(10.00)	
2	(103.00)	0.00	0.00	(10.00)	
3	(106.09)	0.00	0.00	(10.00)	
4	(109.27)	0.00	0.00	(10.00)	
5	(112.55)	0.00	0.00	(10.00)	
6	(115.93)	0.00	(34.78)	(10.00)	
7	(119.41)	0.00	(35.82)	(10.00)	
8	(122.99)	0.00	(36.90)	(10.00)	
9	(126.68)	0.00	(38.00)	(10.00)	
10	(130.48)	0.00		(10.00)	
11		(91.33)		(10.00)	
12		(94.07)		(10.00)	
13		(96.90)		(10.00)	
14		(99.80)		(10.00)	
15		(102.80)		(10.00)	
16		(105.88)			
17		(109.06)			
18		(112.33)			
19		(115.70)			
20		(119.17)			

圖4-3　以NPV函數折現的結果（期末）

圖4-4是以NPV函數計算生活費的輸入框。

Rate輸入的是利率1.5%（測試用的利率）。

Value1輸入的是數列的起點與終點，B3:B22。

得出答案是1053.39萬元。

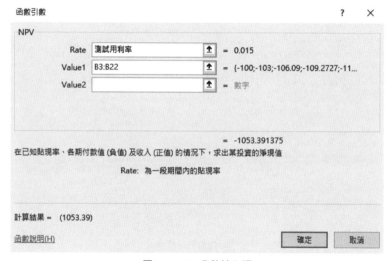

圖4-4　NPV函數輸入框

　　此數字是期末數字，若要改為期初，必須把這個答案再乘以1+1.5%。

　　所以，在B1儲存格輸入「=NPV（測試用利率,B3:B22）」；若要計算期初數值，則輸入「=NPV（測試用利率,B3:B22）*（1+測試用利率）」。

　　函數框出現「測試用利率」，是因為我定義了A1儲存格，也就是把A1儲存格取了個名字，這樣我們變更利率時，就不必逐一修改公式。

目前測試的利率是1.5%。

圖4-5的計算表是「期初」的現值，而剛才的圖4-3計算表是「期末」的現值。

1.50%	(1069.19)	(841.45)	(132.02)	(135.43)	(2178.10)
年度	生活費	退休金	教育費	投資	
1	(100.00)	0.00	0.00	(10.00)	
2	(103.00)	0.00	0.00	(10.00)	
3	(106.09)	0.00	0.00	(10.00)	
4	(109.27)	0.00	0.00	(10.00)	
5	(112.55)	0.00	0.00	(10.00)	
6	(115.93)	0.00	(34.78)	(10.00)	
7	(119.41)	0.00	(35.82)	(10.00)	
8	(122.99)	0.00	(36.90)	(10.00)	
9	(126.68)	0.00	(38.00)	(10.00)	
10	(130.48)	0.00		(10.00)	
11		(91.33)		(10.00)	
12		(94.07)		(10.00)	
13		(96.90)		(10.00)	
14		(99.80)		(10.00)	
15		(102.80)		(10.00)	
16		(105.88)			
17		(109.06)			
18		(112.33)			
19		(115.70)			
20		(119.17)			

圖4-5　以NPV函數折現的結果（期初）

在圖4-5中，我們看到第一列的儲存格，每一個現值數據都增加了，這是因為計算期初數字的關係。所謂期初數字，就是假設所有支出都是年度第一天就支出；而期末數字，則是所有支出都是年度最後一天支出。當你每年都是年初支出時，等於每年多付一年的利息，所以折現後的數字正好多付出1.5%。比較上面兩張表的差異，可以看到期初與期末數值的不同。

最後的合計2178.10萬元，就是期初現值的總和，也就是壽險保額要覆蓋所有支出所需的金額。若用不同的測試利率，這個保額會隨之而變，利率越高，折現回來的金額越小。

　　圖4-6是以利率5%折現的結果。客戶要選擇哪種折現率，要看其財務運用能力，對一個只會把錢放在銀行存款的客戶，就不可能使用太高的折現率，因為當他做不到那樣的報酬率，保額就會不足。

　　但長期而言，客戶的資金運用能力若不能高於通膨率，不但要多付出許多保險成本，同時他的整體金融資產的購買力也會逐漸下跌，經過時間越久，損害越大。這等於是「負的」複利效應。

5.00%	(918.50)	(515.01)	(105.92)	(108.99)	(1648.42)
年度	生活費	退休金	教育費	投資	
1	(100.00)	0.00	0.00	(10.00)	
2	(103.00)	0.00	0.00	(10.00)	
3	(106.09)	0.00	0.00	(10.00)	
4	(109.27)	0.00	0.00	(10.00)	
5	(112.55)	0.00	0.00	(10.00)	
6	(115.93)	0.00	(34.78)	(10.00)	
7	(119.41)	0.00	(35.82)	(10.00)	
8	(122.99)	0.00	(36.90)	(10.00)	
9	(126.68)	0.00	(38.00)	(10.00)	
10	(130.48)	0.00		(10.00)	
11		(91.33)		(10.00)	
12		(94.07)		(10.00)	
13		(96.90)		(10.00)	
14		(99.80)		(10.00)	
15		(102.80)		(10.00)	
16		(105.88)			
17		(109.06)			
18		(112.33)			
19		(115.70)			
20		(119.17)			

圖4-6　以利率5%折現的結果

　　簡單的例子，用「計算式」也能算出這些數值，為何建議用「排列式」？

　　各位看一下，例子裡這些數據，都是規律性的，也就是說增幅都是固定的3%，或都是相同的數據，例如投資欄位E，每年都是10萬元。如果數據不規則，比如投資每年不一定都是10萬元，而是隨意投資，甚至有些年度沒有投資（如圖4-7所示），這時候使用計算式，

要算出這些投資的現值，會很麻煩，用PV函數或者公式都無法立刻計算出結果，但是用NPV函數，卻可以簡單得出現值的數據。這是用NPV函數的第一個原因，但並非唯一原因。

5.00%	(918.50)	(515.01)	(105.92)	(101.98)	(1641.41)
年度	生活費	退休金	教育費	投資	
1	(100.00)	0.00	0.00	(10.00)	
2	(103.00)	0.00	0.00	0.00	
3	(106.09)	0.00	0.00	(30.00)	
4	(109.27)	0.00	0.00	(2.00)	
5	(112.55)	0.00	0.00	(18.00)	
6	(115.93)	0.00	(34.78)	0.00	
7	(119.41)	0.00	(35.82)	0.00	
8	(122.99)	0.00	(36.90)	(10.00)	
9	(126.68)	0.00	(38.00)	(10.00)	
10	(130.48)	0.00		(10.00)	
11		(91.33)		(10.00)	
12		(94.07)		(10.00)	
13		(96.90)		(10.00)	
14		(99.80)		(10.00)	
15		(102.80)		(10.00)	
16		(105.88)			
17		(109.06)			
18		(112.33)			
19		(115.70)			
20		(119.17)			

圖4-7　投資欄位數字不固定時的呈現

　　第二個原因，是排列式可以讓不同的計算結果，同步呈現，讓所有計算互相關連，組成一個完整的網路，更改任何數據都會立即顯現在最後的結果上。這種能力是「財務分析」最需要的，如用計算式，因為所有計算都是分別獨立的，任何數據變更，都需要重新計算一次所有相關數據，對顧問而言絕對是難以負荷之重。比如客戶臨時把生活費調整為每年90萬，用排列式只要把上面的數據改為90，其他所有相關數值都會自動更改，不需再計算。若用計算式，至少得重算生活費的折現值，還要計算合計總額。這還是簡單的例子，若碰到複雜案

例，要重新計算所有數據，豈是容易的？

第三個原因，是計算式無法在給定的條件下推算結果，亦即無法使用Excel的「目標搜尋」功能。用排列式才能推算所需的數字，比如保額若是1500萬，生活費必須下降多少才符合此保額的保障範圍？這是計算式無法做到的功能。

以上，透過計算壽險保額的生命價值法與特殊需求法，介紹「排列式」的計算方式，這是本書系統的計算基礎。

支出面的需求保額可以這樣算出來，收入面的保額當然也一樣可以。所以，上文我們用計算式算出的生命價值法保額，如果改用這種方式排列計算，也很容易計算，實際上對計算而言完全相同，只有項目（標籤）有所差別。

細心的讀者可能會注意到，計算退休金時，有些人習慣把退休金總需求，以退休當年度的現值為基礎，再計算每年需要提存的金額，若用Excel排列的方式計算，我們是把所有數字都換算成今天的現值，包括退休金總需求，以上面的例子而言，退休金的需求是841萬（1.5%）。

換算成今天的現值，才能與其他「項目」直接比較，例如生活費是1069萬、退休金是841萬元，這兩個數字都是今天的現值，所以可以直接看出生活費與退休金兩者的大小，也可以加起來等於整體生活費。若把退休生活費只計算到退休那個年度的現值，那麼該數字無法與其他數字比較或加減，何況用今天的現值也一樣可以計算每年的提撥金額，那麼何必讓現值參差不齊呢？

計算的方法可以用PMT函數，或使用Excel計算表中的「目標搜尋」功能。目標搜尋功能只有排列式才能使用，PMT函數則計算式、

排列式都可以用。

目標搜尋是非常強大的功能，尤其對「財務分析」的計算，有著不可或缺的重要性。本書很難詳細說明，可以找Excel的書來看，很容易就能學會。我用很簡單的例子說明如下：

1.50%	(1069.19)	(841.45)	(132.02)	2042.62	(0.05)
年度	生活費	退休金	教育費	投資	
1	(100.00)	0.00	0.00	(186.41)	
2	(103.00)	0.00	0.00	(186.41)	
3	(106.09)	0.00	0.00	(186.41)	
4	(109.27)	0.00	0.00	(186.41)	
5	(112.55)	0.00	0.00	(186.41)	
6	(115.93)	0.00	(34.78)	(186.41)	
7	(119.41)	0.00	(35.82)	(186.41)	
8	(122.99)	0.00	(36.90)	(186.41)	
9	(126.68)	0.00	(38.00)	(186.41)	
10	(130.48)	0.00		(186.41)	
11		(91.33)		(186.41)	
12		(94.07)		(186.41)	
13		(96.90)		(186.41)	
14		(99.80)		(186.41)	
15		(102.80)		(186.41)	
16		(105.88)		5710.11	
17		(109.06)			
18		(112.33)			
19		(115.70)			
20		(119.17)			

圖4-8　支出計算表

如圖4-8所示，計算退休金的現值是841.45萬元，未來十年，每年需要存入多少才能達到退休目標？

圖4-9是以PMT函數計算的輸入框：

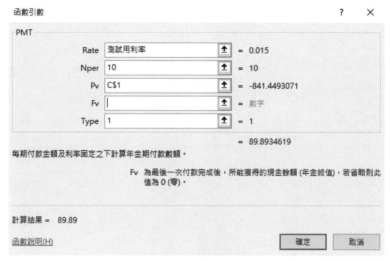

圖4-9　以PMT函數計算的輸入框

答案是：89.8934萬元。也就是每年存入大約90萬元。

使用「目標搜尋」功能（圖4-10）：

圖4-10　目標搜尋功能

按下確定按鈕之後，會出現下列畫面（圖4-11）：

1.50%	(1069.19)	(0.00)	(132.02)	2042.62	841.40
年度	生活費	退休金	教育費	投資	
1	(100.00)	89.89	0.00	(186.41)	
2	(103.00)	89.89	0.00	(186.41)	
3	(106.09)	89.89	0.00	(186.41)	
4	(109.27)	89.89	0.00	(186.41)	
5	(112.55)	89.89	0.00	(186.41)	
6	(115.93)	89.89	(34.78)	(186.41)	
7	(119.41)	89.89	(35.82)	(186.41)	
8	(122.99)	89.89	(36.90)	(186.41)	
9	(126.68)	89.89	(38.00)	(186.41)	
10	(130.48)	89.89		(186.41)	
11		(91.33)		(186.41)	
12		(94.07)		(186.41)	
13		(96.90)		(186.41)	
14		(99.80)		(186.41)	
15		(102.80)		(186.41)	
16		(105.88)		5710.11	
17		(109.06)			
18		(112.33)			
19		(115.70)			
20		(119.17)			

圖4-11　計算結果

目標搜尋的結果是89.89萬元，跟上面PMT函數計算的結果一樣。

請務必找到專書或youtube影片徹底瞭解此功能，對財務計算而言，會節省大量時間，如果沒有這功能，本書的計算系統幾乎癱瘓。使用規劃求解功能也可計算大部分數值，但因為規劃求解無法跨越不同的工作表求解，所以對本書的系統而言，反倒不便。

就保險規劃而言，我們只需要用現值就可以了，但若計算退休金每年需要提存的金額，就必須換算成年金。退休規劃是後續會介紹的內容，這裡只是想給讀者看一下「目標搜尋」的功能。

用一般的方式計算出來的壽險保額，還要扣除既有的資產（例如

雙十原則）。哪種資產可以計入扣抵額？現金當然沒問題。不動產是否可以扣除？自住的房子不宜計入，其他不動產要視客戶的未來需求決定。除了既有資產，社會福利與社會保險，與之前已經購買的商業保險也可扣除，以減低保費的負擔。

若是以財務計算表計算保額，要注意不要重複扣除，例如計算表內的現金。基本上，未計入財務計算表內的資產，才作為保額的減項。

還有較為複雜的，是如何把通貨膨脹納入保額的考量。壽險基本上，隨著年齡增長，需求逐漸下降，或可抵銷通貨膨脹的侵蝕，而壽險保單的設計，常有增額型、倍數型，或增額選擇權（常見的是每屆結婚、生子、五週年），這更能應付通貨膨脹的壓力。但醫療險的通膨問題就較棘手，因為醫療險很少能有增額，失能險、長期照護險、重大疾病、特定傷病險等，也都是如此。這些險種轉嫁的風險，卻偏偏是年紀越大，發生機率越高，而客戶的可投保性，也會因為身體狀況每況愈下，或年齡超過承保上限而失去加保的機會。所以，財務規劃對此不能只依賴保險，要同時考量資產累積的速度，以補通貨膨脹造成的保障不足。若能提撥一筆預算，專門為抵銷「通膨」所造成的保障不足現象，則是再好不過了。

醫療險如何計算保額？這裡我們僅討論實支實付的住院醫療險；定額給付型的醫療險則因原理差不多，就不多著墨。這類醫療險，基本上就是保障：病房費用、住院醫療雜費、手術費，憑收據申請理賠（又分需要正本收據與否）。目前實際的醫療費用，像是超等病房、醫療材料費、特殊手術費、針劑藥材等，有許多是健保並未給付。如何決定保險的額度呢？由於疾病種類太多，無法事先決定可能用到的

額度，因此有許多客戶乾脆就以預算來決定買多少醫療險；更具體地說，以同樣的保費，要買到最好的保障額度。

保險規劃上，主要分成兩大類：收入替代、支出彌補。收入替代類的風險轉嫁，關鍵的是客戶的收入淨額；支出彌補類的風險轉嫁，要觀察客戶的自由度。以醫療險為例，支出無法預估其可能額度，所以只能回頭看客戶的風險承受能力了。這在財務報表上，表現於損益欄位的『淨值』。

這指的是大方向，實際上，醫療險若不考慮保費限制，應以目前實際醫療費用為目標規劃保額。例如：白內障手術費，若採用雷射手術，費用大約4.5萬到9萬，水晶體除健保給付的之外，自費從2.5萬到12萬都有，這類資訊上網查詢，很容易找到。但問題是，該以哪種疾病為指標？挑比較嚴重的疾病，當作衡量標準，可能比較理想，因為那是較難承擔的支出。若行有餘力，又在乎醫療水準者，把通貨膨脹考慮進去，可買較高的保額；若是一旦生病住院就沒收入的人，亦可購買「雙實支實付」（即兩個醫療險，但要注意理賠需要的收據是否可用副本）。吳律師沒有預算的問題，只需要思考是否划算，因此要簡單許多。

失能險與長期照護險，上文談險種選擇時，也討論過其特性；因為同時保障收入與支出的損害替代與補償，所以保額也分兩邊計算。保額得看是否完全涵蓋原有收入，或是只保障家人可以維持生活就好？這當然涉及預算多寡，以及客戶的態度。以吳律師的個案為例，其壽險保額可能使用生命價值法或淨貢獻度法來計算，亦即需要涵蓋每個月30多萬的收入水平；失能險保額卻不一定要保障整個收入替代，也許只準備讓家人可以在其收入中斷後，維持每個月15萬元的原

支出水平，或更降低到每月10萬的支出（或將失能險與壽險的保額反過來規劃，亦無妨）。換言之，不同險種可以採取不同的標準，設定所需保額，這純粹以客戶的意願為準，並無特別的硬性規定，但最低不應低於社會一般認知的生活費用水準。而與壽險保額計算的相同之處，是對於既有資產的考量，若有足夠的既有資產（或自由度），可抵扣保險所需的保額，就可降低保費成本。

總之，不管是壽險或失能險，保險的目的左右保險規劃的結果。例如：為保障家人生活原有品質與保障最低生活所需，需要不同的保障額度；若同時考慮稅務問題，不但影響險種的選擇，也會影響保額的規劃。

若客戶的財務能力不夠寬裕或無意詳細規劃，實務上往往就以特定需求的總額來決定壽險保額，例如：房貸剩餘780萬，這就是保額了；也可能直接以繳得起的保費回推保額，只有像吳律師這樣預算無虞，才可以採取精密的方式計算保險額度。這樣計算過的保險額度，對客戶而言既避免了浪費，也避免了保額不足的問題。

四、保障多久？

哪些因素會影響保障年期？

收入替代，通常使用定期型的保單；而支出補償，則使用終身型的保險（這裡指的是壽險，產險則以財產年限或責任期間計算）。定期保障以到家庭撫養責任終了，或退休日為原則。這是壽險、失能險、意外險等保障替代收入的險種之共通性。但若有其他考量，就未必如此規劃。例如：同時準備遺產稅稅金，壽險的保障就可能需要終身型保險。收入替代會隨著接近退休年齡，剩餘的經濟價值慢慢降

低，到退休日就只剩下某些退休年金的折現值。因此，保額理論上可以隨之調降，實務上每隔五到十年檢視一次，或退休時通盤檢討都可以，沒有硬性規定。支出的彌補則常隨年齡增加，反而增加保障需求，但上文說過要增加保額，因為風險性增高，保險公司一般不容易同意；調降保額比較沒問題，一般保單都會有最低承保額的規定，不低於那個數字就好。

　　從收入面考慮保障期限，要計算收入的剩餘價值；從支出面考慮保障期限，則要注意項目的調整。有些支出到特定年齡之後就不存在了，例如子女的教育費用、房屋貸款等，若保額是從支出面計算得出，就必須考慮這個變數。

　　上文討論的失能險，年輕人若同時進行長期投資，支出彌補的部分也可使用定期型保單，只要確定保單滿期時，已經存下足夠多的資金可取代保單。實支實付型的醫療險，保障期限大都到75～85歲止；其他各種不能增額的保障，即便是終身型保障，但因物價高漲，也會產生保障不足的狀況，這些都需要考慮以其他財源補充，並非只有失能險如此。唯有長期投資，最能應付通膨侵蝕，這是用投資風險替代通貨膨脹造成的財務風險之實例。

　　圖4-12是安達人壽的投資型商品「鑫龍星甲型」建議書的截圖，從吳律師41歲起，保額2000萬，年繳保費30萬元，持續繳費終身，到85歲的累積保費為1350萬元。

CHUBB®

安達人壽鑫龍星變額萬能壽險(甲型)-建議書內容

假設投資報酬率：6%

| 保單年度 | 保險年齡 | 主契約所繳保險費（註1） | 保費費用總和 | 外加式附約保險費 | 假設投資報酬率6% | | | |
					保險相關費用（年度累積）（註2）	年初提領金額	保單帳戶價值（年末）	身故給付（年末）
1	41	300,000	180,000		53,935		71,529	20,000,000
2	42	300,000	180,000		58,240		142,903	20,000,000
3	43	300,000	45,000		62,793		356,960	20,000,000
4	44	300,000	30,000		67,683		594,714	20,000,000
5	45	300,000	15,000		72,681		857,473	20,000,000
10	50	300,000			100,617		2,425,573	20,000,000
15	55	300,000			127,726		4,359,850	20,000,000
20	60	300,000			164,796		6,767,376	20,000,000
25	65	300,000			191,213		9,804,846	20,000,000
30	70	300,000			185,214		13,791,325	20,000,000
35	75	300,000			45,782		19,531,669	20,000,000
40	80	300,000			17,369		27,852,549	28,131,074
45	85	300,000			35,526		38,909,712	39,298,809
50	90	300,000			73,464		53,542,857	54,078,286
55	95	300,000			153,860		72,773,605	73,501,341
60	100	300,000			317,241		97,791,973	98,769,893

圖4-12安達人壽「鑫龍星甲型」建議書

　　從以上截圖可看到每年的危險保額逐年下降：原始保額減投資標的價值即為危險保額。危險保額是保險公司實際承擔客戶風險的保額，也就是客戶需要花費保險成本的保額。到吳律師60歲時，他的危險保額已經下降到大約1300萬元。到76歲時的危險保額已經完全不存在了。屆時他的身故保額，就等於他的投資標的價值。

　　這種保單，等於每年調降客戶的壽險額度，符合客戶壽險需求下降的長期趨勢。但下降的速度受到客戶實際投資報酬的影響，並不能保證下降的幅度與速度是客戶最理想的狀況，所以每隔一段時間，顧問仍應試算保額，再加以調整。（這是以投資報酬率6%為例，報酬率更高，危險保額下降更快，反之則下降趨緩，但投資永遠不可

能是平滑的曲線，因此任何投資型保單的建議書，與實際狀況都有落差。）

另外，保單的帳戶價值與身故保額的落差，因為法規的關係，必須維持一個適格比例。

投資型保單的甲型，理賠為帳戶價值與保額兩者取其高，乙型保單的理賠則為帳戶價值加上保額，所以兩者何者為優，很難確定。評比的標準還是得看投保的目的。以吳律師而言，甲型保單的實際保額逐年下降，到76歲時幾乎沒有任何危險保額，也就是說他的保額實際上是逐年遞減，但儲存的現金價值則逐年增加。到85歲可累計3900萬元，到100歲有9800萬理賠金。

乙型保單早年的理賠等於帳戶價值與原始保額之和，故開始的時候，理賠金額高於甲型保單，但到85歲時的理賠金反而少於甲型保單，只有2800萬元。

吳律師的壽險規劃，隨著工作收入的經濟價值逐年遞減，維持過高的保額徒然浪費保險成本，且到85歲以後若要以此資金繳稅，反倒不如甲型保單。從圖4-13乙型保單的截圖看來，2800萬元已經開始遞減，也就是說，因為到90歲之後就已經沒有任何保額，從繳稅的需求衡量，也是非常不利的，。

由以上分析可以瞭解：吳律師的壽險保額，除了保障之外，若同時還考慮將來的遺產稅繳稅準備金，那麼甲型保單是較好的選擇。但若是投保之後短期內身故，投資型保單乙型的理賠額將大於甲型。

若不考慮遺產稅問題，那麼吳律師的保障只需要保到60歲即可，也就是單純只保障其工作收入，那麼壽險的成本會降低很多。以41歲之齡，投保2000萬20年定期壽險，全球人壽的QTL保費為每年152000

元。這等於是保障吳律師41歲至60歲的收入。這種規劃方式乃不考慮將來以這張保單繳遺產稅。可見保障期間的規劃，仍然受到投保目的的影響，毋庸置疑。

CHUBB®

安達人壽鑫龍星變額萬能壽險(乙型)-建議書內容

假設投資報酬率：6%

保單年度	保險年齡	主契約所繳保險費（註1）	保費費用總和	外加式附約保險費	假設投資報酬率6%			
					保險相關費用（年度累積）（註2）	年初提領金額	保單帳戶價值（年末）	身故給付（年末）
1	41	300,000	180,000		54,168		71,289	20,071,289
2	42	300,000	180,000		58,656		142,220	20,142,220
3	43	300,000	45,000		63,828		355,170	20,355,170
4	44	300,000	30,000		69,540		590,902	20,590,902
5	45	300,000	15,000		75,576		850,447	20,850,447
9	49	300,000			104,760		2,047,237	22,047,237
13	53	300,000			139,572		3,409,479	23,409,479
17	57	300,000			182,880		4,954,738	24,954,738
21	61	300,000			252,540		6,628,208	26,628,208
25	65	300,000			348,324		8,375,466	28,375,466
29	69	300,000			485,844		10,035,393	30,035,393
33	73	300,000			676,788		11,362,337	31,362,337
37	77	300,000			933,744		12,011,112	32,011,112
41	81	300,000			1,306,236		11,367,147	31,367,147
45	85	300,000			1,822,260		8,485,996	28,485,996
49	89	300,000			2,545,140		1,997,521	21,997,521
53	93							
57	97							
60	100							

圖4-13　安達人壽「鑫龍星乙型」建議書

五、繳費安排

　　許多客戶不希望退休後還要操心保費問題。有些保單可以選擇繳費年期，但也有些保單所提供的年期並不符合客戶所需，那麼該如何透過財務設計調整？

　　客戶希望不要繳費那麼久，他手中有現金，想躉繳所有保費。

有些保險公司設計出某種保單可以方便客戶躉繳20年的保費,後面19年,則由此保單逐年自動轉帳繳納,這種保單還提供躉繳的折扣。

即使沒這種保單,客戶也可以自己創造一個繳費的專用帳戶,比如:客戶覺得醫療險要繳到85歲,且越老保費越高,特別是退休之後還要操心這筆保費,他可以現在就開始一面繳目前的保費,同時提存退休後的保費;或建立專用帳戶,躉繳所有保費,等實際退休後,以此帳戶中的資金來扣繳醫療險保費。若規劃得當,也不失為一種替代長期繳費的計畫,但要注意,必須先算好繳多少費用才夠應付將來所需。

年繳還是月繳?月繳大都比年繳貴,因為需要負擔利息。然而,是否以年繳規劃,得看客戶實際收支情況。若是投資型保單,月繳沒有利息問題,是否月繳較為划算?

純粹的儲蓄險最不適合月繳,因為儲蓄險的利率,錙珠必較,原本獲利就已微薄,若還要負擔保險公司月付保費的利息,更是雪上加霜。其他保險種類,就看客戶財務能力,一般而言,自然是年繳較省事,也較不易出錯。半年繳與年繳保費,萬一忘記繳費,保險公司必須以掛號信通知客戶,收到通知後還有一個月的寬限期可以繳費,季繳與月繳就沒有這種福利(自動轉帳不在此限)。

為避免忘記繳費,以自動轉帳或信用卡繳費,較能避免這個問題。

投資型保單的考量較為複雜,選擇月繳方式,不純然是個人收支問題,有時候是調整投資的頻率。年繳的間隔比月繳久,有的客戶期望每個月投資,以分散風險。若以長達三十年的時間看,月繳與年繳

差別不大，所以仍建議盡可能年繳，投資型保單大多數更容許隨時單筆增額，因此繳費極有彈性，可以讓客戶隨時增減保費，是不錯的綜合平台。

誰來繳費？雖然要保人是繳保費的義務人，但關係人也可代繳保費，例如被保險人、受益人，另外，透過信託繳費也是可以考慮的方式。

規劃保險時，若要同時兼顧將來節稅與繳稅財源安排，那麼此刻保險的選擇，不能只有定期壽險，還要考量採用投資型壽險或終身壽險，同時亦可考慮直接安排子女為要保人與受益人（這種做法並非絕對優勢，要看客戶的實際財務狀況而定）。然而，若以子女為要保人，等於提早贈與，而且保單的掌控權也等於交給孩子，但孩子將來的變化仍難以預料，因此，比較好的做法是成立金錢型信託，以信託與保險結合，既能贈與，又能繼續以信託契約規範資金用途。用信託繳付保險費，此保單也將成為信託財產，受到信託契約的管制與保護。

這裡順道介紹與保險有關的兩種常見的信託規劃：

（一）金錢型信託

在此以吳律師為例來介紹。這種信託的委託人，可以是吳律師本人或者他的兒女，若以吳律師本人擔任委託人，兒女為信託的受益人，則屬於他益信託；若以吳律師的兒女擔任委託人，兒女本人為受益人，則屬於自益信託。一般而言，金錢信託的受託人會是銀行的

信託部，台灣目前沒有專營信託的信託公司，信託業務都是由銀行信託部處理。但根據信託法，自然人也能成為受託人，並不一定得是法人。只是，金錢信託在剛成立時的信託財產，通常是金錢，若是以自然人為受託人，受託人是否可靠就會是很大的疑問。如果受託人挪用或侵占信託財產，雖然委託人或受益人可以訴諸法律追索，但因為金錢的性質不能記名，因此即使追索也可能一無所得，類似普通債權。但若用銀行信託部門為受託人，每年須支付大約千分之3的管理費用，也是個負擔——假設信託財產為1000萬元，每年就要付出3萬塊的費用。

以吳律師本人為信託之委託人，以保險規劃的角度看來，並無必要；以信託的角度看，則有保護吳律師財務安全的作用。但這種作用並不是保險規劃要討論的。我們要探討的是以吳律師的兒女為委託人、銀行信託部或吳太太為受託人、兒女本身為受益人的金錢型信託。

以前述吳律師投保安達人壽鑫龍星投資型壽險為例，保費每年30萬元，吳律師將此保費先放入信託中，成為信託財產，再以兒女的名義為要保人投保此保單，吳律師一樣是被保險人，保險的受益人也是女兒，但保費由信託帳戶支付。保單所產生的各項保險給付：（一）保險金給付。包含身故、殘廢、醫療、滿期（祝壽）保險金或年金等。（二）保單價值金及其部分提領金。（三）保單投資配息。（四）保單解約金。（五）保險費之返還。（六）保單分紅。（七）保單借款。以上都必須撥回信託帳戶（除非法令另有規定）。這樣的信託架構，等於先贈與每年30萬給子女，子女再以此資金為父母投保，父母百年之後，取得理賠金可用以繳遺產稅。既然是透過贈與，

目前規定是每年每位贈與人220萬元，超過此數就要繳納贈與稅。然而，這種規劃要特別注意信託條款中，條文變更與信託終止的條件安排，以免委託人與受益人為同一人，兒女可以隨時變更資金用途。

為什麼要以金錢型信託來規劃保險？

因為直接贈與給孩子的財產，若不透過信託，子女成年之後父母將失去該贈與財產的掌控權，不管是子女本身揮霍，還是子女經商失敗，甚至為人作保，都有可能危及當初父母贈與財產時的本意。若使用信託，即使是贈與給孩子的錢，仍能以信託主旨控制其使用，比如給女兒每年30萬，讓她為吳律師投保2000萬元，她如果急需用錢，可以解約保單，取得現金。有了信託的規範，女兒即便解約保單，解約金回到信託帳戶也還在信託主旨管制範圍內。

當然，若以吳律師本人為要保人及被保險人，就不會出現這種問題，看似不需要特別規劃信託與保險配合，是因為金額不大的關係，若把金額放大10倍，那麼信託規劃可以減少最低稅負制與遺產稅方面的顧慮。（2006年1月1日之後的壽險保單，要保人與受益人為同一人，不受最低稅負制的影響，若以子女為要保人，因為已經透過贈與，也可避免實質課稅問題。）

（二）保險金信託

保險金信託的意思，是把保險理賠的錢拿來設立信託。跟金錢型信託不同，保險金信託的保單，本身不是信託財產，只有理賠金才會進入信託帳戶，保費並不是由該信託帳戶支付。目前台灣流行的保險金信託主要用於兩個地方：

　　a. 子女還小，萬一有大筆理賠金，擔心無法管理，且引人覬覦。

　　b. 身心障礙、失能、重病重殘的人，用保險金信託保障其給付與
　　　理賠金可以為己所用，這是安養問題的核心議題。

　　保險金信託的委託人與受益人同為保險之受益人，受託人多半是
銀行信託部門，若是以第一項為目的來規劃，保險的被保險人往往是
父母親，若是第二項目的話，被保險人大都是信託受益人自己。

六、保費多少？

　　我們必須清楚每種保險方案的成本，對客戶財務的影響。這種計
算，不僅用於新規劃的保單，要判斷舊保單是否應該繼續繳費或辦理
減額繳清，甚至解約，都是使用相同計算方式，懂得計算成本才能比
較不同方案。

　　推而廣之，任何財務收支都能計算成本與效益，例如投資、購
屋、買車等。

　　成本是客戶財務決策的基礎之一。

（一）成本的種類

　　說明成本計算之前，我們要先釐清「成本的種類」：

　　■ 保險成本的基礎概念：最大成本、沉沒成本、機會成本。

　　■ 對整體財務的影響：客觀成本、相對成本。

　　一般而言，保險無法計算報酬率，除非單純只是「類定存單」
型的保單。但是，對於財務顧問來說，他需要知道客戶保單的「最大
成本」；亦即當客戶購買的保險沒有發生保險事故，客戶繳出的最高

保費所代表的成本。舉例：客戶投保醫療險，直到醫療險保障時限終了，其間沒發生過任何理賠，這時他的這張保單成本最大，因為他繳了最長的時間、最多的保費，但沒有獲得任何理陪。終身壽險的最大成本，則是客戶活到這張保單最後的理賠年齡，才獲得祝壽金。不同的終身壽險保障到幾歲，並無統一規定，最低有到95歲，最高大概120歲，也有無期限的終身壽險，不管哪一種，年紀越大才獲得理賠的成本越高。

保單的「沉沒成本」，指客戶保單已繳費用與解約金之間的差額。保單經過一段時間後，比如已繳11年，每年保費3.22萬元，總共已繳35.42萬，此時計算其保單價值並非以35.42萬來計算，而是以他當下的解約金19.58萬元來計算，故沉沒成本為：35.42 - 19.58 = 15.84萬。有些保單沒有解約金，那麼沉沒成本等於所有已繳保費之和。計算沉沒成本的原因，是假設客戶繳費繳了11年，還有9年未繳，他想比較繼續繳費或解約（或減額繳清）哪種選項划算，若以整體保費來計算，那麼顯然會虛增此時的成本，做出不利的判斷；若以未繳的保費，加上解約金來評估，相對來說是較為務實的做法。已經繳完的費用，以今天而言已轉換為解約金，再去追究原始成本是無意義的，因為客戶無法回頭重新抉擇。所以，所有已繳費用與解約金之間的差額，只看作消耗，不再計入，這個消耗就是沉沒成本。以上例來說，也可看作過去11年享有保障花掉的成本。

「機會成本」則是我們作為衡量標準的利率。更嚴格來講，機會成本應該是客戶選用的「利率」，計算出來的損益，而不是利率本身。但我們常以該計算利率為機會成本。

這項衡量標準的利率可有不同的選擇，例如：無風險利率、代表

客戶配置資本能力的利率（即投資與儲蓄的綜合利率）。當客戶甲的「機會成本」為5%，客戶乙的「機會成本」為1.5%，那麼同一張保單，對甲乙二人的成本將是不同的，這就是保單的「相對成本」。換言之，相對成本是經過機會成本調整過的成本。這等於是衡量，當客戶把一筆錢拿去買保險，沒有拿去運用（投資或儲蓄），他的利弊得失如何？相對成本不是固定的數字，會跟著衡量利率的變化而變化，所以稱之為「相對」成本。

「客觀成本」是這張保單的帳面成本，年繳保費10萬元，10年期養老壽險，總繳保費為100萬元。這數字不會改變，只要性別與年齡相同，沒有其他優惠或加費情況，不管對張三還是李四，都是100萬的成本（若保單本身有生存金或分紅等項目，必須計算其內部報酬率）。但對財務顧問而言，光從客觀成本，無法瞭解這張保單對客戶財務的影響，也無法判斷利弊得失。

我們將客戶的資金配置能力當作「機會成本」，這個能力以百分比的型態表現，透過折現，它能衡量客戶的所有財務收支項目。在同一段時間裡，只使用一個「機會成本」衡量其財務數字，才能把各個項目拿來比較，否則比較並無意義。這不僅是保單的評估，還包括其他所有的財務數字。

所謂客戶的資金配置能力，並不是指稱客戶的投資能力，而是從財務結構上探討，客戶可以接受與承受的「理財比率」，此一比率的構成可以大概區分為：現金、銀行存款（活存/定存/外幣存款）、債券（公債/投資債/高收益債）、股票與基金等項目，也可以包括不動產的投資，但我個人習慣上只使用現金、儲蓄、投資等三項。每一項目給予一個利率或報酬率的參數，再乘以一個可用資產的百分比，最

後計算出一個綜合利率。「財務分析」的計算表，即以此一綜合利率作為「折現率」。從而可見資金配置能力與客戶實際的操作經驗或能力無關，只是反應客戶財務結構上的潛能，當然客戶的主觀意見或經驗與能力，會呈現在他心目中對各種理財項目的配比上。

客觀成本與相對成本的差別就是「折現」；也可以說「客觀成本」就是折現率為零的計算結果。剛才的例子中，客觀保費為100萬元，假設20年末滿期金有110萬元，客戶的獲利為10萬元（見圖4-14）。

現值	110.00	(100.00)	10.00	0.00%
年齡	滿期金	保費	損益	折現率
30	0.00	(10.00)		
31	0.00	(10.00)		
32	0.00	(10.00)		
33	0.00	(10.00)		
34	0.00	(10.00)		
35	0.00	(10.00)		
36	0.00	(10.00)		
37	0.00	(10.00)		
38	0.00	(10.00)		
39	0.00	(10.00)		
40	110.00			

圖4-14　折現率為零的計算結果

若以1.5%的銀行定存利率折現：獲利從10萬元降低為1.18萬元（見圖4-15）。同一張保單為何算出來的獲利會不一樣？這是因為扣除「機會成本」的關係，也就是說，財務顧問計算的是這張保單比銀行定存多1.18萬元的獲利，倘若客戶的資金運用能力就是銀行定存，

那麼這定存利率就是衡量其財務決策的量尺。

現值	94.78	(93.61)	1.18	1.50%
年齡	滿期金	保費	損益	折現率
30	0.00	(10.00)		
31	0.00	(10.00)		
32	0.00	(10.00)		
33	0.00	(10.00)		
34	0.00	(10.00)		
35	0.00	(10.00)		
36	0.00	(10.00)		
37	0.00	(10.00)		
38	0.00	(10.00)		
39	0.00	(10.00)		
40	110.00			

圖4-15　以利率1.5%折現的計算結果

　　如果客戶的資金運用平均可達5%呢？折現後的損益是虧損13.55萬元（見圖4-16）。客戶的資金平均可以獲利5%，這張保單沒有達到5%的報酬率，相對於客戶的獲利水平自然會產生虧損。從上面的例子可知，客戶的保險成本與獲利，在不同的客戶身上是否划算並不一定。目前流行的儲蓄型保單，一般都只計算「內部投資報酬率」，客戶平常以銀行存款為主要理財手段者，與平常以基金、股票投資為主的客戶，對儲蓄型保單的損益顯然不同。

現值	67.53	(81.08)	(13.55)	5.00%
年齡	滿期金	保費	損益	折現率
30	0.00	(10.00)		
31	0.00	(10.00)		
32	0.00	(10.00)		
33	0.00	(10.00)		
34	0.00	(10.00)		
35	0.00	(10.00)		
36	0.00	(10.00)		
37	0.00	(10.00)		
38	0.00	(10.00)		
39	0.00	(10.00)		
40	110.00			

圖4-16　以利率5%折現的計算結果

試問圖4-17這張保單的內部投資報酬率，如何計算？

現值	110.00	(81.08)	28.92	5.00%
年齡	滿期金	保費	損益	折現率
30		(10.00)		
31		(10.00)		
32		(10.00)		
33		(10.00)		
34		(10.00)		
35		(10.00)		
36		(10.00)		
37		(10.00)		
38		(10.00)		
39		(10.00)		
40	110.00			
41				
42		1.73%		

圖4-17　內部投資報酬率計算表

　　用Excel計算表的IRR函數計算內部投資報酬率。隨機找一個儲存格，例如此例的E15，輸入「=IRR（d4:e14）」就能得到答案。但請記得把D4到D13之間的儲存格中的「0」刪除。答案是1.73%，這是這張保單客觀的報酬率。剛才用1.5%的定存利率折現，會有1.18萬元的獲利，是因為1.73%大於1.5%，同樣的道理，當客戶以5%折現時出現虧損13.55萬元，是因為1.73%小於5%。如果折現率剛好等於1.73%，那麼損益等於0。由此可知，以客戶本身的資金運用能力為標準，可以評量某種財務活動對該客戶是賺是賠。

　　所以，「折現」是因為要看到保險成本對客戶的影響，必須以客戶的角度衡量，若只是算出這張保單的報酬率為1.73%，或可獲利10萬元，對不同的客戶意義完全不同，那麼我們便無法看出這保單成本對特定客戶實際的損益。

　　除了保單，還有其他的成本計算，例如：

1. 購車的利率。

2. 比較房貸與儲蓄購屋的利弊。

3. 租屋與買房哪個划算？

4. 還本保單與不還本保單的利弊得失分析。

5. 提早贈與和遺產繼承的分析計算。

6. 其他。

這些都是常見的財務問題，財務顧問必須瞭解如何計算。所有的計算都有個共同框架，就是把支出金額與收入金額都折現，再比較兩者的損益，這就是「淨現值」的計算；另外還有現值、未來值、年金之間的轉換。在財務管理領域中，考慮一項投資時，最基本的就是計算其淨現值，當然對任何投資而言，評估標準未必只有單一的標準，

有時候考慮投資的「外溢效應」，即使此項投資本身虧損，還是必須投資，此時虧損可視為獲取外溢效應的成本。

　　上面所有計算，我們的目的是評估哪種選項對客戶更有利，有利不一定只是指「淨現值」為正數，有時還得看客戶「想要」或「需要」的是什麼。比如客戶投保醫療險，若沒有發生醫療費用可以申請理賠，所有的保費還是得支付，這時保費就不可能有正的淨現值，因為全數都是支出。淨現值為負，以投資獲利為目的的專案計畫，顯然不應執行，但論保障卻未必。保障的目的不一定是獲利，例如有時是釋放資金或穩定財務，這樣的目的不容易以數字來衡量獲益，造成成本利益分析時的難題。成本可以簡單計算，效益卻不一定能數字化。

保險之目的與能力：

　　剛才談到保險的「效益」時，有提到必須視客戶投保時的目的為何。整個財務規劃其實都是相同的程序：發掘值得追求的目的，轉化為可量化的目標，設計符合成本效益的策略與計畫以達成目的（目標）。

　　「目的」整合保險的六大要點。舉例來說：轉嫁風險、贈與、籌措繳稅資金、儲蓄與投資、股東互保（穩定股權）、釋放資金、保障投資計畫、增加信用度等。保險的目的，不是只有風險的轉嫁而已。目的隨客戶財務狀況而不同，各種目的對應著各式各樣的情境，顧問透過分析，瞭解客戶財務能力，進一步判斷哪些問題值得客戶現在就耗損資源，把它解決。

　　保險的目的，與顧問或業務員對保險功能的掌握程度有關，知道保險能夠做什麼，才能考慮客戶所處的情境，搭配保險的功能，提出

適當的建議。

　　除了「目的」的種類，「目的」還有程度上的考量，程度考量我們稱之為「目標」，例如：以轉嫁風險為目的，但要不要顧及所有種類的風險（廣度）？或針對某種風險，要不要足額轉嫁，還是只要能應付最低要求即可（深度）？這就是「目的」底下的「目標」。簡單說：目的是要做「什麼項目」（方向），目標則是該項目要「做到什麼程度」（包括廣度與深度）？

　　所有的財務策略，若產生費用，都必須考慮成本，成本是費用相對於整體而言的數字，衡量費用對整體財務的影響則是成本計算；若以此定義來看，保單不可能沒有費用，但可能沒有成本。財務顧問的工作價值，有一部分就是在於降低客戶保險的成本。

　　所謂「能力」，就是客戶可以負擔多少保費。

　　保險的目的，是規劃保險的基礎，付費能力則是保險規劃的限制；至於六項保險規劃的要點，是用來檢查規劃的內容是否周延，不是規劃保險的程序，而是保險規劃作業的「結構」。保險的目的既然有許多種，同一種目的也可能有不同的規劃方式，所以**保險規劃**的特色就是**由許多目的與解決方法組合而成的一種範疇**，說它是一種規劃，**但它實際上卻是好幾種不同的規劃組成**；說是好幾種規劃，卻又**都使用保險為工具，因而具有同質性。**

　　它可能是安全規劃的一環，也可能是投資、稅務、退休規劃的一部分，得看整體規劃中的脈絡而定。各種目的組合，相應的決策就構成「策略樹」，客戶面對各種目的，及其產生的費用，要逐一做出決定，這種決策不是單一的，而是一連串的選擇。許多規劃都具有這樣的特性，例如：退休規劃、傳承規劃等。但保險規劃本身的特色還是

很明顯的，因為都運用了保險產生的價值。

接下來，我們可以看一下實例，觀察吳律師在保險範疇的決策。

吳律師案例之保險規劃

整個財務規劃過程，客戶的參與是必不可少的條件。客戶不只提供資料給顧問研究分析，撥出時間與顧問討論，更重要的是他必須做出一系列的決定，讓規劃的程序得以繼續進行。

吳律師在進入保險規劃之前，已經決定將工作延長五年，到60歲才退休，投資比重提高為80%，也同意以ETF為主要投資工具，終身投資，而這些決定都是針對他調整財務的「願景」而來。

現在，他要進一步為自己的保險做出各種決定，顧問提供如下選項：

1. 他的保險目的是什麼？

    (1) 哪些「項目」需要保障？

    (2) 保障「目標」是多少？

2. 除了保障之外，要不要以保險處理資產傳承與稅務問題？

    (1) 贈與稅、遺產稅、最低稅負問題。

    (2) 財富贈予子女的計畫。

3. 妻子與孩子要不要保險？

    (1)是否划算？

    (2)當作傳承計畫的一部分？

從以上簡單列表，可以看到保險規劃的決策層級，這是「決策樹」模式，而不是「決策點」。吳律師並非只考慮某張保單可以獲取

的利益，而是在既定的「願景」下，思考他還可以做的財務提升；也就是說，**決策要在整體財務脈絡下思考，而非孤立的商品取捨。**

　　不同的決策基礎，會影響決策結果，若只從保單本身的利弊得失來判斷是否投保，與在整體財務考量下判斷是否投保，得到的結論也許相反。

　　客戶需要知道其決策的代價。以吳律師的壽險規劃為例，他調整後的財務藍圖如圖4-18：

年齡	執業收入	退休收入	儲蓄	稅負	勞健保	教育費	退休生活	生活費	損益	驗算
現值	5370.90	120.28	2800.00	(505.33)	(294.90)	(313.35)	(2036.37)	(2331.92)	2809.30	2809.30
41	380.00	0.00	2800.00	(35.00)	(20.00)	0.00	0.00	(180.00)	3093.43	2950.89
42	383.80	0.00		(35.00)	(20.00)	0.00	0.00	(185.04)	3400.34	3099.61
43	387.64	0.00		(35.00)	(20.00)	0.00	0.00	(190.22)	3721.31	3255.84
44	391.51	0.00		(35.00)	(20.00)	0.00	0.00	(195.55)	4056.94	3419.93
45	395.43	0.00		(35.00)	(20.00)	0.00	0.00	(201.02)	4407.84	3592.29
46	399.38	0.00		(35.00)	(20.00)	0.00	0.00	(206.65)	4774.67	3773.35
47	403.38	0.00		(35.00)	(20.00)	0.00	0.00	(212.44)	5158.11	3963.52
48	407.41	0.00		(35.00)	(20.00)	0.00	0.00	(218.39)	5558.86	4163.28
49	411.49	0.00		(35.00)	(20.00)	0.00	0.00	(224.50)	5977.66	4373.11
50	415.60	0.00		(35.00)	(20.00)	(65.24)	0.00	(230.79)	6346.76	4593.52
51	419.76	0.00		(35.00)	(20.00)	(67.20)	0.00	(237.25)	6729.99	4825.03
52	423.95	0.00		(35.00)	(20.00)	(69.21)	0.00	(243.89)	7127.85	5068.21
53	428.19	0.00		(35.00)	(20.00)	(71.29)	0.00	(250.72)	7540.86	5323.65
54	432.48	0.00		(35.00)	(20.00)	(73.43)	0.00	(257.74)	7969.56	5591.96
55	436.80	0.00		(35.00)	(20.00)	(75.63)	0.00	(264.96)	8414.52	5873.80
56	441.17	0.00		(35.00)	(20.00)	(77.90)	(190.66)		8962.14	6169.84
57	445.58	0.00		(35.00)	(20.00)	(80.24)	(196.00)		9533.94	6480.80
58	450.04	0.00		(35.00)	(20.00)		(201.49)		10217.75	6807.43
59	454.54	0.00		(35.00)	(20.00)		(207.13)		10934.83	7150.52
60	459.08	0.00		(35.00)	(20.00)		(212.93)		11686.72	7510.91
61	0.00	0.00		(35.00)	(20.00)		(218.89)		11988.04	7889.46
62	0.00	0.00		(35.00)	(20.00)		(225.02)		12298.10	8287.09
63	0.00	0.00		(35.00)	(20.00)		(231.32)		12617.17	8704.76
64	0.00	0.00		(35.00)	(20.00)		(237.80)		12945.52	9143.48
65	0.00	0.00			(20.00)		(244.46)		13320.18	9604.31
66		31.52					(251.30)		13760.66	10088.37
67		31.52					(258.34)		14215.95	10596.82
68		31.52					(265.57)		14686.58	11130.90
69		31.52					(273.01)		15173.12	11691.90
70		31.52					(280.65)		15676.16	12281.17
71		31.52					(288.51)		16196.29	12900.14
72		31.52					(296.59)		16734.15	13550.31
73		31.52					(304.89)		17290.40	14233.24
74		31.52					(313.43)		17865.72	14950.60
75		31.52					(322.21)		18460.81	15704.11
76		31.52					(331.23)		19076.42	16495.59
77		31.52					(340.50)		19713.31	17326.97
78		31.52					(350.04)		20372.29	18200.25
79		31.52					(359.84)		21054.19	19117.54
80		31.52					(369.92)		21759.87	20081.07
81		31.52					(380.27)		22490.23	21093.16
82		31.52					(390.92)		23246.23	22156.25
83		31.52					(401.87)		24028.83	23272.93
84		31.52					(413.12)		24839.05	24445.88
85		31.52					(424.69)		25677.95	25677.95

圖4-18　吳律師調整後的財務藍圖（部分）

　　吳律師需要多少壽險保額？計算的方式很多，可以由支出端或收入端計算，兩種方式算出來的保額會有些許的落差，但若從財務報表上直接以「目標搜尋」計算吳律師所需的最大保額（即假設身故發生於當下41歲時），是最簡單的辦法。

　　使用此種方法要先決定幾個因素：

1. 綜合利率（亦即客戶發生事故之後的投資與儲蓄比重），這數據可以跟吳律師仍活著時的比重一樣，也可以在萬一身故時，改採其他比較保守的利率。利率越保守，所需的保額當然就越大。

2. 保障涵蓋哪些項目？保障到什麼程度？這是指萬一吳律師身故，他是要維持現有的生活水準，還是適度降低？降低的選項有兩種：項目不變，但降低額度；項目減少，但額度不變；也可以兩者兼具。這些都是吳律師在確定保險額度前，必須做的抉擇。

3. 若一生平安，照吳律師的願景發展，他可能會剩下2.5億的財產（不含現在自住的房屋），保險要保有這個數字嗎？還是只保障到收支平衡就好，不準備留下可繼承的資產？這與剛才的抉擇略有不同，它不是考慮要保障的項目與額度，而是直接決定要不要減少原有的「遺產」。這是具有「自由度」的客戶，才有必要考慮的選擇。

4. 保障要不要同時兼顧將來遺產稅的繳稅資金來源？這跟保險的期間、使用的險種、保險的額度，以及相關安排有直接的關連。

5. 保險的成本能接受的極限？保險將減少整體財務結果，不投

保之前若能留下2.5億元，投保之後若減少為2.3億元，他能接受？當然這是指吳律師一生平安，未使用保險的情形，也就是考慮「最大成本」。

雖然，理論上保額的決定，如同先前提及有各種各樣的方法，但在財務報表上直接計算卻是最簡單的方式。

比如上圖所示，客戶生活費的現值是2331.92萬元，如果吳律師本身的花費大約占20%，那麼把這數字乘上80%，就等於客戶生活費所需的保額；同樣地，退休生活費是2036.37萬元，這是吳律師與妻子兩人的需求，若少了吳律師，那這筆費用刪除一半如何？

這些可以跟客戶當場討論，當每個項目都有了決定，再刪除收入項目（包括執業所得、退休收入）的D、E兩欄，報表就會在「損益欄」最上端出現赤字。以吳律師的案例來說，若不變動勞健保與稅負欄位的數據，那麼吳律師的收支平衡所缺：993.67萬元（不含萬一需要借款的利率），這保額直接讓收支兩平。若客戶希望維持原有的財富傳承呢？那麼保額用Excel的「目標搜尋」功能，立即可以得出答案：3802.97萬元。

以上的調整與計算，都是一邊與客戶討論，一邊做出決定。這是用繼續投資為基礎所設計的保額，若希望採取最保守的銀行定存來做規劃，就得先調整綜合利率（假設銀行利率為1.2%），然後把以上的調整重做一遍。答案是：維持收支兩平，需要保額3708.93萬元。

兩種規劃的保額差異很大，客戶該如何選擇？我的建議是採用繼續投資為規劃保額的基礎，因為我們檢驗過吳律師活著時的財務能力，足以支撐他的投資計畫，那麼保險既然可以「替代」其收入，為何不能同樣投資？一旦改採保守的規劃策略，所需保額會增加很多，

保費當然也就水漲船高，反而不美；何況原本的投資計畫並未採用高深的投資知識與技術，只是簡單的策略而已。

在財務報表上跟客戶討論保額，不只能算出所需保額，也能讓客戶知道現有的保額能支撐客戶在給定的條件下，可以生活多少年。例如：若吳律師的壽險保額只買了500萬元，那麼可以維持遺族多久的生活？這只要看損益欄何時出現赤字即可，答案是吳律師65歲時，而他的妻子與他同齡，因此也就是妻子65歲的時候。若不希望提高保額，可以調整發生身故事件後，家庭生活費與妻子退休金的金額，看看是否能符合收支平衡的要求。這些都是可以在財務報表上直接操作的，並沒有太過繁複的計算，這也是我鼓勵財務顧問採用「**排列式**」計算的原因之一，以Excel的財務計算表來計算客戶所需的保額，等於是同時計算客戶的總收入、淨貢獻度、並與支出項目同步抉擇，所以這是種綜合作法，可同時包含各種計算壽險保額的方式，還能讓客戶知道，他選擇的保額，保障了那些項目，花費多少成本，對整體財務影響程度的多寡。這是其他作法很難做到的。

保額的計算並不只有當下的額度問題，也許客戶需要知道10年後，他的保額需求是多少，這些如果不用Excel報表，計算可就得大費周章了。若用財務報表，客戶只要刪除10年後的收入，再將相應支出欄位調整一下即可。

決定保額之後，要考慮吳律師的傳承與稅務規劃，這關係到保單種類、保險期間長短，如果要同時以保單準備將來繳納遺產稅的資金，那麼險種必須是終身型的壽險，若不考慮此項功能，那只用定期壽險即可。

我們假定客戶選擇保額2000萬元，這是介於中間的保額，超過客

戶的收支平衡，但又不足以維持原本可以傳承的財富。客戶往往會在
顧問建議的上下限中，取一中間數字[4]。

一、商品舉例

1. 全球人壽終身壽險的保費69.184萬元（60歲解約金1351.20萬元）；

2. 安達人壽投資型壽險甲型的保費：30萬元（60歲帳戶價值4%
   計530.7萬元；6%計676.7萬元）；

3. 全球人壽定期壽險的保費：14.476萬元（60歲解約金0元），
   這些保費應如何計算成本？

公司	全球人壽		全球人壽		安達人壽	
險種	20年定期險		20年繳費終身險		鑫龍星甲型	
繳費始期						
壽險保額	2000.00		2000.00		2000.00	
%	-2.28%		-4.79%		-2.33%	
現值差額	(188.85)		(397.19)		(192.88)	
當下解約金	0.00		0.00		0.00	
現值	(188.85)	0.00	(902.58)	505.39	(391.38)	198.50

圖4-19　利率5.04%計算的結果

---

[4] 顧問給吳律師的建議是一個範圍，而非確定的數字。下限大約就是維持收支平衡所需的壽險保額，
上限則是維持其投資計畫所需的保額。客戶根據這範圍，衡量成本與對整體財務的影響，選定一個
他能接受的數字，作為保額。

公司	全球人壽		全球人壽		安達人壽	
險種	20年定期險		20年繳費終身險		鑫龍星甲型	
繳費始期						
壽險保額	2000.00		2000.00		2000.00	
%	-2.43%		-1.63%		-1.11%	
現值差額	(259.11)		(173.95)		(118.93)	
當下解約金	0.00		0.00		0.00	
現值	(259.11)	0.00	(1238.36)	1064.41	(536.99)	418.06

圖4-20　利率為1.2%計算的結果

　　由以上兩種不同折現利率計算的結果可以發現：

　　保單本身的成本（現值差額）是會變動的。定期險在以5.04%的折現率計算時的成本是188.85萬元，在以1.2%利率折現時變成259.11萬元。同一張保單的成本，卻會因為客戶的「機會成本」率而變化數值。當「機會成本」率為5.04%時，這張保單似乎比較便宜，其實它的客觀成本是固定的：14.476*20＝289.52萬元（亦即保費）。但由於每個客戶使用資金的效益不同，相對影響成本在報表呈現的數字。

　　換一種說法：客戶若投資報酬率為5.04%，他只需要準備188.5萬元就足以繳清這份定期險保單的保費，而若報酬率為1.2%，他必須準備259.11萬元才能繳清這張保單的保費。

　　檢視三張保單，當吳律師的折現率是5.04%，最貴的是終身壽險，其次是投資型保單，最便宜是定期險；折現率是1.2%時，最貴的是定期險，其次是終身壽險，最便宜的是投資型保單。客戶的保險成本會因為自己運用資金的能力變化而有所不同。既然在5.04%時，定期險最便宜，那麼我們就選擇定期險吧。選擇定期險就等於不考慮以

保險籌措將來遺產稅繳稅資金。

遺產稅大約4000萬元；若使用剩餘財產請求權則大約為1500萬元（房屋仍以2000萬計）。是否使用剩餘財產請求權，得看吳律師和太太哪位身故較早，若太太比吳律師早過世，那麼就無法使用剩餘財產分配選擇權，所以也可趁早將財產平均分配到兩人名下，那麼不管誰先過世，對稅務規劃都有減省空間。

原本的選擇有二：

1. 以投資型保單或終身壽險規劃保障與將來繳稅的資金；

2. 以定期險做好收入期間的保障，同時做贈與。

這兩種方案各有好處，並不完全只是財務選擇，但若吳律師因為保險成本的關係，已經考慮選擇投保定期險，那麼第一種選項，並不存在。

以第二種方案為例：

把定期險放入吳律師的財務報表中，看看對其最後的財務影響。

原本吳律師的損益欄現值為2809.30萬元，終值為25678萬元；買了定期險2000萬元後，現值為2620.45萬元，終值為23952萬元。

在此特別提一下投資型保單的成本計算，它的報酬率是不固定的，像上面的例子，保單的獲利，我用報酬率5%來計算，若報酬率高於5%，那麼帳戶價值就會比530萬高一些，成本就會降低，反之亦然。

投資型保單有甲乙丙丁四種型態，並非所有客戶都適用甲型，也有特別適合乙型或丁型保單的客戶。再者，如何規劃「目標保費」與「增額保費」，也是需要透過建議書系統不斷嘗試才知道，所以書裡

所舉的例子只是簡化了投資型保單的設計，不同需求的客戶，對投資型保單的運用，自有相應的策略，難以一言以蔽之。

順道說明：大部分有銷售投資型保險的壽險公司，都有甲乙兩型投資型保單，但有些公司有丙丁保單，各公司對於保單型別的定義，並未統一，尤其是丁型保單，所以運用上要仔細瞭解商品說明書或條款。

選擇定期險，保障吳律師的收入到60歲為止，其實吳律師並非從頭到尾都需要不變的壽險保額，理論上越靠近退休年齡，保額越少。不過本例並沒有特別去調整保額，原始的2000萬保額也是客戶直接決定的中間數。

吳律師的保險，若不考慮保持將來的2.5億元財富，只做到收支平衡，他的保險大約只需要3～4年的保障期間，而且這短短幾年間的保額需求也不相同。如何算出需要多少年的保障？我們直接在財務報表上刪除某年（歲）之後的收入，看看到哪一年度其損益欄位的現值等於零（或大於零），就可知道客戶的保障大約需要維持幾年。但這只是粗略推算，往往會有一年的誤差。

壽險保額一般而言，根據客戶的收入淨額，此淨額的計算，會與其機會成本、通貨膨脹率、及其他參數設定相關，再衡量其財務能力與目標。

現值	5370.90	120.28	2800.00
年齡	執業收入	退休收入	儲蓄
41	380.00	0.00	2800.00
42	383.80	0.00	
43	387.64	0.00	
44	391.51	0.00	
45	395.43	0.00	
46	399.38	0.00	
47	403.38	0.00	
48	407.41	0.00	
49	411.49	0.00	
50	415.60	0.00	

圖4-21 吳律師的收入現值

從圖4-21可看到吳律師的執業收入折現值為5370.90萬元，他在41歲時所需保額約為1000萬元，如果刪除44歲之後的收入，執業收入的現值大概等於1000萬元。

現值	1096.72	(1971.25)	(44.04)	(45.06)
年齡	執業收入	生活費	損益	驗算
41	380.00	(180.00)	3078.22	(47.34)
42	383.80	(185.04)	3369.16	(49.72)
43	387.64	(190.22)	3673.36	(52.23)

圖4-22 刪除44歲（含）之後的收入

圖4-22的執業收入現值為1096.72萬元，但損益欄現值為-44.04萬元，代表整體財務仍為負值，大概過了第四年後再刪除底下年度的收入，吳律師的家庭財務結果可以收支兩平；不過支出欄若相應於身故者本身的開銷減少而降低支出，三年的保障期間已經足夠收支平衡。

做好保險的壽險規劃後，接著規劃贈與的期間與額度問題。實務

上，等所有保險規劃都做完，再考慮贈與比較合理，但因書的寫作，我在這裡先規劃贈與。

從哪一年開始贈與、每年贈與多少金額、要不要透過信託？這大概是贈與規劃的主要問題。

假設吳律師從女兒21歲到35歲之間（亦即吳律師56～70歲），每年贈與440萬元，到吳律師85歲時資產大約剩下3000萬元（女兒到吳律師85歲時受贈資產本利和20915萬元），440萬是夫妻兩人合併規劃的免稅額。若從現在開始贈與直到吳律師70歲（女兒35歲），每年贈與額大約142萬元，結果與剛才的贈與方案大約相等（只提女兒，若連兒子一併考量，只需將金額按照意願分配即可）。

這樣將來應該沒有遺產稅的問題。但要如何掌控給出去的這筆資金？孩子還沒成熟前，適合給她這麼多錢嗎？

擔心孩子將來經商失敗、為人作保拖累，甚至受人欺騙、揮霍成性等問題，過早贈與不但失去對財產的掌控權，也可能導致子女因而失去奮鬥的動力。這時透過設立信託，有其必要。

以吳律師為委託人、太太為受託人、女兒為受益人的他益信託，每個贈與年度，吳律師把220萬存入信託專戶，以信託條款規範資金可投資項目與使用的限制，讓贈與資產獲得安全保證。受託人用銀行信託部也可以，但銀行要收取費用。太太贈與的部分也需要設立信託，比照辦理。

吳律師的保險金也可以設立保險金信託，以確保萬一兒女年幼，無法理財時有人可以協助。這種信託的委託人是兒女，受託人一般建議用銀行信託部，受益人自然也是兒女（但不同受益人應各自設立其信託）。保險金信託的管理費用，並非信託成立當下產生，與銀行簽

訂契約時，只有開辦費用數千元，等到真的發生保險事故，理賠進入信託專戶，銀行的管理費用才會發生，與金錢信託一開始就產生管理費用不同。

這種保險規劃方式，主要是保障吳律師萬一發生事故後家人的生活，並未考慮遺產稅問題，遺產稅用贈與配合信託來處理。如此一來，太太不需要同樣購買高額的壽險，這也是在上文提及的兩種方案中，選擇第二方案的另一原因。

全球人壽十年期定期險的費用是：97000元。選擇20年期，是比較貴的，但到60歲時，萬一想改用保險準備繳稅資金，可多一個選擇（更約權）；也較能應付規劃的贈與期間，中途發生身故可有繳稅資金。

討論完壽險，接著看失能險。失能險保費，我們看定期型的「友備無患」（圖4-23），這是友邦人壽的失能險保單，保障到客戶75歲（目前此保單已停售，且能否買到每月30萬元也只是舉例，並非實際核保狀況）。

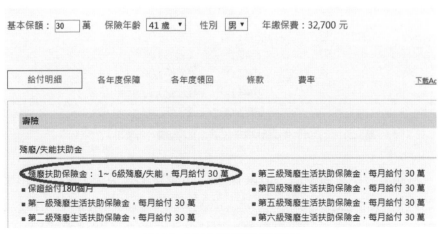

圖4-23　友邦人壽失能險保單資料

	A	B	C	D
現值到60歲	22302.61	669078.26	(66.91)
保費到60歲	37830.00	1134900.00	
		男性30萬保額		
年齡	單位保費	保費	
41	1090.00	32700.00	(3.27)
42	1090.00	32700.00	(3.27)
43	1090.00	32700.00	(3.27)
44	1090.00	32700.00	(3.27)
45	1090.00	32700.00	(3.27)
46	1475.00	44250.00	(4.43)
47	1475.00	44250.00	(4.43)
48	1475.00	44250.00	(4.43)
49	1475.00	44250.00	(4.43)
50	1475.00	44250.00	(4.43)
51	2056.00	61680.00	(6.17)
52	2057.00	61710.00	(6.17)
53	2058.00	61740.00	(6.17)
54	2059.00	61770.00	(6.18)
55	2060.00	61800.00	(6.18)
56	2941.00	88230.00	(8.82)
57	2942.00	88260.00	(8.83)
58	2943.00	88290.00	(8.83)
59	2944.00	88320.00	(8.83)
60	2945.00	88350.00	(8.84)

圖4-24　吳律師的失能險保障到60歲為止的保費（折現率：5.04%）

　　圖4-24是吳律師的失能險保障到60歲為止的保費，紅色圈起來的是他的折現值：大約67萬元（若到75歲保費的折現值約為142萬元）。這時無論身故或是失能，吳律師本身的收入替代方面的保險

（除了意外險），大約就都完成了。扣除新增的失能險保費，吳律師到85歲時的資產約為2.3億元。

　　以上的失能險，用的是定期型，最多保障只到75歲，吳律師甚至只做到工作生涯結束的60歲就不再續保，改以自己的資產支撐失能的風險。

　　若客戶希望一部份使用定期型失能險，一部份用終身型失能險，亦無不可。但客戶若採取保守的理財策略，反倒缺乏選擇使用定期型失能險的條件，因為定期型保險，往往需要跟投資計畫搭配演出，若無相應的投資，定期險到期後，保障的缺口，沒有任何財源可以覆蓋，風險飆高，可能損害客戶福祉。

　　投資要有錢有時間，不是每個家庭都有能力執行像吳律師一樣的投資策略，有沒有錢、有沒有時間，是相當客觀的條件，能做而不做的人，殊為可惜；沒辦法做的人，就得另外尋找提升自我財務福祉的方法。

　　其次要說明的是，吳律師的保險規劃側重在收入替代方面，支出彌補的醫療險、重大傷病險等，因為他的資產堪稱雄厚，應付醫療費用並無問題，所以是否進一步規劃醫療保單，考量的重點並不相同。

　　看一下宏泰人壽的薰衣草醫療險（圖4-25），我們以此為例，探討一下成本效益問題：

附表：投保計畫別保險金額給付表

單位：新臺幣元

給付項目\投保計畫別	計畫1	計畫2	計畫3	計畫4	計畫5
住院日額	300	600	1,200	1,800	2,400
住院醫療輔助日額	300	500	500	500	500
住院慰問金	1,750	3,500	7,000	10,500	14,000
每次住院醫療費用保險金限額	150,000	250,000	350,000	450,000	550,000
每次手術費用保險金限額	150,000	200,000	250,000	300,000	350,000
重大器官移植保險金	100,000	100,000	100,000	100,000	100,000

圖4-25宏泰人壽的薰衣草醫療險內容

　　這是宏泰人壽名為薰衣草的「實支實付」結合「病房費」定額給付的醫療險，以計畫5為例，住院一天可以給付的金額：2400+500=2900元、最高一次住院限額365天，也就是105萬元左右。住院的雜費（大概就是住院費用扣除手術費用）一次限額為55萬元、手術費用一次的限額35萬元，出院隔14天再因同一疾病或意外住院，限額重新計算（若換醫院不在此限）。

　　這樣的醫療保險計畫，等於隨時準備約200萬元的住院費用，沒有最高限額，只有單次住院額度限制。圖4-26是薰衣草的費率

年齡	男性薰衣草費率				
	計畫一	計畫二	計畫三	計畫四	計畫五
41	4713	6229	8292	10329	12364
45	5609	7390	9767	12075	14381
50	6849	8849	11422	13953	16473
55	8989	11129	14017	16838	19635
60	11350	13887	17173	20380	23586
65	16500	20107	24718	29075	33429
70	18248	22307	27838	33366	38900
75	25014	31018	38927	46844	54751
80	32215	40749	51462	62178	72894
85	32215	40749	51462	62178	72894

圖4-26　薰衣草醫療險男性費率

　　保費每五年調漲一次，吳律師目前41歲的年齡，繳保費到85歲，合計保費149.26萬元。以「綜合利率」折現後的現值為42.75萬元。

　　客戶必須決定是否支付這筆費用，讓保險公司隨時為他準備200萬元的住院醫療費用，或是用自己的資金應付醫療的風險？

　　對吳律師而言，即使不投保任何醫療險，應付醫療費用，亦無困難，只是哪種選擇更為划算罷了。

　　子女的醫療費用是否值得投保？再以吳律師的女兒為例。若以這個年齡的小孩計算醫療險的成本，從她6歲直到85歲，最高計畫的總繳保費為137.06萬元，折現值約為14萬元。若以吳律師本身的年齡為限度來衡量，吳律師從孩子6歲到孩子55歲，都幫她繳保費，總繳保費為32.04萬元，現值約為9.9萬元（以上計算的折現值為5.04%）。

　　孩子越早投保，折現值越低，吳律師的醫療險從41～85歲，折現值是42萬多元，孩子從6～85歲的保費折現值是14萬多元。女兒多出36年的保障期間，折現後的成本仍低於父親。再者，可保性問題也是必需考慮的因素，越早投保的可保性一般都會比較好。保障期間長、可保性高、保費成本低，或許這些也是評估是否給孩子買醫療險的重點。

　　醫療險如此，其他險種也差不多如此，把家庭財務看成家族整體持續經營的一部分，每代人都由父母親在子女年幼時，就幫孩子投保，大概是保險規劃的最理想狀態了。

二、這些數字與客戶決策有什麼關係？

　　假設吳律師幫女兒買薰衣草醫療險時，同步在投資帳戶內存入10萬元，若投資報酬率等於5.04%，那麼這10萬元的投資，足以幫孩子繳45年的保費。

　　實務上或許無法每年從這項投資中扣繳保費（因為投資報酬率並非平滑的曲線），但可以在孩子55歲時，退還他90.46萬元，約略等於保費的未來值。把每年孩子的醫療險保費拿去投資，假設報酬率為5.04%，那麼經過45年的本利和，即90.46萬元。在客戶的財報上，同時刪除這筆保費與投資計畫，整體報表的結果是完全一樣的。

　　這種做法稱為「攤銷」，指的是針對某項支出（例如保費），以特定的投資計畫在整體財務報表上予以抵銷。

　　攤銷計畫的投資，必須比客戶整體運用資金的效率更高，才有必要進行。例如吳律師的資金運用平均水準若是5.04%，他就不須另外針對孩子的保費提撥專款投資，以抵銷保費的支出，除非特定的投資

計畫獲利能超過5.04%。若他的資金運用獲利水準是1.5%，那麼設立專款專用的投資計畫，追求更高的報酬率，以抵銷該項保費支出，對客戶的財務會有很大的幫助。

不過若準備為她提撥將來定期醫療保險到期後的醫療準備金，則獨立帳戶提撥，不但較容易管理，還能專款專用的保障女兒終身醫療品質。

攤銷其實就是追求個別項目的「收支平衡」，不管有沒有刻意進行攤銷的投資計畫，客戶整體財務也必須努力追求收支兩平。針對特定支出項目做攤銷，是為了彌補整體投資的不足。畢竟單項的投資計畫，不論是單筆投入資金或定期定額投入，都比整體投資容易掌控。

若能把所有支出項目都以特定投資計畫予以攤銷，那麼表示客戶至少能夠做到財務獨立，亦即收支平衡。但項目繁多時，就不如以整體投資取代分項的個別攤銷計畫了。需要採取針對個別支出項目的攤銷者，往往正因為沒有足夠的財力做整體的投資計畫。

費用即是客觀存在的成本，相對成本是經過「機會成本」調整後的成本。攤銷可以降低相對成本，減少支出對客戶財務的影響。簡單說就是，財務顧問不可能減少保費，但是可能降低成本。

攤銷即是「局部」的財務規劃，其缺點在於無法確定攤銷本身對整體財務的影響，它只能控制某項支出的相對成本，減低該項支出對客戶的衝擊。[5]

所有支出項目中，保險最適合進行攤銷。因為保險與投資的風險

---

[5] 攤銷與準備不同，準備是為某項費用，準備資金，例如子女高等教育費用，或購屋頭期款，若無足夠準備，將無法完成財務需求。但攤銷是針對成本的攤提，所以不一定發生在該項費用開始之前，攤提的時間長短，也可由客戶自由決定。

屬性可以互補；也因為長期保險規劃需要考慮通貨膨脹對保障額度的侵蝕，或保障過早終止的問題。

三、風險交換與疊加

把保險與投資綁在一起，利用兩者的風險屬性差異，產生互補作用；就整體財務結構而言，同時規劃保險與投資，讓兩者最終現值相等，換句話說，與兩種規劃都沒做的客戶，是一模一樣的結果，差別在於多出更多的保障。這稱為**風險交換策略**，憑藉的是：（一）投資經過越長的時間，其風險越低；（二）人身保險經過越長的時間，承擔的風險越高。也就是說，風險交換策略將這兩種相反屬性的風險相結合。客戶若善用此一策略，可增加其整體財務的安全性，卻幾乎沒有付出財務成本。

風險交換策略是否可以執行，要看客戶的財務能力。判斷客戶財務狀況之良窳，並不完全看淨值高低，能夠執行風險交換策略的人，財務狀況無疑是比較理想的一群。富有的客戶容易執行更大範圍的風險交換，小康之家也許只能就某部分風險進行交換，有許多人連保費都難以支付，遑論同時投資？

人身風險隨著保障年限拉長，風險會變得越來越大，例如醫療險、壽險都有同樣的狀況，所以保費總是逐年遞增，而且保障期間較長的險種，比保障期間短的險種更貴。而投資風險則相反，我這裡談的是系統性風險，以美國市場為例，投資時間拉長，標準差下降，投資25年以上，根據《長線獲利之道：散戶投資正典》一書所述，從未有買整個美國股市指數，到時還虧損的投資人。人身風險、投資風險，這兩種風險在時間的向度上，具有相反的傾向。同時規劃這兩者

的用意,在於:(一)投資需要時間,我們以保險穩定客戶的不確定性,確保客戶的投資得以貫徹;(二)投資時間夠長,不但風險下降、複利效果也更加明顯,所以我們以投資的獲利來沖銷保險的成本。這種做法,簡稱為「交換策略」,既交換風險也交換價值。任何交易基本上都是一種價值的交換,但能交換的風險卻有許多限制,並非所有風險都能交換。因此,風險交換策略有其限制,在風險種類、客戶的財務結構上都有一定的條件。

不做風險交換的潛在損失,可能危害整體投資;交換的成本反倒可以控制在保費的範圍內,投資的獲利必有一部分用來沖銷保險的成本,剩餘的部分才是真正的獲利。

若只做投資,不做保險規劃,那麼他所有投資都暴露在風險的陰影中,不知道其投資是否能貫徹到底,因為風險的成本,透過保險是比較容易計算出來的(大概就是保費的現值),但風險本身的損害卻難以事先估計,這不單是理賠多少的問題,還涉及發生事故時機,可能造成整體財務的損失。

若只做保險,不做投資規劃,保險成本將非常高,侵蝕客戶既有的資產或儲蓄的利息,而且吃掉的比例,高於對投資的損害。且保險與儲蓄計畫並沒有相反的風險屬性,所以我們可用投資與保險結合來增進兩者相互依存的效益,但卻無法用儲蓄來做組合。

以吳律師案例看,個人的整體保險成本約375萬元,也就是他若完全不投保可省下的金額(現值);但這筆保費支出,可確保期投資計畫不會中途被迫終止,獲利超過兩億元(終值),是否划算?從另一角度看:吳律師是以投資創造他原本不存在的錢來買保險,買來的保險又保障他的投資計畫能徹底執行,這就是「風險交換」的價值循環。

　　吳律師的壽險，不論是選擇全球人壽的定期險，還是安達人壽投資型壽險，商品本身都附有失能給付條款，到75歲之前，每月10萬元的保障，這是節省成本的好方法，不過本書中並未計入這個部分的保障；若計入這部分還可以減輕失能險的保費。

　　除了風險交換，風險本身還有疊加的問題。這是指超過一種以上的風險，同時或接續發生。例如：當客戶的投資正好碰到金融大海嘯，虧損過半，卻又因為車禍，喪失工作能力；夫妻兩人先後罹患癌症；失業又同時撞壞別人的車子等，也就是屋漏偏逢連夜雨的情形。以吳律師的財務狀況，應付風險已經比一般薪水階層的人好很多，但若同時遭逢不同風險的衝擊，還是會有困難，例如發生身故又碰到金融大海嘯，所以壽險保障仍相當重要。

四、信託規劃

　　保險規劃的結尾，常用到信託。包括：考慮資產之傳承、稅務、安養、子女年幼等問題。

　　失能險本身，雖然已經是按月或按年給付的年金，但還是可以與保險金信託結合，更能保障自己的福祉。吳律師的壽險，不管使用哪種方案，考慮到子女還小，也可以配合保險金信託來規劃，之前已經約略介紹過金錢型信託與保險金信託之架構，但為什麼即便是年金給付的保險，還建議與信託搭配運用？這涉及到失能或殘障時的特殊狀況，雖然有錢能持續匯入帳戶以供應生活所需，是年金的功能，但外人很難介入他人的家務事，所以信託有信託主旨與監察人的制度，對監督信託資金運用還是很有幫助，可盡量避免保險金被挪用的情形。

　　保險金信託必須以保單的受益人為信託的委託人，同時也是信託

的受益人，所以屬於自益信託（這是目前實務做法）；受託人一般會是銀行信託部門。

壽險的受益人常態是家人，若考慮為子女設立信託，則壽險的受益人必須是孩子，保單可以寫兩個受益人；若有兩個孩子，通常分別成立信託，各自擔任信託的委託人與受益人。孩子尚未成年，成立信託需要法定代理人的同意，保單上也必須批注相關的說明，但此保單並非信託財產，與金錢型信託不同。

失能險的受益人是被保險人自己，不能更改。因此，若吳律師是失能險的被保險人，就同時是受益人，成立信託時也只能以他自己為信託的委託人與受益人。

安養問題需要年金與信託，才能妥善規劃。失能險中的按月給付扶助金，就是種年金型態的給付，加上信託是把保險給付，先存入信託專戶，再由信託專戶提領使用，若沒有成立信託，保險給付就直接匯入保單受益人的帳戶，再由法定監護人或照顧的人提領使用。兩者的差別在於，有信託規劃時，可以設定提領條件，以信託主旨規範資金使用的範圍，甚至可以設立信託監察人，確保資金用在受益人身上，若沒有信託，就得看照顧者的良心了。

安養問題有一部分是退休規劃的環節，但像剛才提到吳律師的孩子，因為年幼無法管理資產，這類型的安養問題不算是退休規劃的一環，純粹是教養問題，屬於財務安全規劃。除了年幼者之外，身心障礙者的安養問題，也頗為類似，可以由父母親的壽險提供信託所需的資金（信託財產），也可以由父母親餽贈資金成立信託。客戶自身老後的安養問題可使用失能險或一般年金險，身心障礙子女的安養問題規劃，使用的是一般年金。

　　保險規劃的問題極為複雜，也需要充足的資源，吳律師財務條件足夠運用，但有很多家庭資源匱乏，規劃保單時，很難顧及全面，總是不得已必須選擇優先處理哪些風險，這差不多就是種賭博。實際上，這類型的客戶遠比吳律師這樣的客戶更多，顧問能做的選擇很少，常常在規劃之後不知道該如何建議。對於賭博，誰能知道該賭哪一項呢？但若不給出建議，身為顧問又有什麼價值？

　　碰到此類客戶，本書建議應以發生事故影響最大的風險優先處理，而非發生頻率最高的先保險。

　　保險規劃之後是退休與傳承規劃。

退休規劃

　　一般人的人生，可粗略分為三個階段：從出生到就業、從就業到退休、從退休到身故。其中第一階段，附屬於父母親或照顧之人的規劃，客戶本身並無能力規劃，要到第二、第三階段，才有財務規劃的可能。第二階段簡稱為工作期，第三階段就是退休期，兩者的長度，約略為2：1。若從25歲開始正式就業，到65歲退休之年，約有40年，退休到平均85歲餘命，約有20年。當然實際情況因人而異。退休期的規劃，退休金是主要問題，要考慮退休金的來源與額度，但因退休階段發生的時序上比較晚，所以在退休之前的階段，產生的資產與負債、風險等，都會影響到退休的規劃。也就是說，兩個階段性質有異，但並非截然劃分，畢竟人生是整體的，所有財務活動與事件，彼此關連，退休階段延續退休之前的一切財務狀況，無法獨立切割，故在規劃上，雖然把退休期間當成一件事來思考，但並非可以獨立的狀

態；人生的退休階段，改變的其實是情境（包括身心狀態、生活與工作、家庭結構等），財務上卻是之前狀況的延伸。

另外也有些人，其收入來自穩定的資產，並不是其工作所得。例如有位客戶，繼承了很多的土地房屋，從年輕開始，光是租金收入每月就超過百萬，這樣的人，退休年齡，意義似乎不大，退休與否看的是他管理資產的能力吧？

談退休議題，主要針對工作收入的有無。以眾多上班族而言，退休的最大問題是工作收入的終止，必須依賴其他的收入來源生活，這就是退休者的關注焦點都在退休金的原因。

已屆退休之年，考慮的就不是如何準備退休金，而是怎麼更有效率地花費。坊間熱銷的《富爸爸，窮爸爸》系列書籍，強調收入來源四分法，希望能盡早步入不依賴工作收入而能生活之境，就是鼓吹跳脫一般上班族的宿命，早享財務自由，這也是退休者的夢想。

但無論如何，退休金還是退休的核心議題，就算是有錢人，不必準備退休金，也不代表不需安排。退休規劃包括四大面向：

資金安排、風險安排、生活安排、身後安排。

四者中實以**資金安排**最為根本，其他幾項都以資金配置為底蘊。

一、資金安排

一般個人理財書籍對於退休規劃，主要討論退休金的來源與準備。來源分為社會保險與自我準備兩大類，養兒防老反而少有提及，其實當自我退休金不足時，社會救助與家人扶持還是很重要的。重點是要算出缺口有多大，才能評估子女有沒有辦法負擔，或社會救助能否彌補缺口，畢竟不論是家人還是社會福利都不是無限供應的。有些

書上會詳細討論社會保險，或法律規範的退休金給付條件與額度，作為退休規劃的底層，再以退休總需求減掉這個部分，剩下的就是需要準備的額度。

　　所以退休金的準備，乃以計算退休金需求總額為第一要務，唯有算出需求，才能談到準備。

　　退休金屬於第一項「資金安排」，但並非退休規劃中所有的資金都是退休金，例如退休規劃中的保險費，一般人並不視為退休金；換句話說，退休金基本上指生活費用。在退休規劃中，談到資金安排，首先要判斷客戶是否能有足夠退休金以應付退休生活。當然，足夠與否是相對性的，不同的客戶會有不同的標準，像「市場調查」那般統一的數字是不切實際的。

　　如果足以退休，接下來要考慮如何安排資金，比如是否要成立退休金專戶，透過什麼方式管理與持有帳戶中的資金。

　　如果不夠退休所需，差距是多少？有沒有辦法補救？也可以倒過來計算，剩餘的資金可以過什麼水平的生活，每月的生活費有多少。

　　做出判斷時，不只要算出客戶理想中的退休總需求、需求缺口，以及每月該提撥的金額，還要考慮其他競爭性的支出，是否影響提撥退休金，不過本書的規劃系統，並非在每月收支預算中，從各種支出之間的競逐關係，做出先後順序的抉擇，而是以各種科目的現值比較，來斟酌分配。例如生活費、子女教育費、保費、購車、買房等項目都有可能與退休金競爭，將所有項目折現後，與收入總額加減，若收入大於支出則所有支出項目都能滿足，無須取捨，順序就按照發生先後安排即可；若支出大於收入，才需要考慮增加收入或減少支出，而支出有些具有強制性，並不能依照客戶主觀意願調降，例如勞健保

費用與稅金，能調降的部分都是生活費或保費。調降幅度從財務計算表中，使用Excel的目標搜尋功能，很快可以算出。Ps：（本書提到收入支出往往含資產與負債）

　　規劃的時機也很重要，有些人很早就規劃退休，有人將屆退休年齡才開始規劃，也有人已經退休才著手進行。不同的時間點，考慮的問題自然有所差別。資金安排會考慮：準備階段，如何提存退休金、是否設立專戶；退休後的資金如何管理、要繼續投資還是轉為固定收益？這些都是至關重要的決定，大大影響著策略與計畫的擬定。

　　資金不足又可分為兩種類型，沒錢是最淺顯的困難：每月入不敷出，根本考慮不了儲存；其次是不夠時間累積，也就是起步太晚。資金不足，不外乎尋找新的收入來源，或減少開銷。在財務報表上，可作各種試算，看需要增加多少收入，減少多少支出，可達退休最低需求的資金。增加收入涉及客戶本身的條件，刪減支出也同樣有其限制。財務顧問計算的結果，只能忠實反映客戶財務能力的現實情況（包括其潛能），並無法無中生有。

　　針對特定目標或對象，所做的資金安排並不相同。例如：為購屋或子女教育所做的準備，就與為退休所做的安排不同，像房子有房貸，讀書有助學貸款，退休可沒得借錢。

　　退休是人生最後的階段，所以在退休之前的所有支出，都必須考慮對退休金產生的影響，也正因此，可以退休金的準備為焦點，為客戶整合各種支出，這是以終為始，把退休金的籌措視為財務優先目標。

二、風險安排

　　主要指的是退休後的風險，嚴格說來，退休金準備期間，若風險沒有適當轉嫁，也可能波及退休金的準備，但退休前的風險，往往在考慮人生風險時就先處理了，反倒是退休後的特殊風險，需要仔細評估。例如：活太長、第二春、失能狀態的安養問題、重大傷病等。

　　「活太長」造成資金準備上的困難，到底要準備活到幾歲的資金才好？準備太少，萬一活超過太多，家人必須負擔額外的壓力；準備太多，排擠其他開銷的額度，造成浪費。

　　「第二春」指的是間接的風險，有些客戶的退休金準備得相當完整充裕，但沒想到子女出了問題，導致他必須負擔原本沒有考慮的支出，讓自己的退休計畫崩潰。例如：子女罹患重病需要鉅額醫療費用；子女過早逝去，留下孫輩需要照顧；孩子經商失敗，積欠大筆負債無以為生；子女長期無法找到工作成為啃老族等，都是常見的第二春問題，讓客戶從退休狀態恢復成工作一族，甚至根本就不能退休，身上的重擔從未能放下。

　　「安養問題」是指自己若發生失能狀況，即使有錢也未必能妥善照顧自己，針對這種難題的規劃，都屬於安養問題的範圍。安養問題的特性，就是當事人無法自主管理財務。安養未必就是退休風險，這在之前已經提過，像失能子女的照顧，就是一例。但這裡討論退休，所以安養問題侷限於客戶本身的風險。與活太長的問題類似，都有不知終點何在的困難，差別是本人是否健康，若健康者有自主能力，且需求具有較高的彈性，還比較容易處理；若不健康，費用耗費更大、又沒彈性，甚至自己沒有自主能力，更容易受到欺騙或傷害，這是兩

者的差異。

最後則是重大傷病問題，因為自己無法預知會發生什麼疾病或受傷，這種風險造成規劃上的難處，若資金十分雄厚，隨時可以應付突發的醫療費用，就不必擔心，否則不但醫療品質堪慮，連累家人更是糟糕無比。有人說久病無孝子，其實父母生病或需要照顧，能拖累的都是孝子，不肖子你也拖累不了。這是種弔詭，孩子越乖巧孝順，父母越是疼愛，捨不得他受傷害，但偏偏一旦重病，傷害的都是最乖的孩子。

這些風險的處理都需要代價，成本效益分析就是計算出成本，客戶必須決定是否承擔。

三、生活安排

包括退休後的一般消費水準、生活形態等，比如日用、旅遊、住房、居住地區。生活安排當然受到資金面的影響，有多少錢才能過多少錢的日子，可以儉樸，卻無法低於社會最低的生活水平。生活安排也與風險有關，若完善處理風險，能讓客戶的生活無憂無慮，否則總是擔心不已，生活雖然表面看來相當不錯，內心也無法安穩平靜。風險的處理，理論上要優先於生活安排；當然實務上很可能並非如此，絕大多數的客戶考慮退休，都是從生活安排開始的，因為生活安排，決定需要多少退休金。財務顧問不會介入客戶具體的生活安排，但需要了解客戶的夢想（協助評估這樣的夢想，需要大概多少錢才能做到），並提供一個可能的範圍，讓客戶知道他大概有多少錢可生活。

四、身後安排

主要是傳承與遺贈的稅務的規劃。當退休規劃做好，客戶就會知

　　道自己的身後是否遺留財產，包括：稅負問題，以及要不要留給子女家人。要留的話，該怎麼留？從什麼時候開始進行？這些可以獨立出來，讓傳承與稅務範疇的規劃來處理，但即使如此，還是要先確定退休金額，畢竟留給子女的財富，你必須扣除自己的養老金，否則太早贈與財產而造成自己晚景淒涼的例子，可不少見。因此邏輯上，傳承與遺贈稅務規劃，只能接續退休規劃之後開展，但其執行面卻有可能與退休準備同時進行。

　　至於喪葬問題，有人可能非常講究排場與哀榮，但就財務顧問而言，很少會特別注重這個部分，除非客戶自己提出來，但保留適當的喪葬費用，還是必要的建議。

　　以上四個面向，都環繞退休而來。資金安排固然與退休金的準備息息相關，風險安排則是退休金的減項，準備退休金，不只需要考量生活費，保險費更是不能忽視，當客戶只有一筆預算時，甚至應該鼓勵客戶優先處理風險問題，因為健康者的生活，花費彈性比較大，每月2萬元或10萬元都能過日子。生病的人就不同了，醫療費用與看護費用極少具有彈性，而且因為需要他人照顧，不僅財務上拖累他人，生活上也造成他人的極大困擾。所以才說，退休後的責任，主要就是照顧好自己，不要成為別人的負擔。只是，所有保險都是種賭博，發生事故與否、何時發生事故都是未定之天，為了不一定發生之事，損耗寶貴的退休資源，也不是每個人能做得到的，這種選擇困境，永遠伴隨客戶。

　　退休金的來源有政府、企業、個人準備等三個層面，政府提供的國民年金、勞保年金，或其他不同名目的退休金，已經慢慢成為現代人退休的主要依靠，反而傳統的養兒防老逐漸式微。

隨著台灣社會家庭結構變遷、人口老化問題日益惡化，除了政府提供的保障，個人準備退休金的重要性也與日俱增，而企業提供的退休福利，也是退休金的重要來源，這些來源的重要性，都慢慢超過傳統退休者對家人的經濟依賴。

接下來，我們進入吳律師的個案討論其資金安排：像吳律師這樣的客戶，雖然不算是富豪，最終不含房地產還有兩億多的資產，退休生活是毫無問題的，這種家庭需要資金安排嗎？

在吳律師的個案中，我們調整過投資比重、工作年限，但沒有特別為子女教育、退休養老做過任何專案計畫，如前所述，因為收入大於支出，各種開銷之間沒有競逐資源的問題，所有可支配資金都以80%的比例投資，直到身故。

長期投資固然可能攤平風險，但並非所有年度都獲利穩定，畢竟投資市場是起伏動盪的領域。如果將退休金單獨設立帳戶，再將此獨立規劃的投資，與信託結合，或購買商業年金保險，即使未必能提高資金使用的報酬率，但或許能提高安全性。

以吳律師的條件，是否做獨立規劃，影響不大，但絕大部分的客戶能把將來退休要用的錢，跟其他費用區隔開來，還是頗有幫助的。畢竟退休是人生較後期的階段，投資時間可以最長，能獨立出來規劃，可用最少的金額獲得最大的投資效益，且風險最低；但是，也因為時間長遠，受到其他開銷波及的風險也最大，而客戶能堅持既定策略到最後的相對較少。

再說，如果先扣除退休準備金，客戶也比較清楚自己的實際財務消費能力，否則常見客戶年輕時花光所有收入盈餘，樂當月光族、甚至寅吃卯糧，到老年時才驚覺，早年的揮霍，透支了退休生活的資

金。這也是陳玉罡以月度收支表控制預算，最重要的功能，避免客戶
透支將來退休的資源。

假設某君現年32歲，預計65歲退休，退休後每月需要7萬元生活
費，若計算出總需求（不論是從收入面或支出面來計算都可以，此例
只能用支出面來算），再將總需求分攤到退休前的工作期間，看每月
應提存多少退休準備金。這筆錢獨立運用，且從客戶收入中預先扣
除，以確保退休生活不受其他支出侵蝕。

一般做法，計算出來的總需求是退休當年度的金額，以今天的立
場來看，退休是將來的事情，所以該金額是未來值，每月攤提的準備
金，要使用將未來值轉換成年金的計算；如果以本書的方式，計算出
來的退休總需求是現值，要使用將現值轉換成年金的計算。

若以投資報酬率為5%、通膨率為3%、活到85歲來計算，此君65
歲時的退休總需求為3846.78萬元，今日現值為732.25萬元。

接著計算每年應該提撥的金額，不管用現值還是未來值去轉換
年金，都是43.07萬元。換言之，他應該每年提存退休準備金43.07萬
元（期初提撥）。這筆金額要從客戶的每年（每月）收入支出表中扣
除，存到特定帳戶中。

但這個提撥金額，假設的是退休後的投資報酬率仍為5%，如果
客戶的策略是退休後降低投資比重，甚至完全轉為銀行定存（假設利
率1.2%），那麼每年提撥的金額將增加到129.31萬元。從以上的計算
可以看到，如果退休後改變投資策略，勢必要重新計算提撥的退休準
備金金額，運用資金的能力估計得越保守，每年所需提撥的金額越
高。

計算方式：

1. 把每月7萬元，轉換為年，7×12=84萬元。

2. 把目前的84萬元，轉換為65歲時的未來值，FV（通膨率,34,,84）→229.48萬元。

3. 計算實質報酬率，（1+5%）/（1+3%）-1=1.94%

4. 計算退休後的總需求，FV（1.94%,20,229.48,,1）→3846.78萬元

5. 將總需求轉換為每年需提撥之年金，PMT（5%,34,,3846.78,1）→43.07萬元。

不管如何計算，用Excel計算表的函數，搭配「目標搜尋」之功能，都是極為簡單的，相較於用上面的計算式，可以更靈活算出所需數字。

獨立規劃退休準備金，我們需要單獨提列每年的退休準備金額，設立專門帳戶，讓此帳戶針對退休生活，排除其他開支挪用的可能。

設立專戶的目的，不一定是獲取更高的報酬，而是希望更安全地管控退休金，避免與其他競爭性開銷混在一塊，模糊了退休準備金的優先性。

也可以將此帳戶做成信託，以增加安全性，或是以相較常態帳戶，更保守的策略或更積極的方式投資。其他大型支出，也有不少顧問建議客戶設立專款專用的帳戶，以便於管理，並排除干擾。

同時，也不一定要每年提撥相同的金額，有些客戶逐年調高提撥金額，或在房貸繳完後才開始提撥，而非規劃當下。

以上的退休金籌備，都沒有考慮其他退休金的來源。以吳律師案例，他並沒有設立退休專戶，因其財務能力應付退休本即有餘，但若提撥退休專戶，將能安全的管理退休資源。若考慮勞保年金給付，每年提撥金額略微下降，若其工作的事務所另有退休準備，還可進一步

調降準備金提撥額度；若考慮現有資源直接撥予退休專用，那麼就不需要逐年提撥，因其現金資產有2800萬元，而退休生活費的現值只有2036.37萬元，可謂綽綽有餘。

另外，退休專戶是到退休之日結清，還是繼續投資，也會影響調整整體投資比重的幅度。吳律師的退休投資專戶，若只準備到60歲為止，到時候該帳戶中的金額，是否視為零存整付，整筆提出來，改買商業年金、儲蓄險、存定存、買公債，或繼續投資？這會影響吳律師每年提存到專戶的金額。

吳律師的個案，特別設立專戶來應付退休生活，是因為便於管理，並沒有財務上的必要性。但有許多客戶必須擁有專戶，而且這個專戶中的資金，要盡早規劃好提領時間，然後憑藉這個規劃，讓他能專注投資，因而帳戶中的投資比例，往往高於他常態帳戶中，未經計畫的一般性資金。

除了零存整付的專戶之外，也可以考慮「點對點」的方式規劃退休金。這種方式的預設基礎是長期投資，若能投資超過25年以上，風險相對降低（標準差大約低於2%），並且以投資美國股市或台灣股市的ETF，以及債券ETF為原則，投入後除了每年進行「再平衡」操作，只進不出，直到退休。

例如某位客戶30歲，他從此每年投入12萬元，直到59歲。60歲起，每年提領30年前投資的本利和，逐年滾輪式的提領。這種做法是為了讓客戶提出來使用的錢，都有30年的投資期間，提領之金額為30年前投資金額到今天的本利和。

這種方式可以很簡單地規劃退休準備，不需要什麼複雜之計算。以8%為例，30年的投資帳戶價值大約是10倍，也就是說，客戶若每

個月存1萬元，到退休時每個月提領10萬元，這樣的規劃讓客戶簡易地量入為出，例如這個月存3千，退休後的相對月份就提領3萬元，若這個月存5千，到時就領5萬元。因為經過的時間長達30年，就算報酬率不如預期，也是整體社會的長期趨勢，就「百分位」的角度看來，對客戶的退休規劃，也是影響不大了。

這種規劃方式最大的問題，不是報酬率不如理想，而是投資時間若太短，風險將大增，而且複利效果大減，又不能體現整體社會長期趨勢，造成退休金準備不足的風險。年輕人很適合這樣規劃其退休專戶，但越靠近退休年齡的人，運用此一方式的效益將遞減。

實務上「零存整付」與「點對點」提存，到提領時（亦即退休時）再決定提領方式也未嘗不可。

以吳律師這種財務狀況較優的人來說，資金安排的選項很多，換成沒有足夠退休金的人，要麼偏重於風險規劃，要麼以借款方式支應，再以投資償還，目的是犧牲部分利息，爭取投資所需的時間。

借款可分成兩種不同方式：向外借款，與透支子女將來的資源。

資金缺乏者，指沒有足夠金錢完全支應退休生活所需的人。這時候他面對的第一個選擇，大概就是要不要做風險規劃。退休後都不夠錢生活了，絕大部分的客戶會忽略風險，全力尋找資源或創造資源以補缺口。但就家庭的整體考量，子女奉養父母，生活費是比較輕鬆的負擔，吃好吃壞總是過生活；若要應付父母親的醫療費用、看護費用等支出，則相對沉重得多。身為父母的人，要是能將自身這方面的風險，轉嫁給保險公司，即便將來退休生活費用有所短缺，還是能夠省吃儉用，度過餘生，給子女的負擔也不致於太龐大。

這種做法等於是挪用子女未來的資源，比如：經過分析，客戶的

財務能力只能支撐他的生活到72歲,之後就會出現赤字,需要子女或家人的支援。這種情況下,他是否該買保險?所有保險都有其成本,若因此造成客戶增加支出,只能維持自己的生活到65歲,比原本計算的結果,少了7年。換句話說,子女或家人要多支付7年的照顧費用。這時該不該買保險?若買保險,等於讓子女多付許多的代價,若不買保險,萬一發生保險事故,子女的代價更高。從財務規劃的視角看,這筆保費,透支的是子女的錢。

不過,風險本來就具有賭博的性質,如此規劃,客戶萬一沒有發生重大醫療、失能失智等狀況,對客戶而言,恐怕無法接受,因為保費已經支付,是收不回來的。

至於借款以爭取時間來投資,並不是每個人都適合,必須看整體的財務結構與條件(例如收入穩定度與年齡)。這種作法是利用投資報酬率與借款利率之間的落差,拉長投資時間以降低風險、提高複利效益,讓投資的獲利,超越借款的成本。第三章曾提到趙先生以房貸投資股市的計算,可供參考(附錄中也有詳細的計算說明)。

另外,將資產變現,以支應退休生活所需,主要指的是將非現金資產出售,換取生活所需的現金。這涉及持有的該資產是否容易變現、目前是不是變現的好時機等問題。近年有提倡「以房養老」的做法,這適合只有自住住宅的人,畢竟自己仍須有住的地方,無法將房子賣出來換生活費,此時可先將房子賣給銀行,按月領取約定的生活費用,等將來百年後,房子由銀行接手。詳細的實務操作與限制,可以自行瞭解。

無論使用何種方式,可以看到資金安排乃是圍繞退休金而規劃。除了退休生活所需,還要考慮其他的部分,保費就是其中最重要的一

環，困難往往在於兩者衝突時的抉擇。

風險常令人感到疑惑。風險並非只有退休人士才需要考慮的事情，人生中，風險無處不在，為何特別在規劃退休的時候，仍然要討論風險？

許多風險問題，在此之前都已經被客戶仔細規劃過，例如壽險、醫療險、失能險、意外險等。但也有些商品，卻非得到這時候，難以提前處理，例如商業年金保險。年金保險中的遞延年金，固然在簽約時，會約定一個年金給付起始日期，但實際何時開始進入年金的給付，往往得到退休後才會實際決定；即期年金更是在決定的當下才會購買的商品。也就是說，一般商業年金可以提早規劃，但實際執行（確定進入年金給付）卻是在退休之時，甚至之後了。

台灣民眾常將年金商品當作儲蓄養老商品（如：利變年金），但事實上，一般商業年金的特性，絕大部分消費者是不太清楚的，而真正瞭解此類商品的客戶，願意投保者很少。隨著社會變遷，家庭結構與人們心態的改變，相信未來商業年金會是規劃退休者不可或缺的利器。

遞延年金分成累積期與給付期，即期年金沒有累積期，投保後立即開始給付。依目前台灣的稅法規定，累積期只等於投資或儲蓄帳戶，萬一客戶在此期間身故，其帳戶價值不算是保險給付，要併入遺產。進入年金給付期的階段，萬一被保險人（亦即受益人）身故，這時未領完的保險金才算是保險給付，不計入遺產總額。

年金為什麼重要、又為什麼不被客戶喜歡？主要是因為一旦進入年金給付，這張保單將不再能解約或貸款，除了領取年金之外，不能像其他儲蓄養老險，可以在急用之際解約或貸款；其次，是前面二、

三十年，領取的都是自己的本金，要超過此數才開始領取「額外」的利益。假設從65歲開始給付年金，再過20年都已經85歲，客戶會覺得不划算；利息不計，自己要活超過平均壽命許多年，才物有所值，但大多數客戶並不認為自己可以活到百歲，因此願意投保年金的客戶很少見。

然而，這商品卻是最安全的退休規劃用之保單。原因正好是客戶不喜歡它的理由，因為它開始給付後，等於沒有本金，不管子女或任何人，再有困難，需要幫助，你也愛莫能助；它也不會因為你失智、失能而被人欺騙，喪失本金——它本來就沒有本金。若能選擇沒有保證給付的商品，更有利於客戶，因為這樣的年金，最不容易予有心人可乘之機；而它可以讓你活著就能繼續領取，活到老領到老，可以克服不知道自己天年是何年的難題。隨著高齡化、少子化、單身或沒有子女者越來越多，把財產留給下一代人的觀念，日漸淡薄，年金商品將是最重要的保障，何況比起失能、長期照護等年金，一般商業年金可以彌補前者購買力下降的缺點，甚至可取而代之。

台灣目前販售的年金險，大都難以應付通貨膨脹，所以，規劃時要為通膨預留空間，盡可能以淨利率計算所需的年金保額；也可以用多個年金，分別不同階段進入給付期，以補充購買力。

若退休前沒有把醫療險、失能險處理好的客戶，規劃退休時，還有餘力也可在此刻補足。退休規劃與風險規劃的相互關係，也可以說退休規劃是最後檢視風險規劃的機會。退休階段處於人生末段，因此可看成桶子的底部，只要這部分妥善規劃好，其他部分都會因此而改善或補足。

以全球人壽的年金商品QSA為例，吳律師若65歲開始給付年金，

每1000萬元本金，可領取之年金如下（圖4-27）：

QSA 宣告利率假設 2.70%			QSA 宣告利率假設 2.95%			保證期間（年）
每期年金金額	當年度合計領取之年金金額	累計領取之年金金額	每期年金金額	當年度合計領取之年金金額	累計領取之年金金額	
448,260	448,260	448,260	448,260	448,260	448,260	Y
451,558	451,558	899,818	452,657	452,657	900,917	Y
454,880	454,880	1,354,698	457,097	457,097	1,358,014	Y
458,226	458,226	1,812,924	461,581	461,581	1,819,595	Y
461,597	461,597	2,274,521	466,109	466,109	2,285,704	Y
464,993	464,993	2,739,514	470,681	470,681	2,756,385	Y
468,414	468,414	3,207,928	475,298	475,298	3,231,683	Y
471,860	471,860	3,679,788	479,960	479,960	3,711,643	Y
475,331	475,331	4,155,119	484,668	484,668	4,196,311	Y
478,828	478,828	4,633,947	489,422	489,422	4,685,733	Y
482,351	482,351	5,116,298	494,223	494,223	5,179,956	Y
485,899	485,899	5,602,197	499,071	499,071	5,679,027	Y
489,474	489,474	6,091,671	503,966	503,966	6,182,993	Y
493,075	493,075	6,584,746	508,909	508,909	6,691,902	Y
496,702	496,702	7,081,448	513,901	513,901	7,205,803	Y
500,356	500,356	7,581,804	518,942	518,942	7,724,745	Y
504,037	504,037	8,085,841	524,032	524,032	8,248,777	Y
507,745	507,745	8,593,586	529,172	529,172	8,777,949	Y
511,480	511,480	9,105,066	534,363	534,363	9,312,312	Y
515,243	515,243	9,620,309	539,604	539,604	9,851,916	Y
519,033	519,033	10,139,342	544,897	544,897	10,396,813	Y
522,851	522,851	10,662,193	550,242	550,242	10,947,055	Y
526,697	526,697	11,188,890	555,639	555,639	11,502,694	Y

圖4-28　全球人壽年金商品QSA

全球人壽的年金商品，還有「鎖高」的機制，也就是每年給付的年金額，不會降低，頂多與去年相等；而這商品的給付金額是浮動的，多少能隨利率升高調高給付金額，但仍不足以應付通膨。

　　年金商品的優缺點，如上所述，時下還有許多人以「月配息」商品取代年金的，月配息就是每個月從投資的帳戶中，撥回一筆錢，以供投資者生活之用。選擇這種方式的人，他投資的目的並非累積資產，而是更有效率地花費，銀行定存利率太低時，光靠利息所得不能

生活，直接投資又擔心承擔不了風險，所以折衷買月配息基金。一般配息基金的利率，保守的大約4%～5%，積極的可到8%～9%，更冒險的甚至可到12%～20%。月配息基金並沒有保證本金，因為配息或市場起伏都可能侵蝕本金，但因為這類基金主要是投資於高收益債或其他風險較高的債券，所以配息反倒穩定，即便市場波動造成淨值下滑，也未必波及每月的配息，配息是以基金的單位數計算，而非淨值。

　　有些客戶寧願自己去買債券，穩定獲利，而不想使用月配息基金，問題是自己買債券，不可能冒太大的風險，多半以公債或投資等級的債券為主，風險雖低，但獲利也只能是最保守。

　　例如：甲先生65歲，以1000萬買債券，利率固定年息4.8%，20年到期領回1000萬原本金；乙先生65歲，以1000萬買月配息基金，年化配息率8%（非報酬率），20年到期只拿回100萬元。兩人誰的獲利高？甲的獲利4.8%，乙的獲利率5.39%，高於甲。這大概是國內這類基金大賣的原因吧。從生活面考量，如果不準備將這筆1000萬留給子女的人，每年多出30萬元的生活費，即使最終本金侵蝕達到9成之數，對年紀已經85歲或更年長者，又有什麼顧慮？

　　也有把這類配息基金結合投資型壽險保單，包裝成保本型商品，身故時以壽險保額保障本金返還給子女。購買此種計畫，要注意壽險的成本，尤其在基金淨值低落的時候，保險成本反而邊增（因為危險保額反而增加的關係），而客戶年齡增長也會造成保險成本增加；若保單的淨值不足以支付保險成本，保單就會失效，原本規劃保本的功能就會喪失，所以，若是希望保本的客戶，要隨時留意自己保單的帳戶價值是否充足。

　　投資型壽險，有的公司所販售的保單，身故理賠時，是以保單帳

戶價值、壽險保額、累計淨保費三者取其高理賠，這種設計對於口袋
夠深的客戶，可說是不錯的選擇，因為可以不斷補錢維持保單，而最
終保費至少當作理賠金賠給客戶。

談完風險安排，接著看生活安排。退休後之生活，財務顧問一
般不會給客戶建議，但可以讓客戶瞭解他的財務能力，可以過上什麼
樣的生活。比如吳律師的退休生活費用，到他65歲時，大約是244.46
萬元。這數字已經包含通貨膨脹率，但因為他最後的資產剩餘（85歲
時的自由度）還有兩億多元，倘若不留給孩子，他的生活費用可以提
高到多少？答案是：若包含所有生活費用計算，而不僅限於退休階段
的生活費，吳律師的生活費從180萬元提高到279.91萬元，65歲時的
退休生活費為380.14萬元，比原先的數字可多出100到130萬左右；若
只計算退休後的生活費變化，退休前則維持不動，65歲時的生活費為
537.51萬元，以後每年再根據通膨率遞增，比原本的數字多出將近300
萬。當然把所有錢都花光，會有兩個問題：

第一，萬一活超過85歲，怎麼辦？如果已有商業年金，或許可以
極大化生活費，這是運用保險釋放資金的另外一例。

第二，每年消費最高限額，使得他的投資風險承受能力降低，所
以顧問並不會如此毫無保留地建議客戶這樣生活。

但這個例子是告訴客戶，他花費的極限在哪裡，不只是生活費，
購屋、買車、旅遊等消費，或子女教育費用，都可以計算；也可以
算出整體消費的極限值。生活內容如何安排，是客戶自己要煩惱的
事情，也是他的權利，但不能超出他的財務負擔能力（財務顧問對於
客戶生活安排，基本上不會提供建議，但會協助客戶評估夢想的可行
性，給出一個支出的上限）。

退休規劃之前，要先知道客戶能否退休，或退休的條件。本書的分析系統，讓顧問在規劃任何項目時，都知道其他項目的大致輪廓。例如規劃保險時，知道吳律師的退休毫無問題，雖然還沒開始規劃退休的詳盡內容。

退休並非單一範疇，它跨越多個範疇。所以也可以把退休規劃視為一種「目標」，以此統轄數個相關的子範疇。

傳承規劃

最後討論傳承規劃。傳承規劃本身也是獨立的財務範疇，財富越大，需要越縝密的規劃。吳律師本身的財務條件，不算是富豪，只是比小康家庭好一些，所以其傳承規劃涉及的稅務層面並不多。思考兩個問題：

第一，要不要留財產給孩子？如果不留給子女，那麼是否樂捐，或者全數花光？若打算花光，就變成是生活安排的問題。

第二、要不要考慮遺贈稅問題？不考慮稅負，那留給子女的財產，繳稅是他們的責任，身為被繼承者，不需要管那麼多。這也是許多人的做法。如果選擇事前規劃稅源，就要決定透過贈與還是繼承的方式，交付財產給子女。這兩種方式的稅負不同，做法也就不同。

倘若要留些財產給子女，除了決定數額之外，還要決定是讓子女繼承？還是用贈與的方式？目前絕大多數客戶，對財產去留都採取順其自然的態度，反正花剩下的就是孩子的。

雖然父母親一生可能節儉，也會剩下不少遺產，但總不如事先規劃來得有效率。沒有妥善規劃，可能就便宜國稅局了，既然都捨得繳

稅，何不好好規劃一番，只要成本低於原本應納稅額，何樂而不為？

吳律師的個案，我們談過第二種方案，就是以贈與為主要方式來處理財富的傳承；若用第一種方案，以保險籌措繳稅的資金，就必須考慮其保險費用誰的名字投保，若用吳律師的名義，那麼他每年還有220萬的贈與免稅額度，可以分年贈與給孩子。若用子女的名義投保，這筆保費就要從220萬裡扣除。吳律師的財產剩餘兩億多元，用他的保險理賠，可以直接幫子女籌措繳稅的資金，就算用繼承方式也不會造成子女繳稅困難。如以吳律師自己名義投保，另外每年再贈與220萬元，那就連稅都沒有了。

保險規劃時，考量的重點之一，就是「誰來繳費」。當時就已經考慮到稅負問題，並不等於就是完整稅務及傳承規劃，畢竟有些傳承及稅務問題並不經由保險處理。另外，退休規劃是傳承與稅務規劃的基礎，原因是必須知道經過退休生活之後，剩下多少錢，才能思考贈與或繼承。繼承比較單純，贈與還必須評估從哪一年開始贈與、每年贈與多少額度、要不要與信託結合等問題。

以吳律師的例子看，從65歲起每年贈與629.36萬元，直到85歲，剛好可以消化所有遺產。但629萬超過220萬甚多，即使連太太的220萬併入計算也還超過免稅額。所以應計畫提早贈與：從41歲開始每年贈與129.39萬元，直到85歲，剩下2000萬。當然，考慮夫妻剩餘財產請求權，先以一半財產規劃贈與也是個選項，但誰又知道何人先死亡？[6]

贈與太早，給父母帶來許多隱藏的風險，透過信託的贈與，可以多少減輕這些風險，比如子女不孝、或子女太早過世等。

---

[6]　財產剩餘請求權立法院已三讀通過修正條文，未來規劃遺產稅務，不一定能篤定算出雙方的請求比例。

4-5 結論

　　本書主軸在於財務的分析與規劃，分析較為單純，就是計算與判讀的過程。「財務分析」其實是一把尺，許多人不知道這把尺的重要，跨越漫長的歲月，如何面對每一次的財務抉擇，少犯錯誤？分析不能使你更為富有，但能讓你更清楚知道自己的機會與侷限。

　　而規劃相較於分析，要複雜一些。我們討論了投資、保險、退休、傳承等範疇的規劃，沒有涉及其他財務領域，讀者可以舉一反三。規劃之後的執行，也談得極少，規劃要擬定策略與計畫，策略是大方向與架構的構思，計畫已進入執行面的細節，計畫時若沒有深入的相關背景知識，幾乎寸步難行。財務顧問無法樣樣精通，但也不能沒有一技之長，該如何選擇自己的專業領域，並找到屬於自己的價值定位，是有志於財務顧問者的重要功課。

　　單純的財務顧問的角色，只是觸及個人財務的基礎管理，但深入細節才能真正為客戶創造利益。比如：保險的細節、投資的細節、稅務的細節、購屋的細節等，每種細節中，都有海量的專業知識與行政規範，這就是專家的存在價值。財務顧問可以掌握整體性，卻無法深入各項細目中；財務顧問能夠知道客戶是否買得起房子、買得起什麼樣價位的房子，卻無法協助客戶買房子，也無法知道房屋的買賣細節、價值、現時周邊有什麼商品等——那是房屋仲介的工作。其他的項目都是如此，財務顧問可能同時是投資專家、保險專家，但專家與顧問的定位是不同的，財務顧問需要專精一項以上的專業領域，才能

立足在現實財務的世界裡。

　　這本書不斷強調分析的意義、規劃的程序等，希望能為財務顧問這個尚未成熟的產業，以及有志於憑藉財務專業為顧客服務的人，發展一套或許可行的技術，期望有一天，個人的財務管理能蔚為風潮，使財務顧問幫助更多客戶。

個人理財之井字分析

附錄

資料的收集

財務分析與規劃需要收集什麼資訊？

1. 財務資料：收入、支出、資產、負債、未來需求、預計退休年齡、勞保（或其他社保）年資⋯⋯

2. 保險資料：現有的商業保險內容（包括家人）

3. 家庭資料：成員、稱謂、工作、年齡、健康狀況、彼此關係描述⋯⋯

4. 其他資料：過去的財務與投資經驗、人生的夢想、工作發展⋯⋯

所有資料可分為兩類，一類是數字化的資料，可用以計算；一類是客戶的想法、感受、事實等，但無法被數字化的資料，例如：他對工作的好惡、對將來發展的展望、與配偶的感情如何等。

　　財務分析與規劃，固然是以數值的計算為主，但瞭解客戶的感覺與想法，以及過去的經驗，可能增加財務顧問對許多參數的設定，或對客戶前景可能變化的判斷，甚至驗證他所說的資料可信度如何。

　　財務顧問同時也是銷售者，不管賣的是什麼。銷售始終本於對人的瞭解，而非冰冷的數字。

　　至於如何取得所需的資料？數字類的資料最好是透過直接詢問，非數字類的資料，則往往透過對話間的聆聽與觀察。提問的技巧對收集資料，可能有所幫助，但不如誠懇的態度，更能取信客戶。提問技巧的運用，目的是引導客戶或釐清問題，對收集資料而言，有時反而畫蛇添足，適得其反，運用之際，務必謹慎。

　　收集資料是否使用固定的表格？使用表格的好處是清晰易懂，缺點則是冰冷繁冗，我個人的經驗傾向於不使用固定格式的表格，但會使用『特定問題』，顧問要將系列問題背熟，會談時拿出一張白紙，邊聽客戶回答問題，邊記錄下來。此外，我習慣把數字類型的資料與非數字類的資料，混雜提出。例如問到客戶的收入時，會順便了解他對工作的態度、工作年資、對這份工作未來的瞻望等，讓收集資料更自然些，比較像對話，而非詢問。但這並非硬性規定，實際怎麼做，要看顧問的風格與臨場的狀況而定。

貨幣時間價值

　　大部分財務管理，甚至有些投資類的書，都會介紹「貨幣時間價值」的概念與計算，資料已經汗牛充棟，不需再添加了無新意的說明。所以本書並不依循傳統介紹貨幣時間價值，討論這個議題，只簡

單談及幾個觀念，有助於理解「財務分析」的報表即可。

貨幣時間價值的核心觀念是：PV（現值）、FV（終值）、PMT（年金值）其實是同一價值在時間軸上的移動。利率是衡量價值的量尺，使用不同利率丈量同一「價值」，得到的數字雖然不同，但實質並無法判斷大小。好比以公尺丈量高速公路長度為3,000,000公尺，用公里丈量同一高速公路長度為300公里，其實高速公路本身並無改變，但數字相差千倍，所以若折現率不同，比較現值的大小，並無意義，因為沒有共同的標準。例如：20年之後有1000萬，若以10%利率折現，等於今天148.64萬，若以5%折現，等於今天376.89萬，這兩個數字差很多，但卻是同樣20年後的1000萬，因此若不同度量衡，人們無法比較數值的大小。有意義的反而是你使用哪個『折現率』，折現率其實在本書的系統中，就是客戶的「機會成本」。

現值、未來值、年金值在同一段時間、同一利率計衡量下，數值不同，其實價值相等。這是本書「財務分析」計算的基礎觀念。例如：今日的100萬元，若利率5%、時間10年，等於期初年金12.33萬、期末年金12.95萬，終值（未來值）162.89萬元。而這四個數字：100萬、12.33萬、12.95萬、162.95萬，其實指的是相同的價值，只是使用不同的表達方式表示。我們必須把所有的年金、未來值都以相同的利率轉換為現值，對「財務分析」的報表才能進行加減運算與比較大小，這項轉換就是折現（貼現）。

折現是另一重要觀念，我們在「財務分析」報表中使用極為頻繁。甚麼是折現?假設公司未來的十年內，每年要給你10萬，共100萬。十年後的100萬與今日的100萬不等值，不論從購買力或從利率的角度看，未來的100萬，可能不如今日的100萬元。要能夠相互加減計

算,必須是同一時點的數字,不是都調整為今日的現值,就是將來的終值;實務上現值只有一個,終值卻有許多個,且每個科目(項目)的終點並不一致,所以都以現值為基準計算。

若以利率5%計算,每年10萬共10年的期初年金,等於今天的81.08萬;每年10萬共10年的期末年金,等於今天的77.22萬。簡單設想,如果公司第一年,給你10萬元,剩下的90萬元,可有5%的利息收入,若一次給你100萬,這筆利息收入就是公司的損失,卻是你多得的收入,因此必須先扣除。不只是年金如此,單筆借款也是這樣,你向銀行借100萬,他的損失就是利息,對借款的人來說,必須支付利息補償銀行的損失。利息也是你使用資金的成本。跟銀行借錢需要利息,跟自己的「未來」借款,也是如此,同樣要考慮資金成本的問題。例如今日從銀行提領100萬現金買下一部跑車,花費的可能是你未來的退休金,今天多花100萬去買車,30年後退休金的減少,很可能超過100萬(差額要看你的資本運用能力,亦即機會成本)。這項差額可看作你支付的利息,雖然你提領的是自己的存款,當下並沒有支付任何利息給銀行,但「機會成本」也就是你的資金成本。

一筆錢今天與未來的差距,可從兩個方面看待:

1. 購買力

2. 利率(報酬率)造成的數值變化

第一項,購買力的影響因素是通貨膨脹,以通貨膨脹率來表現;但通膨率不會改變手中金錢的數額。好比有一位客戶,他將100萬現金,鎖在保險箱裏,經過20年之後,他從保險箱中,取出來的還是100萬,但這100萬的購買力,不如20年前,剛把錢鎖進保險箱的時候。

　　第二項，數值變化的影響因素是利率（報酬率），透過計算未來值或折現值來運算，運算的結果會改變客戶手中金額的數值。好比將100萬元存入銀行，20年後領出時，除了原來的100萬元之外，還有這段期間，銀行給付的利息，所以數值會大於原本的100萬。

　　在財務報表中，主要計算的是這個兩個項目，但表現的方式不同。

　　計算購買力的下降：1,000,000/(1+通膨率)^20；與計算未來值（終值）的公式：1,000,000*(1+報酬率)^20，比較一下可見其差別。計算購買力下降的公式，在財務報表中並不使用，因為數字並不曾變動，我們是以計算支出項的通膨，來表現購買力下降的問題。

　　同時計算這兩者的影響，我們稱為實質報酬率，公式：(1+報酬率)/(1+通膨率) - 1。

　　貨幣時間價值計算的元素：時間、利率、金額；這也是整個財務規劃的核心元素。

　　本書的貨幣時間價值只是簡單介紹，並不特別介紹複利與單利的差別，也不特別討論房屋貸款如何計算、如何評估某筆投資是否划算、計算機如何操作、函數如何使用等等問題。這些在其它的書上都討論得相當詳細，每本財務管理或個人理財的書幾乎都會談到這些技巧。

　　但本書以一個等式的概念，貫串整個「財務分析」，這個等式就是：讓相關科目的正項與負項的數字（金額），在某個相同的時段內，找到一個利率，使正項與負項的「折現值」相等。這簡單的等式原則，幾乎可以簡易計算並得出，所有客戶財務上需要的判斷；而若將客戶一生的財務視為一個專案項目，也適用這個等式。單一項目

（科目）可能出現只有收入或只有支出的問題（例如：醫療險保費，若無理賠時，只有支出，沒有收入；薪資一般只有收入項，沒有支出項），但整體財務狀況的計算，不會出現這種情形。

財務報表的編製

　　財務顧問工作不可或缺的重要工具～財務的「計算表」（Excel的工作表）不僅是為了瞭解客戶目前的現金流量起伏變化，更要深入資源調配的可能性，預先判斷可以採取何種策略，並測試其成本效益。所以計算表是分析與規劃的核心，它不只是計算工具，還是分配資源的利器。財務世界牽一髮動全身，我們要把所有變化，整合到一張報表中，才能進行資源的盤點與重新配置。任何規劃都會造成現金流量的變化（或增或減），若不能預先知道某項財務活動對整體的影響，就不可能排除遞延效應。

　　排列方式的意義：簡單的財務報表，卻可衍生整體的財務概念。報表的格式，本身就是重要的概念運用。會計所使用的記帳方式（複式簿記），及所產生的資產負債表、損益表、現金流量表，不僅僅只是某種隨意的型式，這些表格本身就是種語言，是內容的一部分。同樣的道理，個人的「財務分析」使用的Excel工作表的排列形式，也是重要的語言、是內容的一部分。好比古典詩（絕句與律詩），他的字數、平仄、韻腳、對句等等要求，本來就是「詩」的格律部分，無法與內容分別看待。

　　損益是收入減支出後所剩下的餘額，可能為正數也可能是負值。把整年度的所有收入減去所有支出，得到當年度損益的數值。把上年

度的損益加上今年度的損益即累積損益。損益也即淨值，最後的淨值實即為「自由度」或「赤字」（也就是客戶的財務缺口）。這是以現金流量的未來值（終值）表現的累積損益，若將所有科目先折現，再加總所有現值，出現的損益（淨值），則是以現值表現的累積損益。不論是以終值還是現值表現，兩者其實是同一價值。損益在財務計算表上以損益欄呈現。

　　不過實際上，財務分析的報表，分成直接影響淨值變動的部分與暫時不影響淨值變動的部分。兩者相加才等於實際的總淨值。直接影響的項目很多，歸納為收入、支出兩大類，不直接影響的項目，如：自住的房屋、尚未開始償還的負債等，安置於損益欄的右邊，其總數與損益欄的數值加總即為總損益欄。

　　在「財務分析」的報表中，只有實帳戶，沒有虛帳戶；亦即只有資產、負債、淨值，沒有會計學上的收入、支出。但習慣上我將所有資產稱為收入項、所有負債稱作支出項，淨值等同於損益欄。所有薪資收入、利息收入、房租收入等等，我們所計算的都是未來的收入，也就是應收收入，而非當下或過去的收入；支出亦同，所有支出都是將來的應付帳款，並非實際當下或過去的支出。過去的收入、支出都已經轉換為當下的資產或負債。

　　所有的資產，未必是現金，例如不動產。但我們在報表中，都視為現金，差別是有些資產會逐年產生波動，有些只有在交易時產生變化，所以對淨值（損益欄）的影響必須在報表裏呈現正確的安排。因此這份「財務分析」的報表，就是廣義的現金流量表。財務顧問的工作，也就是掌控現金流量的變化，不管是可由客戶控制的或不可控制的波動。與一般人習稱的現金流量有廣義與狹義的差別。

　　報表的排列方式把參數列在獨立的區塊中，或列於另一Excel工作表，以參照的方式提供報表使用，跟報表的本體分開。參數最基本的有報酬率、通貨膨脹率、借款利率、房貸利率、學費漲幅、不動產增幅等項。若有特殊需求可再增加其他項參數。報酬率一般會區隔成：投資的報酬率、儲蓄的報酬率、其他項報酬率，然後計算出其綜合報酬率。這個報酬率，我們當作客戶使用資本的『機會成本』，因為它是客戶運用資本產生報酬的能力。所以與財經專家所謂「**機會成本**」的意義，有些許差異，對於個別客戶，它並不是浮動的，而是固定的衡量尺度。詳細可參考書中對機會成本的解釋。

　　陳玉罡與黃聖棠在他們的書中談到現金流量表與總需求的時候，並未特別討論投資報酬率。事實上投資報酬率的假設，會因為客戶個人運用資金的能力，而有很大的差別。不過「機會成本」並非直接以客戶過去投資經驗值為主要根據，而是以客戶財務結構與潛能所允許的資本配置比例為基礎，客戶本身的投資經驗或屬性，只對他敢於投資的比例產生影響；從未接觸過投資的客戶，不管其財務結構允許配置多少投資比例，可能都不敢配置任何投資部位；反之，若客戶勇於冒險，希望百分之百都配置於投資部位，顧問還是會以其財務結構與潛能所限，勸阻客戶的野心。「綜合利率」才是折現的利率，投資報酬率只是構成「綜合利率」的一部份。（綜合利率在本系統中就是機會成本）

　　因為把客戶的資本配置比例，視為運用資本的能力，用以衡量所有的財務活動，所以這個數字在相同年度中只能有一個數字，不能同時有兩個或兩個以上。但人生或許不同階段會有不同的資本運用方式，造成不同的數字（也就是報酬率變化），這時必須分成不同階

段的報表。每一階段的報表格式相同，只是年份有差別，例如65歲之後，採取較保守的策略，造成資本配置比例不同，但前後報表須具有接續的關聯性，類似於前後期損益的概念。

Excel工作表可以透過函數將兩段工作表結合，看起來就跟平常單一折現率的報表一樣，但這樣看不出不同的「機會成本」造成的影響，所以還是分別製作兩段財務計算表較為理想。

但為了不同的目的，像保險額度與保險成本，可以測試不同的報酬率，看數據會產生甚麼變化。以壽險為例，我們要算出客戶在發生經濟支柱身故的狀況下，需要多少保額，遺族的投資能力可能以無風險利率為基準，但是若要計算沒有發生任何事故的保險最大成本，可能使用客戶正常投資時的報酬率為基準。

設立投資專戶也會影響資金運用能力（機會成本）的數字。比如採「可支配資金」（損益欄）以固定百分比配置投資與儲蓄，與有沒有使用單獨欄位表現客戶的投資活動，就會使得報表有不同的折現率（綜合利率）。例如：損益欄的數字，以投資部位60%：儲蓄部位40%的比例固定分配，構成「機會成本」的綜合利率，但若財務計算表中，還有單獨表現的**投資項目**（如：退休金專戶），這時實際投資部位的比例是超過60%的，要不要把這單一項目投資多出來的比例，回計投資部位？其實這是對機會成本比率的抉擇，沒有統一的標準衡量孰是孰非。

單獨欄位呈現的投資的型態是：定時定額，還是整筆投入；是零存整付，還是點對點提領，都會對整體財務報表產生影響。

財務報表的主體，由科目、現值、未來值組成。每一欄位的最上方列出現值、現值與未來值之間的列，填寫的是科目（項目），科目

底下則是未來值。每一欄位只有一個現值，一個科目，但可能有許多個未來值。例如：年支出10萬旅遊，共40年，通貨膨脹率為2%，報酬率為5%。經過計算其現值為222.55萬，第一年的未來值是10萬、最後一年的未來值是20.81萬、中間還有38年的未來值，科目是旅遊支出。

現值表現整體財務的「同時性」，因為把所有時間壓縮成為今天的一個數值，這是財務判斷的基礎。未來值逐年顯現整體財務的「歷時性」，因為逐年列出損益，在損益欄可以看到那些年度出現赤字，及每年的現金流量變化情形。科目（項目）代表客戶財務活動與事件，也就是財務範疇的內涵，否則若只有數值，看不到財務實際的運作。損益欄就是客戶的淨值（但還不是全部，有些項目因為不直接影響損益變化，另外列出）。

現值可看到壓縮了時間因素後，呈現的一個「單一數字」，但分別有許多科目，比如：薪資收入、銀行存款、生活費、保費、教育金、房貸等等，每種科目都會產生一個現值，收支相加減後，又會有個總現值；損益欄位則逐年呈現客戶每年的損益狀況，所以會產生一系列數據，但只有一個重要的科目：即「損益」（其他科目雖然每年也都有終值，但判斷主要看損益欄）。

比較兩人的財務狀況，必須在相同的參數架構下才有意義，若自己與自己比較調整前後的某項計畫之成本高低，因為調整可能涉及參數變化，所以不可能以相同參數為前提去比較，這時候可以計算終值，直接看該項目的終值大小，例如看客戶一生最後一年損益數字，看的就是終值。

還有一項因素會影響報表的數據：期初、期末；月繳、年繳的差

別。這些假設並不根據事實安排，目的就是簡化報表。最保守的作法就是所有的收入視為期末的收入、所有的支出則當作期初的支出。這樣算出來的數字最保守，本書基本上則是更簡單一點，把所有收入支出都看成期初發生。

這份財務分析的計算表，並不是精確的報表。因為為了簡化，而把所有年度內各項目的收支，都假設為年初的數字，當然事實上並非如此。比如說生活費基本上是一天一天的支出，而非一年支出一次，因而報表會有期初與期末、年繳與月繳的落差。換言之報表呈現的是一個估計的範圍，而不是精準的數據。本來財務分析的本意，就是想告訴客戶在某些參數假設底下，財務狀況會是如何，而參數的假設基本上就是畫出一條基準線，再以此基準衡量財務的變化，既然是假設的參數，也不可能有所謂的精確數據。大部分時候，這樣的簡化並不會造成太大的問題，但有時候若需要精準的數據時，會出現相當大的誤差，那時就必須針對問題，單獨加以調整。例如要計算民間跟會的報酬率，就需要單獨計算，放入整體報表，很難得出準確的報酬率。

把所有收入支出項都經過這樣的計算與排列，收入習慣上列在左邊，支出列於右邊。現值與未來值的損益（淨值）列在最右邊。不直接影響損益波動的科目，列在損益欄的右邊，例如自住的房屋、尚未開始償還的負債等等。損益加上這些右邊科目的數字後成為總資產，總資產是客戶的真正財務底蘊。這樣的排列方式，呈現客戶財務的整體面貌。

若某一項目過於細瑣，可以使用另一Excel工作表，作為明細表，只把合計回傳給財務報表主體中的欄位。例如生活費的項目頗多、保險也頗繁瑣，可能有各種不同的保單數十份，這些都可以分層登錄，

統籌管理。不管在哪一個位置，其排列方式都是一樣的。

除了主計算表之外，常見的有收支明細表、保單明細表、折現率（機會成本）組合明細表等。

使用這樣的Excel工作表，「目標搜尋」功能是不可或缺的。如何使用這項功能，最好是去讀Excel的專書，這裡不再贅述。

財務分析報表，本書只使用Excel工作表，並未使用套裝軟體。有時候財務報表也直接稱為計算表，但與財務報告書是不同的東西。

我們要做的是把現有的財務數據，透過適當的排列，運用貼現、機會成本、淨值等概念，窺見財務的「整體性」，呈現客戶本身亦難直觀了解的財務狀況。就好比人的感官無法感覺地球本身的自轉，要靠儀器才能偵得。財務的狀況也是如此，沒有經過計算，客戶其實並不瞭解他自己的財務。

使用財務計算機，無法達到整體鳥瞰的功效，無法完整表現各變數之間的關聯性。實際操作過就會明白這句話的道理。再說，若每一個調整，都要用計算機，重新再計算一遍，也不是人力所能負荷的事情。因此本書的所有案例，並不討論如何使用財務計算機。

本書建議使用Excel工作表來作「財務分析」的工具；不僅是因為各項功能的差異，還因為思考問題的方式也不相同。

財務報告書

可分為：

1. 本體：分析報告、顧問意見書
2. 附件：客戶資料摘要、財務計算表（Excel工作表）、訪談記

錄、商品訊息、佐證資料。

分析報告是與客戶討論後，提出的備忘錄，主要是記載雙方共識或歧異；意見書是客戶決定行動之前的顧問意見彙整。這兩項是財務報告書的核心，每一項以不超過A4一頁為原則，合併為一頁更簡潔易懂。

附件中最重要的是歷次的訪談紀錄，若是有提供商品（例如保險），則需商品的內容介紹、商品建議書、條款等資料。

坊間有些顧問會將整個報告書，仔細做成書本的型態，編定目錄，鉅細靡遺的列出所有訊息。這也是種風格，只是實務上，我比較偏好簡單明瞭的形式，不要長篇大論（雖然我的書寫得冗長）。

以吳律師個案為例，分析報告只有幾行說明問題所在，並提及討論時，雙方共同接受與意見歧異之處，接著就建議可以採取的計畫與計畫的可能花費；若有需要其他專家配合，也會在意見書中提及。

財務報告書是給誰看的？客戶本身之所以需要財務報告書，主要是因為他可能需要跟家人討論，因此撰寫報告書，要考慮這種可能性；另外就是備忘，尤其是雙方有所承諾時，要特別記載承諾的內容。

如果能約定見面的頻率，甚至下回見面的日期，可以記載在報告中（分析報告或顧問意見書都可以）。

看財務報表的幾種角度

財務報表怎麼看?因為觀看者的目的不同，會看到不同的內涵。

幾個觀看的角度：

1. 能否為客戶創造利益（自由度將增加）
2. 能否攤銷成本（自由度可能不變，但成本降低）
3. 保單健檢（舊有保單評估、新增保單評估、保單與方案的比較）
4. 投資的財務基礎之確定
5. 專案評估（例：購屋計畫、退休計畫）
6. 終值：傳承（含遺贈稅）的確認

針對以上幾項，略做說明：

一、所謂創造利益

是指透過財務調整與安排，增加客戶的自由度，自由度就是客戶尚未安排用途的錢，以吳律師為例，他本來的理財方式，到80多歲就會用罄所有流動性的資產，但經過調整資產配置方式、並延長五年的工作期，85歲之後，還剩有約2.5億元的資產，從負800多萬，到正2.5億的差距，有一部份是以調整儲蓄與投資比例獲得，一部份則以延長工作所致，這整體都是因為提早30年，瞭解財務狀況與潛能，才能及早因應與創造；除建議調整之外，也同時建議購買保險，保障這個財務調整的計畫藍圖，提升實現的可能。吳律師的保險計畫是用原本不存在的錢購買的，而這份保險計畫又回過頭來，確保其投資計畫不會因預料之外的事故中斷，也就是使用「風險交換」策略，創造他本來不具有的財務利益。這是財務顧問看待報表的一個重要角度，不是每一位客戶都能有調整改善的空間，因此碰上可以這麼做的客戶，實為雙方之幸。

二、尋找可以攤銷的成本

　　主要是針對保險，分析其成本與效益，採用獨立的投資計畫，降低它原有的成本。這麼做不限於保險，只是因為保險與投資，具有風險交換的可能性，所以特別關注這個方面。這種操作，實質上等於將所有保險轉化為「投資型保單」。這部分若單純思考保險的成本攤提，也可視為下個項目：保單健檢的一環。各種重大開銷，理論上都可以攤提其成本，而凡是整體財務能收支兩平的客戶，也就是所有支出，都無形中自動攤平了，差別只是有沒有更為理想的攤提計畫。若能挑選幾項特定支出予以專案攤提，不但在管理上較為方便，攤提的效率上也將更高，例如子女高等教育費用、出國留學基金、創業或結婚準備金、購屋換屋預備金等。（「攤銷」的概念與「準備」是不同的，切莫混淆）

三、保單健檢

　　是繁複的思考與計算，跟坊間所謂的保單健檢，並不相同。保單健檢類似於重新設計一套保險計畫，而非單純「拼圖式」的補足沒有購買的商品。保單健檢提供顧問一個很好的機會，全面檢視客戶的所有保單，可以討論過去投保的理由、目前保險費負擔、有沒有理賠的經驗、對現有服務人員的觀感、有沒有新的需求…這些都是深入瞭解客戶財務的良好入口。平常客戶購買保險大多是想到什麼買什麼，很少一次考慮完整的保險需求，因而常看到客戶擁有的保險五花八門，重複與不足並存，絕大部分都不清楚自己到底買過什麼。透過健檢保單的機會，讓顧問能全面的考量客戶的財務能力所能負擔的保費、財

　　務結構上所欠缺的保障，以及所處情境下能運用保險規劃，創造利益的空間；此三者是顧問提問的基礎，也正是對此有所掌握，才能協助客戶確定保險的目的與目標。保險從來都不是一個事件，而是許多問題的綜合呈現，但若將保險的保障視為保險核心價值，而規劃保險的保障，不針對特定的問題，而從財務結構思考，那麼可以分成兩個需求類型：收入的替代、支出的彌補。

　　收入替代與支出彌補是檢視保障型保單需求的兩個核心概念，這是以財務計算表，計算所需保險額度時的根據。它更全面的衡量客戶的投保的目的與目標，同時兼顧保險成本效益、成本的攤銷。

　　收入的替代，指的是收入降低或中斷時，能替代原有收入的財源。淨貢獻度是首先考量的數字，但並非只要算出經濟收入來源者的淨收入即可，還要斟酌客戶整體財務結構，是否有必要百分之百替代？這得看客戶設定的目標為何；而有些收入降低的風險，並不在保險轉嫁範圍內，必須另外再設法處理，例如：失業。

　　支出的彌補，是預算外的支出發生時，彌補損失的數額。因為收入可以算出一生所得的大概金額，支出則種類繁多、損害程度難料，連帶可能需要彌補的金額，亦難事前規劃。所以改以客戶財務結構中的自由度來估量，比如客戶終身的自由度所剩為100萬元，這筆錢是否能應付一家大小的醫療與意外事故風險？如果將之轉換為保險呢？這是以承受力為前提的評量方式。有此基礎再觀察實際可能風險的代價多寡（例：市面行情、後果嚴重性、發生機率與頻率），選擇險種及其保額。

　　財務結構與能力並不等於客戶所處的情境，更不等於客戶的意願，因此還得進一步探索這兩者的情況，才能做出最後的建議。

　　保單健檢若跟隨客戶既有的保單起舞，最後可能昏頭轉向，陷入瑣碎的泥淖中。所以欲做保單健檢，可以先將客戶既有保單存而不論，完全重新規劃，等新藍圖出爐，再以此為圖驥，抱持舊有保單優先的原則，分析客戶的調整方案。新藍圖中有的規劃，舊有保單也有，就優先留下（除非確定有更好的替代商品）；舊保單有，新藍圖中沒有的保單，要詳細計算成本（特別是沈沒成本）、瞭解當初購買動機，以定去留；新藍圖中有，舊保單沒有的，考慮新增，以上是保單健檢的程序與架構。

　　將客戶既有的保險種類與保障額度、期限、保費等資料，匯集成表格或摘要，並沒有真正檢查，而只是整理，兩者不可混淆。

四、投資的財務基礎：

1. 終身所需的最低報酬率
2. 資本配置的比例（機會成本的設定）
3. 資金規模
4. 資金可用的大概期限
5. 虧損的最高承受金額

　　以上五項是財務顧問針對投資範疇，優先關注的項目；與投資顧問不同，對於投資的進出場時機、選擇投資標的、投資的操作策略（例如：動態投資法、母子基金投資法、再平衡策略…），投資產業與區域、投資管道等，財務顧問未必瞭解，所以依賴這方面的專家提供專業意見。

　　(1) 當設定投資部位報酬率、儲蓄部位報酬率之後，使用Excel的「目標搜尋」，以求得收支兩平（即驗算欄位的現值等於

0）時，會同時呈現儲蓄與投資部位的比例。這就是我們運用「機會成本」時的資本配置比例，以百分比顯示數字。

(2) 上項計算，也會同時得出「折現率」的數字（以百分比顯示）；這數字是代表在特定財務結構下，客戶最少需要多少報酬率，才能（終身）財務上獲得收支兩平。操作方式是以驗算欄位的現值，為「目標儲存格」、「目標值」為0、「變數儲存格」則為儲蓄部位之比例（這是個人習慣設定如此而已）；經過Excel的運算，會出現折現率、及儲蓄與投資的配置比例。

(3) 估算客戶的投資總規模，要算出每年投入之金額，以及累計投入的金額。這是計算根據投資部位的比例乘以損益欄數值，另以明細表列出所得之數字。

(4) 計算資金可用年限：將每年收支淨額照投資與儲蓄部位的比例計算出每年新投資與新儲蓄的金額，分別計入投資與儲蓄部位。若收支淨額出現負數，優先由儲蓄部位扣除，讓投資部位繼續進行該有的投資，直到儲蓄部位出現赤字，才動用投資部位的資金，這時可看出投資能持續多久（年度），這是粗略估算的方法。

(5) 計算風險承受力的方式，跟第4項也可以合併觀察，當整體資金出現負數，也往往代表客戶財務能力無法承受的極限。但我們還想知道，虧損多少金額，會讓客戶財務出現赤字？看驗算欄的數字，大約代表客戶可以承受的最大損失金額，也就是自由度在各年度的未來值。

(6) 以上的五項，對財務顧問而言，是客戶投資的基礎，在此基

礎之上，才考慮使用的投資工具、管道、標的、時機、策略
等專業項目。

五、專案評估

這是針對客戶比較大型的決定，所做的四向度衡量（整體性、關
鍵點、決策規模、成本效益）。例如：購屋、換屋、不動產投資的損
益、退休金提撥、子女出國留學準備、買車、換車、國外旅遊規劃、
購屋還是租屋、要不要申請助學貸款等等。

六、終值與傳承

損益欄的終值是計算客戶百年後的傳承（包括稅務）的根據，
以此數字判斷是否有遺產稅問題，需不需要提早因應？即使沒有遺產
稅，若客戶有傳承上的需求（終值大於0），就可能得開啟贈與、信
託、稅務、保險、遺囑等相關事宜的討論。

除了損益欄的終值之外，財務計算表中有幾個數值具有特別的意
義，薪資收入欄位的現值，是計算壽險保額的重要數字，以此計算淨
貢獻度；自由度（損益欄的現值）則是計算風險承受力的關鍵數字，
驗算欄位的現值，是推算萬一生活上需要借貸時，利息的成本與借貸
限度重要的參考數據；損益欄位的逐年數字是判斷客戶發生入不敷出
的年度發生在哪一年，或計算投資規模的依據。

以上六點是財務顧問想在財務報表（計算表）中觀察的項目，不
知道要找什麼，做出報表也是枉然，就好像沒學過財務的人，看公司
的財報，霧裡看花毫無所獲；但並不等於說，只能看這六項問題，這
些只是常用的角度。

貸款投資的內部報酬率計算

　　若貸款200萬元的貸款利率是2.5%，並以貸款所得的200萬元單筆投資，投資的報酬率是6%，兩者的期間都是20年，則這個貸款投資的計畫，內部報酬率（IRR）等於8.30%，獲利為現值253.13萬。

系統的名稱

　　寫作之初並未曾想過這套系統需要一個名字，後來才想到有個名字，比較容易稱呼與討論，所以給系統取名為：**井字分析法**。

　　本書的系統，因為使用Excel工作表為工具，外貌看起來像圍棋的棋盤，而又同時計算現值與終值，形成經緯交錯的範圍，現值為經、終值為緯，再透過代表機會成本的折現率，及通貨膨脹率，圍成一個財務範圍，四個邊界向各方延伸而去，意象上也與井字相像，所以稱為井字分析法。

國家圖書館出版品預行編目

個人理財之井字分析/劉純生著. -- 高雄市：王
貞, 2021.03
　　面；　公分
　　ISBN 978-957-43-8595-9(平裝)

1.個人理財

563　　　　　　　　　　　110002433

個人理財之井字分析

作　　者／劉純生

作者信箱／dogear.mail@gmail.com

出　　版／王　貞

製作銷售／秀威資訊科技股份有限公司

　　　　　114 台北市內湖區瑞光路76巷69號2樓

　　　　　電話：+886-2-2796-3638

　　　　　傳真：+886-2-2796-1377

網路訂購／秀威書店：http://store.showwe.tw

　　　　　博客來網路書店：http://www.books.com.tw

　　　　　三民網路書店：http://www.m.sanmin.com.tw

　　　　　讀冊生活：http://www.taaze.tw

出版日期／2021年3月　　定價／480元

版權所有‧翻印必究　All Rights Reserved
Printed in Taiwan